谨以此书献给武汉科技大学

办学 120 周年庆典

主　编　黎宇宁
编　辑　叶双慧　雷　鸣

武漢科技大學

WUHAN UNIVERSITY OF SCIENCE AND TECHNOLOGY

校友师生回忆录

第一辑

《武汉科技大学校友师生回忆录》编委会　主编

北京
冶金工业出版社
2018

图书在版编目(CIP)数据

武汉科技大学校友师生回忆录．第一辑/《武汉科技大学校友师生回忆录》编委会主编．—北京：冶金工业出版社，2018.8

ISBN 978-7-5024-7875-9

Ⅰ.①武… Ⅱ.①武… Ⅲ.①武汉科技大学—校友—回忆录 Ⅳ.①G649.286.31

中国版本图书馆 CIP 数据核字（2018）第 195390 号

出 版 人 谭学余
地　　址 北京市东城区嵩祝院北巷 39 号 邮编 100009 电话 (010)64027926
网　　址 www.cnmip.com.cn 电子信箱 yjcbs@cnmip.com.cn
责任编辑 曾 媛 美术编辑 彭子赫 版式设计 禹 蕊 孙跃红
责任校对 石 静 责任印制 牛晓波
ISBN 978-7-5024-7875-9
冶金工业出版社出版发行；各地新华书店经销；北京兰星球彩色印刷有限公司印刷
2018 年 8 月第 1 版，2018 年 8 月第 1 次印刷
169mm×239mm；14 印张；271 千字；212 页
78.00 元

冶金工业出版社 投稿电话 (010)64027932 投稿信箱 tougao@cnmip.com.cn
冶金工业出版社营销中心 电话 (010)64044283 传真 (010)64027893
冶金书店 地址 北京市东四西大街 46 号(100010) 电话 (010)65289081(兼传真)
冶金工业出版社天猫旗舰店 yjgycbs.tmall.com
（本书如有印装质量问题，本社营销中心负责退换）

前　言

120 年砥砺前行，120 载春华秋实。在武汉科技大学跨越三个世纪的发展历程中，镌刻了无数武科大人的丰功伟绩，我们会永远铭记那些为学校、为社会、为国家做出贡献的武科大人。我们不会忘记在学校初创阶段筚路蓝缕的前辈先贤，我们不会忘记在烽火岁月中辗转漂泊的铮铮铁骨，我们不会忘记在拨乱反正时期坚守初心的学术脊梁，同样，我们也不会忘记在跨越发展、快速前行时期迎难而上的当代精英！“厚德博学，崇实去浮”的校训精神和“坚韧不拔，勇承重载，崇实求精，表里如一”的钢铁品质永远是一代代武科大人传承和秉行的宝贵精神财富。

弹指一挥间，往事如烟渐行渐远，又似乎如影相随不能忘却。有多少鲜活的往事，仿佛就在昨天；有多少熟悉的同学和老师，仿佛还在身边。为了更好地传承文脉、启迪未来，展现一代代武科大人在学校发展中的奋进身影和对母校的拳拳眷恋，学校在办学 120 周年之际编辑了《武汉科技大学校友师生回忆录（第一辑）》。这些文章大部分是校友亲自执笔，还有一些摘自新闻报道，从不同时期、不同角度回忆了校友们在学校的学习、工作和生活中的点点滴滴，记录了校友们的同窗情、师生情和母校情。特别是其中部分文章源自老校友于 2007 年编撰的《湖北高工百年纪念文集》，是极其珍贵的历史资料。光阴流逝，一些执笔老校友已经作古，但风范长存、精神永驻，在此我们谨致以深深的敬意。

本书共分为“峥嵘岁月”“校园时光”“师生情谊”“诗词寄怀”

四个章节。“峥嵘岁月”主要收录抗战及解放战争期间反映学校颠沛流离、自强不息历程的文章；“校园时光”主要收录校友回忆在母校学习生活、教书育人的文章；“师生情谊”主要收录校友缅怀纪念师长的文章；“诗词寄怀”主要收录校友感恩母校所作的诗词歌赋。本书虽经编者认真修改校对，但难免有疏漏或不妥之处，请予原谅并指正。

编　者

2018 年 6 月

目　　录

峥嵘岁月

校园时光

师生情谊

诗词寄怀

峥嵘岁月

“高工”三年风雨录（上）

岳　风

一、湖北联中高工是终生难忘的母校

1938年夏，我从本县“湖北省立安陆初级中学”毕业，同班同学四散投亲访友，寻求出路。有钱继续求学的，都已离城外出。当时四邻数县，只安陆有一初中，原排名为“省立第八中学”“省立第十初级中学”。全省初中都很少，高中则只武汉等个别城市才有。当时我父亲已故去五年，祖父行（中）医，入不敷出；至亲好友，大多比我家更穷。况且日寇一年前已发动“七七事变”，大举侵华，南犯日军，真可谓势如破竹。国破家危，我哪能凑钱外出升学呢？何去何从，惶惶不可终日！比较要好的同学池熙沐、魏永林等都走了，连个商量的人都没有，前途不堪设想。

挨到阳历九月中旬，报纸登出“招生广告”。湖北所有中学统一成立“湖北省立联合中等以上学校”，后改称“湖北省立联合中等学校”，一般简称“湖北联中”。各初中、高中则分别按性质或地区并入联中，而且免费入学，集体西迁。预定迁到××县的，就叫“联中”的“××××分校”。例如以前的省立汉阳高工、省立江陵高工、省立武昌职业学校、汉口市立职业学校等，合并为省立联中“长阳高级工业职业分校”，简称“高工”。并且和其他高中一样，立即招收新生，以便容纳更多的初中毕业生。消息不胫而走，尤其给我们这些不仅失学，而且眼看日寇打来就要当亡国奴的贫苦青年带来天大的福音！

从国家、民族来说，这样及时挽救并继续培养知识青年，免遭敌寇的蹂躏或利用，应该说是名垂青史的创举！回想高工分校的组成以汉阳高工为主，汉阳高工的前身为张之洞所建。张之洞为清末洋务派首领之一，1889年调任湖广总督后，即派人学习西方（主要是德国）科学技术，开创我国机械、化工、交通等实业。他首先开办汉阳铁厂和湖北枪炮厂、麻织厂，并筹办粤汉铁路；设织布、纺纱、缫丝、制麻四局，发展本国民族工业。十年后，他深感科学技术教育为发展现代工业之根本，故发表“倡学篇”，主张“旧学为体，新学为用”，成为我国倡导学习外国科学技术的第一人，并创建了汉阳高工的前身——“湖北甲等工艺学校”。无论如何，张之洞有此眼光和魄力，首先倡导学外国科学技术之长，补我国工业实业之短，这对国家、民族，也是功不可没的。

汉阳高工是国内少有、誉满全国的高级工业学校。1937 年“七七事变”后，已提前西迁至宜都，因为日寇逼近武汉，必须继续西迁。学校拥有宝贵的机器设备和土木、化工仪器、仪表，必须轮船运输，所以改在长江沿岸寻找新址，于是找到巴东对岸东瀼河畔一些小村落作为校址。一则便于运输，又可避免敌机轰炸。先在东瀼河边的易家梁子落脚，除机械工厂等新建茅棚外，大都是租用不大的民房。溪边平地不够，便将仪器等比较简便的土木科设在溪流对岸，青年人一口气连爬45 分钟的山上宋家梁子。此处山高坡陡，许多地方连测量仪器的三脚架都无法“立足”(三点高度差太大)；农民的耕牛常常有失足落山摔死的惨祸。约一年后，山下劈山平地，建了上十间平房，土木科得以搬下山来与其他两科相隔不远，解决了普通课教师因分散两地教课而感精力不足的问题。“好景”不长，1939 年夏，日寇逼近宜昌，敌机经常顺着我校所傍溪流的上空，俯冲轰炸巴东县城（实际上不过是江边半山腰的一条主街而已），我们也有被失控的流弹、坏弹误伤之虞，所以早出晚归地上山“跑警报”。不仅如此，一旦宜昌失守，我们的粮食供应都将断绝。于是，我们这所湖北学校（设备不能翻山越岭）只好溯长江迁入四川。到涪陵后，再溯乌江而上，向南到彭水县的高谷场落脚。

高谷场也是只有一条长街的小镇，人口虽然不多，而镇上房屋、附近出产和供应，都比巴东县城还多、还好。我们的教室和宿舍都用庙宇和民房，粮食也靠当地的苞谷（玉米）了（在巴东时吃的是宜昌运来很白的“机米”）。而且这时同学们每天一斤苞米的定量开始不够吃，以致 60 多岁的朱树馨校长亲自下厨督做饭和分饭（午晚每顿每人一斤熟饭）工作。1941 年秋，又发生庶务主任的夫人和两个幼儿被绑票杀害事件。基于种种原因，高工又于 1942 年初，沿公路迁回鄂西南宣恩县的小关。小关生活条件较好，但是学校公用设备、机械、仪器、图书等，在运回宣恩途中的黔江不幸失火，全部化为灰烬。幸未伤人，但对工业学校说，实在是占很大比重的损失。仅就土木科的测量仪器而言，都是德国蔡司厂的，有几台经纬仪、水平仪和大平板仪，都是很新式的高档产品，一般是很难进口、购置的。

抗战八年胜利结束，联中高工分校到 1946 年迁回汉阳复校为止，都是在这种艰苦的环境中度过的。前六年的学生，绝大多数是家在沦陷区、毫无经济来源的学生。教师绝大多数也是原来高工随校奔波、疲惫不堪的老教师。但是教学成绩，既继承了原来汉阳高工的优秀传统，又受到国难当头、救亡图存的精神和毅力所激励和锻炼，它的毕业生在升学或工作上的表现，都是非常出色的。有些高工同学刚读完两年普通课，就能到重庆考上大学。按当时湖北省教育厅规定，享受三年公费的学生毕业后必须为本省服务三年，才发给毕业证书（后来改为服务一年就给证书）。但是，少数后来升学的，都得到进一步的深造；多数没有升学的，现在也都是各个单位的骨干。在基础扎实、学习工作勤奋的实际锻炼中，当时的同学大都成为高级科技人才。1993 年，在前高工校友联谊会成立大会上，多年不见的老校友重温四五十年前的往事，莫不把当年艰苦学习和生活叹为难忘的、美好的、值得庆幸和感激的回忆！

我从 1938 年到 1941 年，从湖北巴东东瀼口到四川彭水高谷场，在高工受教三年。在学业上学到了高中普通数理课程和土木工程中等技术知识。学校的教学水平，可算是当时第一流的。更值得怀念的是，高工是我进入社会的阶梯，是我历练做人做事的场所。学校和老师言传身教的熏陶，使我打造了艰苦奋斗、努力自强、刚正不阿、团结互助等正确的待人接物的品德。所以我说高工是我终生难忘的“母校”！

二、入校以前的劫难

1938 年 9 月中旬，我们得知政府成立公费就读的“联中”后，无不额手称庆。只要考上了联中，不仅有了升学的机会，至少是有了一条既不当亡国奴，又可以谋生的出路。得知这个喜讯，我便和同班同学闵德潜、上一班毕业的任德渊和胡安集等四人，于 9 月 19 日同去武汉投考高中。我早就很爱看一个汉阳高工机械科同学的书籍，所以决定投考高工机械科。但是我的搞铁路工作的伯父和一般老人，都说土木科毕业后好找工作，所以我们都报考了高工土木科。考完之后，我伯父留我等到发榜以后再回家，而闵德潜等三人考完后，就乘我伯父联系的免费火车回家了。事有不测，这班列车刚到“花园”车站停车（闵德潜等正该在此站下车），日本飞机就来轰炸，炸弹落在铁道东侧的空地上。闵德潜动作缓慢，他下车后看不到任、胡两个同伴，以为他们走远了，就急忙向铁路西侧、花园镇（现孝昌县城）街头去安陆的三十公里公路赶去。可是一路上他始终没有追到那两个同伴。他回到家已经半夜两点。任、胡两家听说“花园”方向被炸，都到闵家打听消息，问任、胡二人是否回来。闵说他二人走在我的前面，为何还没到家？这一下大家都慌了，暗想情况不妙！于是任、胡两家出动多人，连夜赶往“花园”，一路打听有没有在中途停留的人员。

任、胡两家到“花园”后，首先挨门挨户探问有无轰炸后留宿的人员。活着的人中没有他们二人。天亮后，任、胡两家才到铁路东边轰炸现场去认死尸。炸死的人成堆连片，大都支离破碎，血肉模糊，惨不忍睹，很难辨认。后来，他们先从体貌衣着特征，排除那些不可能是的，再认那些有可能的。任德渊小时玩子弹壳，炸掉左手食指，从这个特征，才在老远的树枝上找到他这次被炸断的左臂！从他的皮鞋（当时穿皮鞋的人是极少的）在脚下蹬出的土坑，才断定那是他已被炸掉左臂和臀部、俯卧着的躯体。据说他面部已经扭曲，失去原形，显出在恐怖和痛苦中挣扎很久才死的表情！胡安集特征很少，到第二天天黑，就胡乱捞了一具无人认领的尸体而作罢！两位同学的无辜牺牲，给大家思想上种下对日寇暴行复仇的种子！

这些详情，都是后来进了高工之后，闵德潜才详细告诉我们的。在轰炸当天傍晚，我伯父从汉口大智门车站下班回来，就问我那两位同学乘车回去没有。我说他们一天没来，大概回去了。伯父忧虑地说，那就糟了！他说刚才花园路局来电，说那趟列车刚刚进站停稳，旅客下车就遭日本轰炸；路西平安无事，凡向路东荒地逃避的乘客，反而伤亡惨重。当时我和伯父按乐观估计：他们三人从西边车门（月台在路西）下车后，理当一直向西回家，很可能平安无事。后来听闵德潜说，他下车时，车外人、货很挤，他怕追不上任、胡二人，就拼命挤出人群，向回家的公路走去。可能任、胡二人下车后，见人群拥挤，怕不易快走，就钻到车下暂避，或者想从路东赶快逃离车站。他们这种打算不能说不聪明，只是事不凑巧，日机却偏偏轰炸路东。

考试以后大约十天，高工 10 月 1 日发榜，不仅我们四人都被录取，还有我的安陆初中几个同班，考试时没有遇见的，也榜上有名。10 月 20 日我见榜领到入学证，并得知约半个月后，学校将包租轮船运送学生去宜昌，于是第二天（10 月 3 日）我就回到安陆，祖父和母亲见了自然是又喜又忧！喜的是我可以继续念书，忧的是此一别，不知何时才能再见。半个多月前我去报考离家时，安陆还毫无战争气氛。前一年“七七事变”后，天津一带南逃路过安陆的难民，曾使安陆人感受到一点战争的气息，但他们很快都走了，安陆又和往年一样的闭塞和平静。这半个月，武汉倒看不出什么变化，然而安陆却大不相同了。自从“花园”被炸以后，安陆也有一次挨了几个小炸弹，伤亡虽然很少，但是家家都在做逃难的打算，人人脸上都布满了愁云。生产、生意萧条了，几乎没有人肯花钱买逃难时带不走的东西。路上行人很少了，各自准备逃难，哪有功夫上街串门呢？绝大多数的家庭，包括几家大商号在内，都是只想逃到乡下去暂避日寇打来时的风头，几乎没有几家是想当亡国奴而全家逃离故土的。虽然半年前，洪深带领的“上海救亡演剧二队”到安陆演出了《东三省》《放下你的鞭子》等街头剧，掀起了一阵我们中小学生也上街演说、唱抗战歌曲等抗日高潮，但两三个月后就无声无息了，听说这是“攘外必先安内”的政策压制下去的。

三、到汉口等船去宜昌

1938 年 10 月 7 日，中秋节的前一天，我们很早就到西门外府河（溃水）码头去坐木船。船是徐心广的父亲替大家包租的。徐心广、陈宜述家里都开着安陆数一数二的大杂货铺，他们也是去读高工的。同行的还有闵德潜等十多人，其余的我都不认识，后来也不读高工，所以我就不记得他们的姓名了。木船当天晚上到达云梦县的长江埠镇，第二天换乘小火轮走汉水到汉口。到汉口后，我和陈宜述、徐心广、闵德潜四个考上高工的同学同住一家客栈，放下行李就去学校报到地点领取“入学证”。得知可凭“入学证”上船去宜昌，并被告知开船日期要注意看报。报上过几天登出“江华轮”开往宜昌的日期和码头。我们按时凭“入学证”上船，在船上都免费吃住，又遇到一些安陆同学。到宜昌后，也凭“入学证”到指定招待所吃、住和参加下一步行动。这个“入学证”可以说是个身份证、免费优待证；上面贴有报名时交的相片，成了最宝贵的“护身符”。至今六十多年过去了，这个“入学证”和“准考证”，我还完整地保存着！

这次来到武汉的当天晚上，也就是中秋之夜，陈宜述提议带我们到饭馆去吃一顿“合菜”，以示庆祝。陈宜述在安陆初中比我早半年毕业，人高马大，而且是篮球队长（后来到高工也一直是篮球队长），家里有钱，常来汉口，所以我们几乎一切都听他的。徐心广也有钱，他首先赞成吃一顿好的。闵德潜家里至少比我家有钱些，但他总是说话慢吞吞的，我同意了他才说同意。所谓“合菜”是武汉饭馆当时兴起的一种点菜办法，就像现在的“套餐”，价钱按每人一顿合多少钱为标准计算。当时在饭馆点菜吃饭，最便宜的小盘荤菜至少每个菜两角钱，好菜就得至少五角、一块到五块不等。“合菜”就不必自己点菜，只说各人吃多少钱，主要爱吃什么，不爱吃什么，饭馆就按每人折合两菜一汤（汤是合在一大碗里的）提出配菜方案。饭馆配菜就比自己点菜便宜得多。人越多总数显得越便宜，有时可以便宜到一半或1/5。当时有每人伍角、一元、三元的“合菜”，我们吃了每人一元的，有鸡鸭鱼肉、武汉有名的“蹄膀”，共八菜一汤。我看是十分丰盛的，但一元钱对我来说，是带出来的全部资产的六十分之一呀！

在武汉期间，我要赶快采购必要的用品，首先就是被子、被单。父亲死后五年，我家的被子里、面和棉絮都破烂不堪了，或者换成土布的了。现做已来不及，况且武汉有现成的可供挑选，比在安陆买布自己做还便宜些。所以又给我多带十块钱，专门买被子用。我家平时是一两块钱现钱都拿不出来的，这次三天之内，祖父东奔西跑，不知向哪些亲戚朋友凑借了五十块钱给我，那困难真是难以想象的。因为我家较亲的亲戚朋友几乎都和我家差不多，有的甚至比我家更穷。几家做小生意的亲友一次借出十元钱也很困难。何况日本人快要打来了，兵荒马乱，借给我们就无异于资助给我们了。我祖父是个沉默寡言的人，他几天跑进跑出，直到给我钱时，一句叫苦和叮咛的话都没说。他知道我是懂事、节俭的孩子，钱多钱少有什么可说的呢？我也含泪默默地收下他的钱，从他的处境说，这钱实在太多了，但从我一去不知何时才能自己养活自己来说，那也实在不算多的。我如果说感谢的话，反而不像亲人了。

家里没有可带的被子，妈妈就先提取存油的利息十元（这是全家一个月的伙食费），让我到武汉买被子。我到商店先挑了四斤重的棉被（2.2元），八尺长、一丈二尺宽的本色白布被里（3.5元）是必然的选择。挑被面却煞费苦心了，薄花布的太不经用，好的太贵，我最后挑了个“十字布”印花的（也是3.5元）。“十字布”是专门用来绣“十字花”的布，比较厚实，印花作被面是降价处理的。拿回客栈，请洗衣妇女用线绳订成被子，连工带料0.12元。几乎整整花掉了那专款专用的十块钱！这床被子跟我抗战八年，又一直用到1948年底我去解放区前夕，它实在该换新的了，才留在清华。后来我母亲死了，才随其他衣物送人。

记得当时我买的第二件最贵的东西是自来水笔。在初中时，比较有钱的同学都用上自来水笔了。三年级开始时，池熙沐的父亲就给他买回一支“新民牌”自来水笔，那就算是国产名牌货了（实际是外商“华孚洋行”在国外定制的），使我羡慕不已。这年我从未见过的二姑父从北京退职回家，送给我一支杂牌自来水笔，经我自己修改，也不好用，我干脆没有带它，就存心到武汉买一支新的。挑来选去还是“新民牌”牢固大方，黑杆、金尖、流利耐用。但是问了几家才知道，这种笔型号很多，号码多一号加0.2元；号码尾数从1到5循环，改变笔身的大小、笔尖的粗细和硬度。但武汉的商店只有三种型号，一种是池熙沐那样大小适中、一块多钱一支的；一种三元多一支是大号的，笔身最粗大，笔尖也最硬，就像解放后的“大金星”笔；还有一种我最喜欢，笔身最细小，笔尖也最软，但是它是515号，算起来整5块钱一支。这种半床被子价钱一支的金笔，我实在下不了坚定的决心。但直到要上船了，我到处找也找不到其他较便宜的细小钢笔，就咬咬牙花五元钱买了一支515号的。这只笔我非常爱惜，每次用完就插进口袋里，一直用到我清华毕业、解放之后。笔帽和笔套的螺口磨大了，先用线缠住，后来好不容易换到大小合适的笔杆，里面的橡皮管更不知道换过多少次。解放后，办公室有公用的蘸水钢笔，但我习惯用我那支又小又软的笔，自然继续用它。后来笔杆、橡皮管都坏了，金笔尖也腐蚀了一个洞，只好只留下笔尖作纪念。大概1954年前后，上海金星笔厂又卖“华孚”牌的金笔了，我把旧笔尖带去请老工人调换新尖，他们听说是515号，仍然算得是很高级的，把玩很久，没有同样的金尖，但可以用“金”焊焊补；记得花两元钱就焊好了。但是仍然配不着那样的细笔杆，同时我又已习惯用“大金星”的大号钢笔了，所以这个笔尖至今仍单独留作纪念。

此外，当然还要买些牙刷、牙膏和毛巾、鞋袜之类。街上摆摊卖的减价处理的“力士鞋”是本厂出的次品，只有跳纱、胶口不齐等外观上的毛病，但是却便宜一大半，只要18元一双。它是一只一只地堆着卖，我就翻来覆去地挑好一只，再挑另一只。原先我还注意到，除挑合脚的鞋号以外，还要两只不要是“顺脚”的（都是左右一只脚可穿的）。后来挑了很久，挑烦了，差不多就买回了。直到后来想穿它时，才发现仍然是“顺脚”的。这是我自以为非常仔细的人所做的第一件“马虎”事！这双不能穿的鞋我一直放在箱子里，一开箱子它就给我一次警惕！但我后来一辈子仍然不免有越是太仔细越出差错的失误。

我还买了一件心爱的东西，那就是花三角钱在“王麻子”买的小剪刀。一般同学买针线不买剪刀，都来向我借。我很珍贵它，不准让人借到别处去用；太厚太硬的东西，我宁可替他剪，也怕他铰坏了我的剪刀。解放后，剪刀好买了，也就不那么可贵了。后来我在上海买“张小泉”的剪刀，大大小小我一买就买好几把回家，而且我总要留一把作我自己专用的。这个习惯到现在也不改变，我的文具盒里，有我专用的几把不同的剪刀。

我当然也很爱小刀，但是我一直没有买过。因为我祖父用大钟发条磨的一把斜口刀，是我初中一年级“手工”作业时用的，在竹笔筒上雕花刻字用惯了，奇快无比。特别是用我祖父给我的一块“油石”精磨后，跟剃刀一样快，刀口又不卷不缺。带上这一口“宝刀”和祖父的油石，削铅笔、切纸、做小手工，一切游刃有余。所以我十几年没买过别的刀子。这两件宝贝，至今还是我珍爱之物。

在武汉等船十一天，我买的设备、工具不过这几样，计算起来总共不到30块钱。其他衣着、书籍、文具很少添置，我更没有零吃零花的习惯，可是从武汉上船时，我身上就只剩不到20元钱了。十天客栈和饭费就花去10元左右，占我全部财产的1/6，可见这客栈的档次，还是我不配住的。但是跟陈宜述、徐心广这样有钱的同学在一起，也只好忍受了。

四、江华轮上和宜昌的生活

考取高工后再去汉口入学，在汉口住了十天。10月18日傍晚，我们就坐上了西去宜昌的“江华”轮。为什么能记得是整整十天呢？离家是中秋前一天，在长江埠过夜，第二天中秋到汉口，离开汉口上船那天正好是我的生日——阴历八月二十五，所以这些都是终生难忘的。最近翻阅当时的笔记本，封面上贴了一张“离家至巴日程志要”表，上有阳历，下有阴历对照。本文据以校正，所以是绝对准确的。

江华轮是招商局轮船公司的新型客轮，时有“大江新、快江华”之称。它的船体虽然没有最大的江新号那么大，但是它的马力可能超过江新。我们这次行程中，它在右舷固定拖带了武汉码头上最大的铁屋趸船。这个平头平底长方形趸船长度与江华轮差不多，宽度可能还大于江华。它的甲板上高大的铁屋，对江华来说真是个很大的“包袱”，因此快也快不起来了，甚至比一般轮船还慢。船23

日到宜昌，不停地共走了五天五夜。武汉失守，我们是在中途听说的。

江华轮主甲板上的统舱（不分房间的舱位），都是联中的同学，各个分校的都有，没有明确划分。上船的过程中，又遇见高工的许多同学，也遇到安陆同学中其他分校的同学。记得有吴华瑄、吴华珣和陈謇直等。上船以后，熟人都自由组合住在一起。一般都是几个人铺成联铺，把箱子放在头部和两侧，构成一个“势力范围”。而且不知哪里传来的经验，箱子、行李要用绳子串联起来，把绳头压在铺垫下，可以使人惊醒，以防有人趁我们睡着时把东西偷走。

船上吃饭，学生是不花钱的，但是在什么地方、吃什么饭，大概对我很不重要，所以一点也记不清了。我们是傍晚上船的，也许别的客、货早已上船。我们上去后始终只能在本舱活动，楼上房舱、楼下货舱、机舱都没有去过。不过我们在右舷上可以看到旁边拖带的趸船屋内都是六七岁以下的小孩，后来听说是宋庆龄办的“保幼院”。趸船的门窗，至少靠轮船这边是紧闭的，更不能互相往来。直到五十多年后的1993年，武汉成立“湖北联中高工分校联谊会”，北京的高工同学成立了一个分会，分会五人服务小组之一的姚淑华同学和我谈起来，当时她就恰巧是那个趸船上“保幼院”的一个小孩，当时年龄才五六岁。天下之大，人的交往越多，空间、时间越像是很小的了。

船从武汉到宜昌，日夜兼程，没有停靠一个码头，我对那时两岸的城乡景物也毫无印象。天似乎经常下雨，我们很少到船舷眺望。况且我的睡铺靠近右舷，在右舷上只能看到黑色高大的趸船；平缓的江岸，什么也看不见。舱里光线很暗，常常不能看书。我只带了两本中文和英文字典，别人带的小说我不爱看，有人带棋牌等娱乐用品，我也不爱玩。所以除了聊天，就是睡觉。五天，实在很难过，越发觉得船走得太慢了。

中途好像是第四天，船上传出消息说日本人占领武汉了。同学中并没有引起很大的骚动或伤感，大概我周围睡的都不是武汉人，而是早已离乡别井、“久违膝下”的“流浪儿”了，连女同学也很少有哭泣的。不过我很惊讶：上船那天下午，我们提前吃饭，陈宜述又提议吃一顿好的，我实在舍不得花钱，但他们都已经知道那天是我的生日，我就更不好推辞了。那天我们在大街上找饭馆吃饭，街上熙熙攘攘，灯红酒绿；餐馆里乱乱哄哄，呼幺喝六，毫无兵临城下、即将亡国亡家的样子。转眼之间，一个华中心腹重镇，就无声无息地沦于敌手，可见当时我国军队的无能和人民的麻痹现象到了何种程度！

到宜昌上岸以后，住在一幢三四层楼很大、很旧的招待所里。同乡、同学、熟人可以要求安排到指定的同一房间。每层楼有两对门的两个大房间，门口有人把守，凭证进房，以免失窃。当时宜昌拥入很多难民，很注重治安问题。所以在那里我和吴华瑄、吴华珣形影不离，特别是出外活动时，他兄弟二人把我搂在中间。因为我身材弱小，穿着土旧，又带有15元零票（祖父借来的几乎都是一角两角的零票）。秋天穿两件单上衣，钱缝在内衣袋内，不易被外人发现，所以他们索性把他们的整钱也缝在我的内衣袋里。平时我装作没钱，用钱由他们付。走路时我被他们架在中间，以免小偷掏包。事先商定，若遇有明抢、诈骗时，先约定会合地点，他们虚与周旋，我先溜走，到一定时间他们再脱身与我会合。吴华瑄在武汉上过一年高中，较有社会经验；我对《福尔摩斯侦探案》也几乎能宣讲、“说书”。因为我上月在武汉等待学校发榜时，成天在伯父楼下朋友家反复阅读她家积累的“福案”译文丛刊（十几大本），这时正好和吴氏兄弟交换阅读心得。后来我虽然再也没有看过侦探小说，但我已养成观察、分析、联想、推理、判断的习惯，后来还真有些小的成功（这些故事容后再说）。更重要的是，它对我以后观察分析一般社会现象，甚至对学习工程技术，在思想方法上也很有启发。

这位藏有《福尔摩斯》全集，并引起我专读这类书籍的邱玉凤小姐的父亲，是我伯父在大智门火车站的同事。她和父亲二人住楼下，我伯父一家五口住楼上（只有两层楼）。也许她父亲的地位较高，平素很少说话。玉凤大姐可能高中已经毕业，大概没上大学，虽然她也整天看书，看来并不是复习功课。也许正度暑假，所以也当休息。楼下房大人少，比较荫静凉快，所以我几乎除三顿饭外，整天都下楼和她做伴。她个儿很高，正当妙龄，穿着朴素，但很入时。她说话也不多，我从小就懂得不打听别人的“隐私”，连她母亲为什么不住在一起我都没有问过。但我感到她至少很欢迎我到她家看书，晚饭后还主动叫我天天陪她到江边散步，同时顺便带着我伯父养的两只半大的俄国种的白狗去遛狗。大智门车站一带是英国租界，江边可能也是英国租界，屋里时有外国水兵进出，在这种场合，她经常牵着我的手，并低头和我说话，我猜她是想分散别人对她的注意力。离开武汉以后，再也没有她的消息了。但是1950年夏，我去中南调查重工业企业基本情况，在广州钢铁厂见到其总工程师邱玉池（颇有名气的冶金专家，也是广东人，我想他大概是邱玉凤的兄弟辈的），我要他给我提供厂房、设备、人员等情况，相当琐碎复杂。他很客气，但我却觉得给他增加不少麻烦。该厂当时正在恢复生产，他带我看一座一吨炼钢电炉（或是半吨，这在当时是难得的）正待修理，百忙中我无暇向他打听邱玉凤的情况。1952年一机部和冶金部分开后，我连邱玉池也没有再见到了。

在宜昌终日无所事事，房间里人多且热，只好到街上闲逛。我和吴氏兄弟一伙，远处不敢去，三顿饭还得回招待所吃。虽然天天在外面逛街，但对宜昌的街道名称、商业情况，现在已毫无印象。

在这期间唯一的大事，就是我去会见了池熙沐的父亲，他也是在宜昌等待西进。我们高工入学证上本来印的是“长阳高工分校”，由于武汉失守，所以我们才直接到了宜昌。池熙沐的父亲原是汉口女子职业学校的教员，当时他接到学校的聘约，大概前几个月就到了宜昌了。池熙沐是在宜昌考取高工的，因为校址未定，开学更遥遥无期，所以他先到三斗坪一带江防要塞施工队参加临时工作去了。他的父亲到高工学生招待所打听高工迁校消息，同时打听还有哪些同学考进了高工，这样才找到我的。他知道我和熙沐从小学开始同班四年，情同手足。他几次从武汉回家，都叫熙沐拿些文具送到我家，我也去他们家看望过他，因此他对我印象很深，不同一般。他在宜昌的住地比我们招待所安静多了，一人住一间屋。他叫我把我带的小藤箱拿去，换给我一个较大较好的木箱。除我原有的东西以外，还给了我一个铜烘炉，一双新的大头皮鞋，还有些零碎东西。这个铜烘炉我一直没有用，当个宝盒存放着。大头皮鞋是池熙沐穿不下的，我穿正合适。但我们在学校时冬天都穿木拖板，我哪能穿皮底皮鞋？所以鞋也只是一直压在箱底。后来到重庆工作，旧鞋实在太不像样了，我用第一个月的工资也买不起一双普通的皮鞋，又舍不得穿那不入时的大头皮鞋，就花了半个月工资买了一双时兴的呢面浅口布鞋。半年后我离开重庆去昆明，这只大木箱和不用的烘炉和皮鞋，都留在我工作过三个月的天厨味精厂营业所。第二年池熙沐到了重庆，我让他去取，不知他取后怎么处理了，但总算最后仍然物归原主。

在宜昌还有值得一记的事，就是跑了两三次警报。两次是在街上玩，拉警报了大家都躲进商店，好像有个屋顶总安全些。幸亏轰炸声很远，房屋没有什么震动，否则躲在室内，如果房屋震塌，按说是更不安全的。有一次我们跑进一家粮店，屋里有好高好大的一些粮食“茓子”(用芦席长卷把粮食围起来的三四米高的粮堆)。躲在这些“茓子”的夹缝中非常安全，不怕扫射和流弹，房屋倒塌也有它们这些高个子顶着。不过那一次日机也只在远处扔了几个炸弹就走了。还有一次是在招待所就听到警报，我们随大流过河到南津关山上去躲。但在过河的“划子”上倒看到远处长江江面上有日机轰炸的水柱。这三次都有惊无险，不久我们就离开了宜昌。

五、走纤道徒步进入西陵峡

我们在宜昌等得非常焦急无聊，对宜昌当地的压力也很大。同时也可以想象各分校迁校、建校、迎接师生等工作一定也非常紧张。我们大概是第一批离开宜昌这个招待所向巴东进发的，在宜昌停留的时间最短，头尾共十六天。

我校西进的原则是老弱病残乘船，押运行李；能够步行的只带夜晚睡觉必需的衣被，沿拉船的纤道步行，每日行程六十华里左右。由老师带领，组成行军连队。我几乎可说是最瘦小的，但我决不示弱，而且我对行军很有兴趣。我在小学、初中的童子军和体育课都是经过“自习”锻炼达到标准的，我申请步行终被批准。

11 月 3 日出发那天，我们先到一个僻静宽敞的街道集合，住在其他处所的少数师生都来一起编队。这时，至少初中同班魏永林也汇合成同路人了，其他还有哪些原来的熟人就不记得了。分班仍然是自由组合，适当调配。我们安陆同学几乎都在一个班，包括陈宜述、徐心广、闵德潜、吴华瑄、吴华珣等。时间太久，原来事无巨细、如数家珍的行军情况，现在只能说个大概了。

因为原汉阳高工前一年（1938 年）已迁到“宜都”上了半年的课，所以老的师生都从宜都出发搬迁巴东。这次参加行军的主要是由汉口直接到宜昌来的新生，总计好像在一百人左右，大概十人一班，便于互相照顾。我班选了陈宜述为班长，副班长好像是徐心广。整队后，先走到江边，雇小划子渡江到南岸“点军坡”开始西行。这天行程是上山三十里，然后下山三十里。这是“大路”(不是江边纤路)，依山踩成或凿成的石级比较整齐。而且树木夹道成荫，行人既不费力，也不出汗，就像逛公园一样。上到山顶，一半路程三十里就走完了，这给大家增强了信心。后来下山三十里，路况照样很好，而且下山应该比上山省力。可是下得长久以后，一步一个台阶，靠迈出下一步维护重心不倒，所以越下越快，有马不停蹄的感觉。不再休息，几乎一口气很快就下到江边，下三十里又走完，可以宿营了。这时有个奇怪的感觉，就是洗脚或其他动作抬起一只脚时，这只脚会自动地不断上下抖动，成了神经性的习惯动作，睡到第二天早晨才恢复正常。我想这是因为上山比走平路费力稍大一些，这是平常都习惯了的；而复下山时膝盖受频繁的挠曲力，平常是很少受此锻炼的。

在山顶休息了很久，除自由活动外，领队召集各班开会，要求各班派两名身体好、会办事的同学，在两个老师的带领下“打前站”，即提前出发，早到目的地，为本班先找食宿地点。像国民党军队“号房子”一样，各班一起先找地方保甲政府，请他带领，看到比较宽大整洁的房子，无论公房、私房、商店、民宅，商量同意，就在门口写上“××班驻此”，这是不花钱的，并做好吃饭的安排，或在饭馆订餐，或请民家做饭。饭费是各人分摊花钱的。这使我想起从宜昌出发前每人都领到一笔步行期间的路费，而且是足够的费用。我班很自然地就选班长陈宜述去打前站，而且他不负众望，总给我班找到了很好的，可以不打地铺或备有铺草、草垫的住处，还有热水洗脚。我班吃饭问题也安排得又及时、又便宜、又好。后来陈好像成了全队打前站的领队。

在山上休息时，总领队之一的简卓坚老师，见我背着老式“豆腐块”式的行李卷，就来帮我重整行装，并对其他同学示范。简先生是广西人，据说曾留学日本，他打背包的方法就是从日本学来的。我带的行李很简单，除一套换洗单裤单褂和鞋袜外，只有一件薄棉大衣，一床薄棉军毯。简先生教我们把衣物放在军毯中间，用绳子捆成长方背包。这时把鞋底朝外穿插在绳子中间。背包放在地下时，鞋底沾地可减少弄脏背包。再用绳头或另用短绳将毯子没有捆住的四角，分成左右两对，头对头扎紧，使它成为很宽软的两条背带。这样背起来就特别轻松了。

第一个宿营地叫什么名字，我已经忘了。按我笔记本上的“××日程纪要”，只记了11月15日到巴东，算来中途宿营八夜，八个宿营地的名称都没记载。途中经过了几次险滩，而且至少有一次由大江南岸又过江到北岸西进，是在哪里过的江，都记不清了。现在查我手头解放后买的三本分省地图，标的地名，各有千秋，特别是1995年初版的《最新实用地图册》，上面还附有“三峡风景区”专图，但反而更不详细！三本地图都是地图出版社出版的，只1966年初版的一种编印较好，那本名为《最新实用……》反而得少失多，不是精益求精的。综合三本地图，自东向西，计有平善坝、南沱（或莲沱）的对岸、黄陵庙、三斗坪、茅坪、香溪、秭归等地名，都是我至今还有印象的。所过险滩，地图标名的有新滩、牛口滩，我记得其间至少还有青滩、泄滩。至于总称西陵峡内的崆岭峡、灯影峡、牛肝马肺峡、兵书宝剑峡、破水峡等，因为峡谷中都修有堑（栈）道，对步行者没有大的影响，所以我只留有“牛肝马肺”“兵书宝剑”等标志的印象。好在我现在不是写“游记”，地名不是要写的重点；还是按记忆中的奇遇和险情，不一定按日程顺序，做一番叙述吧！

步行最关紧要的是道路状况。上述日程第一天是从宜昌南门外过江到南岸，翻过一座山，上下山各三十里，这是此行唯一最大的坡道。这段山路虽然从江边上山，又下到江边，但中间翻山越岭，穿林过树，有时看不到江水航船，所以这里是不能拉纤的。也许这段江面已很开阔，水流平缓，船靠北岸行驶，不用拉纤了。我们第二天开始才走上拉“上水”船的“纤道”。

第二天开始，大概已经进入西陵峡了，江面较窄，两岸山坡较陡，在陡坡边凿成横向沟槽形纤道，离江面只有5~10米高，旁边人烟少，一般行人也很少，只有拉纤的人才走，所以叫作纤道。我们那次西行，已是深秋季节，秋风秋雨，造成秋汛，江水水位一般较高，纤道都是岸边山坡上按地势走出来或专门凿过的。如果坡度不大、路比较宽，还可以两人擦肩让路。我们虽然走得慢，但纤夫走得更慢。如果船很小，只一人拉纤；大船重载，拉纤的就多到上十人甚至几十人。纤夫多半是船主雇佣的，除了工钱以外，还要供他吃住，所以无论这条船有多少纤夫，每个人都有一定的平均负重。除非偶然遇到有回流之处，纤夫都不能昂首阔步轻快地行走，而是身体前倾、匍匐，或是半弓步前进的。三峡的纤夫许多是专业的，拉纤也有一定的技巧。每人用一根短绳，一头套在肩上（一般有衣服或特制的垫肩），另一头用一种简单的“活结”扣在拉船的缆绳上（缆绳多半是竹篾编成的）。这个“活扣”越拉越紧，一松就脱扣了。所以谁要是不与别人同步，稍一松劲，就有脱扣摔倒的危险，这是古已有之的很巧妙的“机制”。如果几个人同时闪失脱扣，船就倒流，后果更不堪设想。我们的同学总想试试拉纤，但进行中的纤夫，聚精会神，不苟言笑，根本不能让你一试。每到江流偶然湍急的一段，拉力加大，纤夫们就得两手沾地、弓腰弯背的爬行。这时就有领头人喊“号子”，使大家保持一致的节奏。到急流走完，“号子”也逐渐提醒大家提前准备，等停船下锚，纤夫才能同时松劲休息。所以，“号子”不仅有鼓舞精神的文艺作用，更主要是起到同时使劲和同时松劲的实际“号令”作用。

如果岸边是陡壁悬崖，就只有在石壁的最高水位线上凿成的一条横切的沟槽。因为它是专为拉纤人弓步鱼贯而行开凿的，所以沟槽的横断面既不高，也不宽。我这小个子还可畅行无阻，高大的同学和背了宽大背包的同学就得低头小心了。有的地方有从上向下流水的纵沟，沟窄的搭有原木“跳板”(短桥)，沟宽时路就弯进去一些。还有的地方，石壁有凸向江水的横向弯曲，纤道沟槽自然也随着有些急弯。这种路段，在西陵峡是不少的，开始时大家向后传话注意安全，慢慢都习惯了，按部就班，不往下看（根本看不见山脚)，还不觉得危险。其实没栏杆、没拉手处，稍一不慎，真是“一失足成千古恨”，则谁也救不了谁的。有一天，快要到巴东了，大家已经比较轻松，一边走一边有说有笑。突然队伍中一声惊呼，大家都停了下来，好一阵才传来消息，某师傅的“担子”掉下山去了。某师傅是原来汉口市立职业学校（也并入高工了）的理发师傅，他原是挑“剃头挑子”的，这次行军，他习惯于把行李用扁担挑着走路。在路向江面弯曲、沟槽很浅的纤道里，扁担长些，一端很容易碰到石壁，其反作用力就有连挑子带人、翻倒下山的危险。他算聪明，走在这样的沟槽纤道时，他总把挑子挑在外边的肩上（在江北往西走，就挑在左肩上)，这样即使碰到石壁，反作用力不致太大，挑子从肩上滑脱，也不致把人也带下山去！这一次他太放松了，一路说说笑笑，说到高兴处，他回头和后面的人打闹，扁担一头碰了石壁，回头过猛，反作用力很大，幸亏他手松得快，挑子从肩上滑落下山了。他一声惊叫，又幸亏躲向石壁，连看都没有去看挑子，才保住了自己的一条性命。这是此行中最惊险的教训。

凡是这种两岸陡峭的峡谷，都是江流最窄、最曲折、“山重水复疑无路”的地方，也是景最美的地方。最出名的牛肝马肺峡、兵书宝剑峡就在这里。其实它名称的由来，无非是陡壁的高处有一堆浮雕式的乱石突显出来：大小带弧形的，就像牛肝马肺；长短带棱角的，就像书籍宝剑。三峡之美，并不只因有这些突出的乱石，主要是山的雄奇、水的涌势、天隙的形状变化（有时空旷，有时一线一方)，浮云的高低飞腾等等。坐船过三峡，固然也能领略这些奇景，但总不如一步一步走过来感受那么深刻。古人说:“江山风物，本无常主，闲者便是主人”，纤夫们弯腰弓步走三峡，哪里顾得欣赏风景。我们难得远足野游似地走进三峡，也算人生的一大奇遇。

六、走过高峡险滩到巴东

“两岸猿声啼不住，轻舟已过万重山”，这两句脍炙人口的名句，说尽了三峡景物之美，舟楫之利。这只是大多数利好的一面，凡是慢慢走过三峡的人，才会发现所有险滩附近的地方，沉船破滥的船板露出水面，就像川黔公路盘山路旁，汽车的残骸堆积如丘一样，是叫人望而生畏，看了寒心的。

三峡中，西陵峡最长，险滩最多。所谓险滩，都是江面较窄，江流较急，江底有大的暗礁（瞿塘峡的滟滪堆1958年前是露出水面的礁石，后被炸除），是江水出现急的湍流、大的落差的地方。上水船走到这里，特别是木船，“船老大”（领航人）都在滩前靠岸，谈好合约，把船交给当地专门“绞滩”的老手团伙，包给他们把船拉过险滩。我们一般行人，常常也要和船夫们一起上岸走过险滩。因为船货过重就更危险，而且过滩要花很长的时间，船到滩前常要排队等待。有的滩旁，多半都有溪河汇入大江，涨水时，河口很宽很深。走到这里，即使是纤夫，也无路可走，必须上船，用绞盘拉过河口，在滩前附近停下。这时所有的人（包括船主和他自己的舵手）都上岸步行。重载货物，也要卸下一些，从岸上搬过滩再装船，使船轻载，便于操纵。贵重的钱财和货物，最好也要带着上岸步行，怕万一船出危险，损失赔偿太大。准备工作做完以后，由绞滩的派人上船掌舵，再由许多人推动“绞盘”拉船。一位老手指挥船上船下的配合，船在急流处挣扎着前进，其紧张程度不亚于打一场肉搏战！下水船走到滩边，也要下人卸货，把船交给绞滩的人，由他们指挥、掌舵。虽然下水船流行很快，不要拉船，但水流又急又旋；船行路线又要随着江水涨落的情况灵活掌握，稍有差池，船不是触礁，就有被掀翻的危险。遇到意外情况，连绞滩人也不能完全保证不出问题。

沿途住食情况，我班陈宜述打前站总是安排得较好，这是大家都称赞的。但是沿途投宿地方，只有三斗坪（即现在三峡水库坝址）地势比较平阔，附近有些农田生产较多，因此有较多的木船，偶然也有小货轮停靠休整、补给。这里也就有一条较长的街道，而且还有机关和学校。我们大概第三天在南岸走到了三斗坪。记得我们吃饭后，天色尚早，我就约了魏永林一同去找池熙沐。前面说过，他正在这里的城防要塞施工队做短期工作，等开学时才去巴东。从小镇到他机关要走一段相当长的碎石滩，他们的房子比较新式，就连后来到达的秭归和巴东城郊，都没三斗坪那么“现代化”。池熙沐是刚放暑假不久，约七月份和魏永林结伴离开安陆到武汉找他父亲的。那时我非常伤感，一则四五年朝夕相伴的好友，一朝惜别；二则他有父亲可以投奔，而我却为父亲早丧而伤逝；三则国难当头，别后不仅杳无会期，而且生死难保。没想到天不绝人，时隔三月，就能千里他乡遇故知。别后几个月，他显得像大人了。见到他后没有多谈，他又送我们回到住地，和陈宜述等同学相见。如果我们坐轮船西进，是不会在这里停泊的，这也是我们不走纤道便难得在此相会的一个插曲。

好像过了三斗坪，我们便在茅坪过江沿北岸西进了。其他吃午饭和宿营地，包括秭归城郊，条件、市容都不如三斗坪。有的住处房屋都很小，一班人也只能分散住在几家民房。附近一般只在山石间种点小菜、玉米，所以连铺地的麦草、稻草都很难找。我人小，睡觉安静，小商店一尺多宽的柜台，就是我可以特殊享受的卧榻。有一次一家商店柜台外有一条长凳，虽然只有一尺来宽，但它高不过半米，我就把较宽的柜台让给敢睡的同学睡，我就睡那板凳。那位同学躺下倒睡着了，可是半夜翻身惊醒，险些掉下柜台，再也不能入睡。我却安然睡到次日别人喊我起床。他们都说我晚上侧身睡下，早晨仍然保持那个姿势。

有饭馆的地方，可以吃到米饭，不过比玉米饭贵多了。那以前我们连煮的或烧烤的嫩玉米都没吃过，吃黄白相间、玉米大米混合煮成的“二米饭”，倒是别有风味。蔬菜很少，因为难找斗（两斗合一亩）大一块平地，所谓“三斗坪”就是当初有三斗平地而得名的。猪肉也很贵，因为猪食虽然可掺些树叶、草棵（俗称“打猪草”），但养猪的地方也难找，一般只在斜坡建房或厕所的地板下养一只两只。居民少，养的猪也少；一般还要养到过年才杀，卖一部分肉，所以平时肉很少、也很贵了。鱼倒常有，但一般很小，而且缺油少盐，辣椒比鱼还多，我是又怕刺又怕辣的。许多地方没有饭馆，或根本不能同时给我们上百人做饭。陈宜述就请能干的家庭主妇，替我们“包”做一些菜饭，这样可以吃到稀饭和汤菜，更合我们旅人的胃口。

有一天，像是快到巴东的前几天，我们黄昏时分才走到宿营地。这个地方倒不小，还有一段相当长的街道。但是打前站的把我们全体同学都安排住在街西头的一个大院里，这院墙高门大，但很破旧。进门后，是一大片方砖铺成的场地，砖块已经斑驳残缺，有的砖缝都长草了。里面才是一幢高大的殿堂，可能是个大庙或祠堂。殿堂内外，有些横七竖八的案、柜、家具等物品。大家草草放下行李，就随陈宜述到街上几家去拿饭回庙里吃。一边吃饭，一边陈宜述等才慢慢宣布，他们来到这里，找当地保甲长说起我们有上百学生前来投宿，保甲长就紧张发愁起来。他们说这里很不“太平”，近期常有土匪从山上下来骚扰，所以有钱的、特别是外来的商店和居民，多半离家或歇业关门了。百多人的饭食倒可以特别安排供应，但天色已晚，如果不让大家住在这里，或是阻止我们前来，或让我们来后不吃或少吃一点继续前进，那就都是前不把村，后不把店。如要我们再走三五十里夜路投宿，又怕我们都会吃不消的。但是在这里过夜，又怕不巧赶上土匪来了，不分青红皂白，对我们引起伤害。最后协商结果，是同学们都住进这个街头的大庙里，万一土匪来了，地方士绅可先向土匪说明我们都是两手空空的流亡学生，请他们不要骚扰无辜的男孩。同时，也要我们深居简出，关门闭户，互相照应。大家听了倒也放心，一是不见得土匪刚巧今夜会来，二是不管什么土匪，要么抢钱抢粮，要么报冤报仇。这两样都找不上我们这些穷孩子，我们怕什么呢？

不料刚吃完饭，就有人来报信，说背后山上高处，又有火把连接成线的活动，怕是土匪下来，希望我们留人守夜，以防万一。我们的老师、队长也出来察看，果然后山天际，像萤火虫一样，火星闪闪。于是大家把庙内可以移动的石木器具都堆在门里，阻挡土匪长驱直入。我们则准备在墙内用童声喊话，劝他们不要损人不利己的伤害我们：我们是躲避日本鬼子才逃到这里的，难道你们也不放过我们吗？那天夜晚天黑得伸手不见五指，这是土匪活动的好日子。但只要能多拖延时间，这些土匪一般天快亮就会撤走，怕乡亲们认出他们。所以我们决定采取哀求、拖延的政策。同时大家也互相传话，各人把身上带的钱财、重点物品，分别在院内墙角找地方用东西掩盖住。万一土匪进入大院，顶多是搜身、烧屋，他们不会无故伤人或到处搜寻的。

大家既忙乱，又议论，能不害怕？却也毫无倦意。三更半夜，三三五五聊天，几乎没有睡觉。墙头树上望风放哨的同学，不断传来山上仍有火把成线向下缓慢移动的消息，使大家更不敢睡觉。突然间，有个放哨的同学说下游来了一道明亮的灯光，大概是一条轮船。老师和陈宜述他们决定出去到江边喊话，请轮船允许我们上船待到天明；如有可能，能带我们前进一程更好。说着他们就出去了，差不多等了一个小时，有人回来报喜：说轮船是沿江巡逻的“炮艇”，装载我们这么多人只能站着，更不敢超载行船。他们如果上岸保护我们，总共没有几条人枪，船上的机枪、小炮是不能搬动的。商量很久，还是决定让他们尽量靠岸，同学们慢慢上船，或坐或站，挤到天亮。如果平安无事，我们天亮后上岸休息半天，然后出发，他们也再启航。大家听到这里，真是喜出望外，连忙收拾行李，找出掩藏的钱财整队上船。轮船不能紧靠码头，用几根缆绳拉到岸上，人就脚踩、扶绳子上船，两边有水兵保护。上艇以后，人只能沿着船舷走动。艇长不过十几米，官兵不过十来人。船首、船尾两挺重机枪，这是主要火力；指挥塔下有一尊小炮，有铁壳护围，只能转动，不能移动。中间都是机器和各种舱室，我们只能在四周靠墙而立，紧相依偎。艇已熄火、关灯，作潜伏状，气氛还是比较严肃、沉寂的。我们虽然非常兴奋，多数不能入睡，但也只能窃窃细语。山上火把仍然或聚或散，有时上下一线移动，但始终没有下来。很快东方鱼白，大家都上岸放心睡觉，下午再走三十里宿营。一场虚惊，就这么逢凶化吉了。过两天，11 月 15 日就安全抵达巴东东瀼口。

七、易家梁子建校忙

东瀼口是巴东县城对岸东瀼河的河口。我们沿着江北从东向西走到巴东，并没有经过巴东县城（在江南岸），而是直接走到东瀼河口。沿河往北走约三五里，到达向家湾、贾家坪等村落就是高工分校校部的所在地，再往前去就没有山边大路和房屋了。这里连它背后的山梁统称易家梁子。

东瀼河实际是一条由山涧汇入长江的溪流，只在春汛（春节前后化雪）时水量稍大、水流稍急一些。其他春夏秋冬都是枯水时期，只偶然大雨、大水。主流到易家梁子又绕向西南，沿对面西山脚下流入长江。易家梁子以南河面逐渐扩宽，所以从易家梁子山下直到河口，不涨水时，形成一片沙洲。后来全校的操场或会场就在沙滩上辟地举行。

东瀼口东南角沿江有几间房屋，有时也做些买卖。上水的木船，有时有些轮船也在这里临时停靠，没有栈桥或趸船，可见这里江很陡岸很深。从这里往北一里多路开始才有些靠山边的房子，稀稀落落，并不连贯。到了高工校部，才是背水朝山的一幢旧式楼房。它的对面也有几幢旧的砖房，作为学校办公、厨房和教室。

我们初到这里的学生，都睡在“校部”的楼上。铺上草席，一排排打成地铺。校部楼下，只一侧有校长李元杰的办公室兼卧房，旁边还住了一位女医生，其余都是敞开的空屋。楼外北侧偏西，用竹竿、芦席盖了一个孤零零不大的厕所，这是当时唯一的“新建筑”。到此的第一个夜晚，我突然肚胀起来。虽然月色尚明，但我不敢单独去楼旁荒野的厕所，又不敢叫醒身边的同学，隐忍很久，远处有位同学起来，我就连忙跟他一起去上厕所。虽然没出什么问题，但那种紧张、恐怖、进退两难的深刻教训，使我在失去家人照料后第一次感到自己必须有预见性地照顾自己。从那以后，我晚饭就不敢吃得过饱；同时，举一反三，增强了各方面的自我防范、自我保护意识。

我们这批人刚到易家梁子时，比我们先到的教职员工和同学还很少。他们住在离校部一百米以外的一家民房，并在那里做饭。给我们头一顿做了一大锅米饭，拿出来一抢而光。但这一顿本来只要再煮几个人吃的就够了，原因是头一锅饭每个人都已吃了一大碗，许多人已经够饱了，有些人差不多也就不等了，只有少数实在差得太多和后来的人，才在门外大路边再等焖一锅饭的功夫。可是第二天以后，接连煮两锅也不够。原因我想是大家吸取头一天那顿饭的经验，都改用了大碗，一次盛足，饱吃一顿。这样大家都宁多勿少，第一锅不到一半人就抢光了，当然第二锅更抢、更不够了。这种现象持续了很长一段时间，直到盖了新的厨房，可以同时拿出大家一次盛不完的饭，这个抢饭风和多吃粮食的现象才逐渐缓和。我虽然头一两天就想到这个道理，但我见一位先来的高班同学用一个特大号搪瓷茶缸吃饭，连饭带菜，不满一缸就够了，我也把在宜昌时池熙沐的父亲给我的一个比较单薄的大号搪瓷缸拿来吃饭，很解决问题。由此我认识了那位当时就要读高三的老同学陈泽万，而且他是一位敦厚的高材生，还是我们安陆的同乡。

以后，校部北边陆续盖了几栋房子，都是竹架、芦席墙、茅草顶的，有较大的机械实习工场、化工实验室和实验工场、图书库和物品库，化工科同学的两层楼房、楼下教室、楼上宿舍等等。接着，去年已迁到长阳的原来汉阳高工的机器设备等物资，也都运到了巴东。为了建筑和安装施工的需要，机械工厂抢先安装了几台设备，还在厂外垒起锻造用的红炉。那里当然没有电源，当时巴东城也没有电，机床都靠天轴、摇大飞轮传动，红炉也靠拉土风箱鼓风。打铁是我从小喜爱的行业，我外祖父家斜对面就有一家铁匠铺。我六岁以前（六岁后就离开那儿了）就常常站在他家门口一个人一看大半天。我喜欢看它开坯时钢花四溅，镦粗时像揉面似的回肠九转。它叮叮当当的二重奏，有时是三重奏（两个人抡大锤），我把它当作胜利的进行乐曲。起初他家爹爹怕溅着我，总把我哄开、拖开，后来他见我聚精会神，越看越近，很会躲避火花，也就不管我了。到吃饭时，外祖母听见仍有打铁声，就会到那里喊我。十年后，我好不容易又有暇接近打铁炉，而且那洋式铁砧比老式铁砧雄伟好用多了；我也常去观看，老师傅都认识我了。但我没有力气帮他抡大锤，很难帮他什么忙。后来，路旁斜坡上丢弃着一辆破烂的小汽车，引擎和有用的零部件都卸掉了，玻璃都打碎或拆下了，我却找到了一盘摇侧窗玻璃上下的扁盘状弹簧，我想祖父用钟条做的小刀那么锋利，这弹簧一定也能锻直了磨成刻字刀。我请教老师傅，他说可以，但要先退火，后淬火。他要替我动手时，我请他让我自己把盘簧展开，试试掌小锤的滋味。结果这盘弹簧锻成六把很好的刻字刀。除了送人和丢失以外，至今我还留用着一把。

那时学校平地、盖屋，一点也没有利用学生搞义务劳动。当时新上任的校长李元杰是个工兵上校（最近见到刊物记载，说他曾经留学苏联），魁梧、严肃，还穿着军装，戴着军衔，天天在工地上奔忙。在这样赶工的时候，估计他不会想不到利用我们这些十五六岁以上的，又都是男孩（那时中学都是男女分校的，况且我们是工业学校，更没女生）的劳动力。估计一定是上级有令，不准让我们这些刚刚背井离乡的学生再受苦累。那时我们还没上课，也没兴趣到周围走走，我更没想过江去巴东城里看看，因为当时秋水上涨，江水流急多漩，既危险又要加倍的过江钱。我老家在丘陵农村，六岁前住过河边小镇，后跟父亲在武汉教书；走过羊肠小路和大街小巷，好像是“曾经沧海”，毫无游山逛水的兴趣。除打铁炉以外，其他工地建筑的情景印象也很浅，那时我都在“炉边闲话”。

八、新生填表分科热

大概是校部职工齐集巴东，开始办公以后，教务处首先要做的工作之一就是新生分科、分班。所以很快就要我们新生填表、自愿填报分科志愿。而且学校做出决定，机械开两班，土木、化工各开一班。表发下来，许多新生都互相商量，还请高班的老同学进行指导。安陆同乡中有高两班的老同学六人以上，都是学机械的。但是，不仅安陆同学、几乎所有同学，不知道哪里刮来一阵“土木风”，大家都酝酿着学土木。大概有的家长预见到抗战期间，工厂很难建立，但房屋、公路、军事等土木工程，总是少不了的。所以安陆机械科的高班同学，正愁毕业后的出路，也劝我们报学土木的志愿。

就我个人的兴趣而言，前面说过，我是喜欢学打铁和机械加工的。记得我读完初中二年级的暑假，向一个正读完汉阳高工机械科二年级的亲戚借来上下两册《金工工作法》(他学过的教科书)，我不仅一口气读完，而且向祖父开出一张清单，请他托人给我买一套“金工”工具。其中各种大小的钻头、锉刀自不必说，就连“卡规”“千分卡”“丝锥”“丝攻”、锻锤、铁砧都列上了。那时我没想到书上画的洋式铁砧比土式铁砧大几倍！就这一件，恐怕祖父买不起，也运不回家。我那时并未想到长大成人后以金工加工为业，只不过当作一种业余爱好的器具，就像一般男孩子喜欢刀剑、枪支、乐器、车船而已。祖父答应给我买的那个暑假已经“七七事变”了，他委托到汉口打听价格的人，后来没有回话。我祖父虽然是个中医，但他考不上秀才后，学过炮制中药，又到武汉亚新地学社做过编写(写毛笔字石印)工作。正因为他喜欢做手工工作，才带动我对手工工艺如此感兴趣的。他和我们住到一起后，自己用小刀做挂衣架，特别是自己设计、试制，后来做了三四个可折叠的“读书架”，翻开的书斜放在架上，不用手扶就可以阅读的书架，非常精巧。所以后来我到高工很想学习机械，但见到金工工厂那些千分卡规和铁砧以后，才觉悟到当初我开的采购清单一定所费不菲，而且仅一个铁砧也是很难运回我家并无处安装的。

我在武汉住在他家的那位伯父，是留学日本的土木工程师，一直在平汉铁路上工作。当时的铁路、邮局称作“铁饭碗”。所以我临离家前，我祖父也叫我学土木，好找饭吃。现在大家都报学土木，我更怕无依无靠、就业困难，所以也违心地填了学土木的“志愿”。表交上去，很可能一百多名新生大都填的土木。一榜贴出，只有三十多人分到土木科，而且其中还有十多人是原汉口“市职”、武昌“省职”(五年制)土木科低班升上来的。因此绝大多数不能如“愿”以偿，纷纷找教务处提出申诉。教务处再度说明情况，动员大家改学机械、化工。我那时学土木之心并不坚决，加上胆小，所以并未申诉。但第二次填表时，像多数同学一样，我们仍填土木，尽量争取。二榜贴出，我们不能学土木的仍是大多数，所以很多人拒不注册。虽然我最想学的是机械，但凭兴趣而言，学化工比学土木更愿接受。但机械科开两班，争取的可能必然较大，又怕直接填机械，打个折扣，仍然退到化工；填土木，退而求其次，退到机械，就正中下怀，所以我第二次还是填了土木。这并非我个人的心计，而是大都如此，所以二次志愿报上去，教务处仍难平定风波，就再次说服动员，要大家审时度势，第三次填表。多数同学认为坚持到底才能胜利，于是我们仍填土木。第三次志愿报上去后，报机械、化工的仍然很少；军人出身的校长李元杰大为不满，一个个叫去个别谈话。谈完出来的同学大都垂头丧气，有的大概发生争执，出来时面红耳赤，甚至泪流满面。我是很靠后才被叫进去的，怀着既害怕又自愿让步的心情。校长十分严肃，但火气显然已压下去了。他问为什么要学土木，我说我伯父是留日学土木的，他和姑父都在铁路上工作，他们要我学土木。校长说不行，测量仪器架起来，你都够不着（看）。我说我学机械好了，我对机械更感兴趣。他说，也不行，16 磅的榔头你抡得起来吗？我本想说搞机械不一定非抡大锤不可，但不敢和他顶撞，委屈地沉默很久。他平静地说，去吧，学化工吧！我不辞而退，出来后，大家都说我大概准学化工无疑了，但我不十分失望，学化工也比学土木好。第三次榜时，校方说明，三榜定案，不同意的，只能退学。我看榜时，先从化工科看起，没有我，我并不在意，又匆匆看着机械一班没有我，二班也没有我。我怕看漏了，又回头再从化工仔细搜寻，结果化工、机械三个班确实都没有我。这时已有同学拍我肩膀说"你倒分到土木了！"我将信将疑，仔细从头看土木科名单，果然在中间靠后找到我的名字。我并不十分兴奋，倒觉得十分意外。当然，得来不易，我也并不反对。

分科以后，真是有人欢喜有人愁；有人来对我表示羡慕、祝贺，也有人对我表示疑惑、妒忌。一位同乡说：你怎么倒分到土木去了，言外之意他倒没有分到土木。我知道他家做大买卖，自己家都要盖大房子，学机械就怕"英雄"无用武之地了。我分到土木科，心中不仅没有沾沾自喜，反而闷闷不乐，因为没有学成机械；又不愿出尔反尔，请求换成机械。内心矛盾，所以尽量避免和别人谈论这些问题。有人向我祝贺，我反而觉得我侵占了他的机遇，似乎"损人而不利己"，便对他衷心地安慰和歉疚。但有人对我妒忌时，我反而觉得心安理得，以分到土木科为幸为荣，更坚定了学土木的决心。广为人知的、我国工程技术界名人詹天佑、茅以升都是土木界的，都以工程的伟大而一举成名，并将以其工程的存在久远而名垂千古。但我却不以为然，我一向认为体积的大小是客观需要决定的，如果不计成本、不顾国计民生的需要和可能，"大而不当""大兴土木"，是不足以引以为荣的。我认为詹天佑的伟大，主要不在平绥铁路的坡陡弯多，主要在于他发明了世界首创的车厢撞合自动连接器。所以当别人都因为没分到土木科而懊丧的时候，我却因分到土木科而“未得之，患得之，既得之，患失之”。

分科分定以后，我才有心思到正在热火朝天的“校园”工地上走走。主要的新建工程，就是校部北边的机械工厂、化学工场和物品、图库房。我所向往的机械工厂里面已经安装了些机器，靠门口的“红炉”正在忙于锻打建筑用的方钉和拉杆之类的零件，这是我唯一既感兴趣，又正在操作、可以观摩的活动。我几乎整天围着锻工师傅转悠，希望学到一些不常见的技巧。师傅看我也看熟了，知道我很愿学机械，却分到土木科了，也为我惋惜。不过他们也劝我，学机械又辛苦又不容易找工作，赚不到钱，还是学土木好。1938 年 12 月 7 日，我们土木科全部同学搬上东瀼河溪沟对面的半山上宋家梁子，吃住上课都在山上，正式开始了我在巴东高工分校的学习生活。

“高工”三年风雨录（下）

岳　风

九、土木科搬上宋家梁子

1938年12月7日，土木科全体师生奉命搬到西北对面山上的宋家梁子。出校部向北不远，就踩着石头过河。这里沙滩不宽，水面也不过十几米，水流清澈平缓，深不过20厘米，但浅而不断流。河底都是卵石，踩着过河的只是较大的露出水面的石块而已。石块排列间隔不过一小步，用背篓背东西，包括背煤（重负）的老乡，也都能踩石而过。过河不远就爬坡上山，山的坡度在我们“走”过西陵峡的人来说并不很陡，但现在估计少说也有五六十度。路旁并没有怪石奇崚，或荆棘丛生，但路面却曲曲弯弯。路是人走出来的，特别是负重和体弱的人，笔直爬坡是很累的，不得已有时左走右拐，减少坡度，省些力气。我们这些高中学生，开始满不在乎，走得很快，后来也不免要随着老乡休息一下，问问宋家梁子还有多远。老乡一般都说“没多远，上去就是了”，再走一阵休息时说“没多远，上去就是了”，再走一阵休息时，他们还是说“没多远，上去就是了”。如果问还有几里路，山里人是没有里程和时间概念的。后来我们才体会到：山路坡陡弯多，不像平地上人们爱走直线，遇到大的障碍物（村、河、小山等标志物），再转大弯，所以一般用里数说明水平距离的远近。而在山区，特别是在人烟稀少的高山地带，很少有特殊标志物，水平距离又没人量过，所以没有几里、几十里的概念。巴东地区说的“梁子”，是指一段山脊下面的地方统称。例如，校部所在地的“易家梁子”，虽然是山脚下一些曲曲弯弯的平路，路旁陆续盖了些断断续续的民房，有的是独屋，有的一连两三家，既不是村落，又没有商店、街巷，所以就以最早在那里落户的“易（姓）家”作为房后一段较直的山脊下面地区的名称。至于“宋家梁子”，我们后来才知道，从我们住的宿舍开始，一直上山的路上，断断续续有很多人家，所以这一带的地方（两边很远没有上山的路和人家）都叫“宋家梁子”，我们住的“宿舍”是上山见到的第一户人家，房主正是姓“宋”。所以我们问“宋家梁子”有多远，老乡是无法回答的。

继续走了一阵，休息了几次，直上的山更陡了，坡路向正北偏斜，渐渐看到上面的树林了。再往西一个右转弯，就见到一户人家，门前有一块15米×10米的晒场（也是这条路的必经之地）。门里出来两人迎接我的，一人穿黄色军便服，一人穿蓝中山服，自我介绍说是我们的“教官”，说这三间正屋就是我们这批学生的“宿舍”，然后叫我们排队、点名、分配房间。这三间正屋的外观坐西朝东，白墙黑瓦，中间两扇大门，两边有格子窗，带向上支撑的窗门，和我的家乡“一明两暗”的房屋没有差别。虽然没有新修的痕迹，但也显得非常整齐、结实，屋外、屋廊都扫得十分干净。

室内情况是住进去以后慢慢才知道的。中间当门的一间，两边架起约两米宽、五米长的两条通铺，铺板上已铺有草席。一边睡 7 个同学，共 14 人。主要是原汉口市立职业学校的学生。他们是市职的石密荪、项其弟、陈荣舜、李惠平、宋遗德、傅之廉、胡道生、徐应炳、周行法，和另外的彭烈鸿、张树声、刘国栋、刘忠胜、张云发。通铺中间留有约一米宽的走道，人们就进走道脱鞋上床，头冲着两边隔墙并排地睡着。到北方后，我才发现北方的习惯是头冲走道睡大炕或通铺的，不知南北相反有什么道理。

两边的房间比中间那间窄些，我们是住在进门左手边那间的楼上。楼下是房东的储藏室，窗门经常关着（窗外走廊旁就是房东的厨房门，他家的人经常出出进进）所以很暗，堆了些大大小小的东西，我们从没细看，后来才发现室中地面上有一块方形木板是地窖口，有时看见房东老大娘从地窖里拿出一筐“红苕”（即红薯，北方叫白薯），这是他们一家成年的主食。进门后一直靠墙往里走到墙角，就是很陡的固定楼梯。楼上因为有楼梯口，面积缺了一角，所以只住了 7 人，包括靠后墙的陈贤进、李先成、涂明达、黎水清和我，以及前排的李伯吹、桑邦彦等。中式尖顶房屋，楼上中间有一人多高，前后只半人高，所以只能搭地铺。靠墙搭了两米宽的通铺，前排留出楼梯口，通铺只搭了半截。中间走道很窄，鞋子要靠近铺板放紧一些，否则就会被别人踢走。铺板倒是很漂亮，一块块刨得很平直的原木板，浮搁在头尾两根与楼板固定的枕木上，非常平整密合，离楼板高度不过约 20 厘米。楼板上面也铺上草席，非常柔软。不好的是，各人的箱子没地方放；像我这样个子矮小的，就把箱子侧立在靠墙的铺头，有时还可以盘腿坐在铺上，拿它当炕桌用。高个儿同学像陈贤进、桑邦彦的箱子和大家的脸盆等，就只能放在楼梯口边空处了。楼上没有窗户，但安有两块“明瓦”（玻璃瓦），有太阳时倒还明亮。白天可以看书写字，夜晚不能点灯，只能睡觉。临时照亮，可点“明子”，即饱含松节油的松枝，一吹就灭。后来有一天，山上的老乡拿核桃下来兜售，五十文铜板（合 1/50 元）买一大升（比我家乡的升子约大两倍），同学们看到这难得的便宜食品，欣喜若狂，看到的人几乎各买一升，脱下衣服包回宿舍，到处有人敲核桃吃。可是一次哪能吃光，都道发愁无处存放。我想放在褥毯下面，撩开一看，发现铺板可以搬起，就把核桃倒在铺板下面。在可是一倒下去，它就四散乱滚。大家一看，都倒下去，不分彼此，谁吃谁拿。这才发现浮动铺板的一大妙用。

中屋右侧的楼下住的是原省立职业学校土木科转来的上一年级的同学，和武汉市其他初中考取的同学，包括余明清、李鼎基、姚远耀、张风生、林保全、陈贻泽、陈克环等。楼上则是原省职高年级、再读一年多就毕业的同学。其中的铺位，估计都是一样的。我一直没有进过。这样的分配，都是教官徐宜民决定的，虽然没有“民主”征求意见，但一直皆大欢喜，相安无事。原市职同学人多势众，如项其棣、傅之廉等聪明活泼，对像我这样的外县（武汉之外县市）小同学，不免有时嘲弄和欺负。我们出进经过中屋时总避让他们，不敢逗留。我们楼上住的都不是武汉市的，除涂明达和我是安陆初中的同班同学以外，其余都是荆州、松滋等鄂西的初中毕业生，他们中的大个儿，如彭烈鸿、张树声、刘国栋三人，就分配到中屋市职的一伙中了。我班中偶尔发生纠纷、吵闹，都是原市职内部和武汉市的学生。总的来说，全班生活秩序和学习气氛都是很好的。

铺位住定以后，十二点敲钟开饭。我们宿舍背后，走过稍高一些的广场就是厨房，钟声是厨房门前树上挂着的一条厚钢板敲出来的。它的声浪能传几千米。所以不仅开饭，其他作息时间，也是从这里发出的信号。刚开始时，和山下一样，也是饭、汤敞开供应，各人领一份菜。不到一个月，大概“公费”不够了，改成了八人一桌，用自己的脸盆去领米饭八斤和一钵菜。所谓一桌，只是八人自由组合（主要是同房间或熟人组成），桌椅始终是没有的，一般都在广场边上蹲着，或席地而坐。这个广场，约长 100 米、宽 50 米，非常平整。包括广场一角的厨房在内，大概原来是个玉米粉、苕粉作坊，成了我们很好的集会、操练场所。那时宜昌尚未被日寇占领，机制白米是政府发下来的，但菜金不多，山上菜地也少。渐入冬季，有一段时间，八人每顿只有小半钵煮烂的干蚕豆，不仅很多有虫眼，而且量少不够下饭。不知哪一桌传开的规矩，夹蚕豆不准用勺舀，或用两支筷子挑，也不能“打连著”(一连夹几次)。即使这样也不够吃，有人就把剩下的饭拿回宿舍向房东换红薯吃。房东很少吃过白米饭，小半碗饭换一个煮红薯，房东家的三个小孩都很欢迎，同学们也解决了菜少的问题。后来房东索性煮一大锅红薯，旁边放个筐箩，同学们随便吃红薯，倒下白米饭，总之老乡是不吃亏的。不过，同学们都没有拿红薯当饭吃的习惯，食堂按定量分饭，换不换他也不管，所以这种交换，有个自然调节限度。

当地山高土少，溪谷陡峭，只有附近自上而下流水的山涧有一个不大的石塘，居民都从这里挑水供人畜食用。我宿舍洗涮用水都是从房东家的水缸里舀取的，这一点很可能是向房东租房子作宿舍的既定条件。房东家的大儿和儿媳，我们很少见到，儿子清早挑水，然后和儿媳一起到白薯地里干农活。他家附近一带的田地都在屋前的斜坡上，土层很薄，玉米长高就倒伏，只能种白薯。完全靠雨水浇灌，好在常年小雨小雪很多，有时靠田里的积水凼浇水。耕牛也很少使用，因为只播种时用牛翻地，这时田埂很陡很滑，耕牛很容易滚下山去摔死。偶尔有老乡来卖牛肉，价钱便宜，食堂就吃一顿牛肉，这些都是摔死的耕牛。这一带老乡都不养猪，羊也很少，猪羊肉都是山上的老乡背下来的。过去主要送到巴东城去卖；我们一百多人，成了中途的一大买主。

自1939年春节过后，我班彭烈鸿同学参加伙食管理（大概是他毛遂自荐的）。开始实行每月月尾和节日用“伙食尾子”（积累的菜金）“打牙祭”（吃一顿荤菜）的不成文制度。彭带人上山买整头活猪和蔬菜，回来自己杀猪，自己做菜。这一天，每桌多带一两个脸盆盛菜，一般是一盆红烧肉，一盆炒菜。他做的红烧肉不亚于名店名厨，成本低，量大味美，同学们皆大欢喜。即使平日吃得差些，大家都拥护这种做法。彭烈鸿同学人高马大，不多说话，但有点幽默，很有长者风度。他参加厨房管理后，早中晚都在厨房操劳，除上课时外，我们很难见到他。但他亲自动手，改善土木科伙食的业绩，有口皆碑，不胫而走，誉满全校。

为什么我推算彭烈鸿是1939年春节后才参加伙食管理的呢？因为我们上山以后，不能天天下山买菜，1939年阳历年后，苦到煮蚕豆当菜都不够吃的地步，春节时也没有改善的办法。山下的安陆同乡带信上来，请我和涂明达除夕下山，去共度离家后的第一个春节。腊月三十下午，我和涂明达兴致勃勃地下山，看到平素踩石而过的东瀼河，竟然大水滔滔，涨满两岸的沙滩，宽达四五十米以上，深度可想而知。这就是雪后水涨的所谓“春汛”。四顾无人，后来听说山下同学不时到河边盼望，但未碰见我。我们只能望洋兴叹，涂明达还眼红含泪而返。听说彭烈鸿也有山下同乡好友相约，所以他萌发了后来参加食堂、改善伙食的念头。

彭烈鸿帮食堂，越干越欢。别人和学校虽然没有正式“评功摆好”，他却默默地不断改进。大概是我们在山上过第二个春节时，他不仅上山买回一头大猪，还带回一头山羊。每次杀猪都在厨房的后门操作，大家都没见过。听说杀羊很有讲究，要请回教的“阿訇”操刀，并且在广场上杀“跑羊”。消息传出，同学们都齐集广场坡边观看。只见阿訇念念有词，一刀下去，那羊不叫、不跳，而是立即向广场另一端跑去，快到场边突然倒地而死。那是在那里唯一一次吃到羊肉，也是很难得的（山上能长草的地方都种了庄稼，秸秆都喂猪了，所以羊很少）。

1940年春，我们二年级上学期期考结束，土木科全体师生将搬下山去住宿上课。为了向“旧居”告别，彭烈鸿打算大办临别聚餐（每次聚餐总要向我们宿舍的房东送些荤菜）。那时附近的可卖之猪都被我们买光了，所以必须上到高处村落才能买到。我和另外两个同学，跟彭和一个厨工一起上山，发现山上稀稀落落的有不少人家。曲曲弯弯，上了一个多小时，还望不到山顶。但是越往上走，居民的房屋越大，真所谓“靠山吃山”，越高物产越丰富。这一路上，见到一片坡地和“苞谷（玉米）”等农田，猪、羊喂养的不多。最后到一大户人家，彭和厨工进门谈买卖去了，我见门前岩边有两棵枝繁叶茂的大树，树上结满红色的小果，主人说是樱桃，我从未吃过。有许多枝杈伸到门前石砌的驳岸边，很好攀缘。两个同学和我，经主人同意，都爬上去摘樱桃吃。正当又渴又饿之际，尝到美味，说不出话来。后来索性一枝枝放进嘴里"勒"着吃，更不说话了。不停地吃了很久，估计至少一个小时，直到彭等谈好买卖，煮熟了挂面，有人喊我们进去吃饭，我们才下树进屋。房子很深，过了一个天井，彭等正在方桌旁边吃挂面，主人叫我们快吃。面是和鸡蛋煮的，很干，很多，是我们在山上唯一难得的小吃。我偶尔生病，一次因为"口疮"，引起全身发烧一天没有吃饭，只晾一大茶缸开水，在嘴里含热了然后咽下，第二天食堂才给我做了一碗汤面。或是省出"灯油费"，刚够托人从山下买回一斤挂面，再向房东家买两个鸡蛋，打成蛋花作调料（不放盐，那里碱块一样的盐巴奇缺奇贵，是拿钱也买不到的），就是唯一最好的小吃。可是那天，眼看那么好的"免费午餐"，我竟一口也不想吃。没想到，一颗颗小小的樱桃，竟然也能填饱十几岁"吃死老子"的小伙子的肚子。以后谈起来，我自己也不敢相信。那次我们买了两头大肥猪，第二天，每桌四个脸盆盛菜，饱吃了一顿。

刚上山不久，闲着没事，我班胆大的同学沿宿舍前向北的大路"探险"。这路又平又直，是横割划分上下农田的大路。但望去不远就看不到"前途"，路向西转进山沟里了，远处只见一片黑糊糊、林木蓊郁的山影。一批去后的同学，说转进山涧一侧以后，就是一片丛林，人迹罕至。他们每人带回一两根做手杖的原木，老乡说有的是很名贵的柚木。我小时听祖父说过，柚木可以造海船，胡桃木可以造飞机。有一天，我就独自到北边丛林里去，不太远的坡上已是品种间杂、都不很粗的野生树林。我砍回一棵手腕粗的小柚木树干和一段拇指粗的黄杨木树枝。听说黄杨木像象牙一样，可以刻成小动物和图章。另外还注意到一棵从树桩边向上蹿出的笔直的、一人高的枇杷树，实在是天生的手杖材料。但它很细，上端才拇指般粗，我不知它的强度是否可做手杖，就记住位置，打听以后再说。后来我问房东大娘，她说，枇杷树可结实了，那么粗做拐棍可好哩！我就再去把它砍回来了，阴干去皮后，成为一根鹅黄色、光溜带弯头的长手杖（我舍不得去得太短，准备用一辈子）。以后我随学校搬迁带到四川，毕业后又带回湖北，走长路时很起作用。离开湖北去重庆时，要坐车、坐船，才把它留给同事的同学了。

上山后不久，大家的鞋子都穿得头穿底掉，补不胜补。房东家男女老小，包括大娘，都是成年"光脚板"的。彭烈鸿首先也"打赤脚"，城里孩子是不习惯的，我最怕砂子磨脚，还怕淤泥从脚趾间挤出的滋味。后来有人向房东大娘要来木板，钉上一截废皮带做拖板。我也将木板削成皮鞋底一样有后根的，既减轻重量，又能防滑。直到天寒地冻，我们很多人仍然穿着拖板到处走动。特别是去教室的一小段裸露石坡，冻冰后很少人不跌跤的。和我同住楼上的李先成同学，常常几步一跌，而且哈哈大笑，传为话柄。我一向小心谨慎，那时从来没有摔过。

高工毕业后，只有彭烈鸿和李先成（他们都是荆州人）分配到鄂北老河口工作，从此失去联系。1993年成立高工校友会时，涂明达从《人物》杂志上看到李先成的姐姐李青萍的事迹和住址。涂明达当年住楼上时，李先成睡在他的旁边（我在另一边），李曾给涂看过姐姐从马来西亚吉隆坡的来信，她和徐悲鸿等人一起，也是小有名气的画家，所以涂明达印象很深。涂看到她在荆州很受政府照顾的报道后，根据这个线索，我们请在荆州工作的同学前往访问，得知李先成从北京建设部回到荆州的消息。1999年我从重庆回武汉，特地去荆州看望老同学，还见过李先成几面。不过他和姐姐两个孤寡老人同住一套单元房，他姐姐年老体衰，厌烦社交活动。他终日在外饮酒，也无心谈论业务和往事，所以以后联系很少。

1939年开春以后，许多人的衣服破烂不堪了，有人拆东墙补西墙，有人把长裤改成短裤。有人向房东借来一个用来打草鞋的板凳。凳的一头有五个立着的短木柱，用麻绳作为经线，一头挂在木桩上，另一头系在腰间，再用破布条拧成带状，就可以编织很结实的鞋底，前后穿上些麻绳“耳朵”，系上鞋带，就是一双很舒服耐穿的高级“草鞋”。当地没有稻草，一般的草鞋要到巴东城才能买到，穿一两天就坏了，麻绳倒是有老乡自产自销的。于是打布条草鞋，成了时兴的活动。编鞋板凳只有一个，很难抢到。房东大娘又介绍在地上钉五根木柱，坐在地上编鞋的办法，这就扩大了编鞋活动，很多人在场边、路边编织布条草鞋，而且越编越精，有人打出弯底，满“耳”的精美草鞋。我也学着打了一双，比布鞋还经穿。拖板就退居后备、换洗地位了。由此可见我们的生活也比山下同学丰富多彩了。

接着，山下同学兴起拉二胡、唱京戏的高潮（那时除了下象棋以外，没有其他娱乐活动）。胡琴蛇皮坏了，就有人请山上同学打蛇取皮。顺山涧向上爬，是山上同学的课外娱乐活动。山涧各级台地积水处常有大蛇出没，但一见人就一蹿而去。又是老乡传授的经验：蛇有两个出入洞口，在一个洞口烧草、扇烟，另一人在另一洞口等着见蛇就打。要正好打在蛇头七寸处，蛇立即僵死，而且保存一条完整的蛇皮。我爱唱歌，不爱唱戏，却想学拉二胡，二胡拉出的“夜深沉”“三潭印月”等曲调，是令人沉醉的乐曲。所以后来我也参加打蛇，分得一块大蛇皮自制二胡。我做的二胡，外观精美，但竹筒、木杆不够老，蛇皮不够干燥，音质不够洪亮。缺少时间练习，手指不够灵活，连“夜深沉”也没有拉好。最后，胡琴送给老乡了，我一辈子也没有学会一种器乐。1944年我上西南联大一年级时，涂明达也考上了同济大学，他寄给我一本精美的二胡乐谱，我那时功课更忙，更没有学器乐的时间了。当年学化工的池熙沐，用整蛇皮削制皮带，还想试吃蛇肉。结果，他和另外两个同学借老乡的鼎锅在沙滩煮蛇肉（老乡不准吃蛇肉），煮好后谁也不敢吃，只他尝了一口汤就倒掉了。蛇皮也没有削成，只送我一块削好的羊皮革，光亮柔软，我作成日记本的封面，随身携带，保存至今。

十、山上的学习生活苦中有乐

这次清查我当时几本破旧的杂记本，发现许多具体日期都有记录。我从在武汉投考联中高工（1938 年 9 月 19 日）到上山正式上课（12 月 28 日），不到三个半月。土木科的教室就在我们宿舍和广场继续沿这条上山的路，爬上两三百米就到了。这里有一块较大的平地，三栋教室成 T 形排列，经过装修，桌椅板凳都很齐全。我们这一班一直就在右边那间教室上课，教室的右边一小间，是王、梁两位教官的宿舍兼办公室。他们又是土木科的行政管理人员，校部各部门关于学生生活、学习的所有规定办法，如作息时间、课程表等都送给他们公布执行。厨房的一个工作人员和当地雇工（兼营敲钟）也由他们管理。那时的高中学生都很守规矩，很少发生纠纷。除徐教官兼教“公民”和军训课，梁教官兼体育课外，他们没有什么麻烦事。

为了把迁校耽误学习的时间补回来，从 1938 年 12 月到 1940 年 1 月底，一年加一个多月的时间，我们在宋家梁子读完三个学期的功课，所以学习是很紧张的。一年级多半是普通课程，代数、三角、解析几何是周文衣先生教的。那时都没有课本，全靠笔记。他讲课简明扼要，板书也写得很整齐、清楚。物理、化学是熊庆康先生教的，他讲课也是条理分明、重点突出。他们都是北平大学毕业、原汉阳高工的老教师。教出的学生成绩都很好。他们住在教室上边不远的民房中，除给我们上课外，还要到山下讲课。熊先生还兼教务主任，所以物理的电磁学等部分，是山下的姜毓麟先生上来讲的。他以男女异性相吸比喻正负相吸，讲课生动活泼。语文、英语课的老师到校较晚，讲的课不多。教语文的熊子功先生讲课像说书一样，有板有眼。他讲元曲中的“……又是想他，又是恨他，手把个红绣鞋儿占鬼卦”是许多同学传诵一时的“代表作”。

在熊先生的启发下，引发了大家对古典文学的兴趣。我幼时，父亲教我死记硬背过诗经中的《国风》，还教我背过“少小离家老大回”“春眠不觉晓”等贴近生活的几十首唐诗。词、曲只在初中时读过一两首，但对词很感兴趣，就向闵德全借了一本《白香词谱》，用毛笔抄在自制的毛边纸本上。后又抄了些李后主、李清照、苏东坡、柳永、辛弃疾、秦观、王安石的名词。从此闲来无事时，读词是我唯一的消遣。二年级下学期，土木科搬到山下，我发现学校新开放的图书馆里有一函线装的《全宋词》，我又借来摘抄，但没有选中多少其他作品，这是我对词启蒙和热爱时期。此后一生中，虽然这两个抄本是我始终随带的书籍之一，但学习、工作繁忙，只在翻到它时，像“过瘾”一样读一遍，又赶快放下。直到现在，我还没有时间和闲情逸趣专门欣赏我爱不释手的词作，包括我在昆明就读到当时报刊发表的毛主席的《北国风光》等作品。

一年级的专业课较少，其中平面测量学及实习课是一年半（到二上为止）的课程，由王典同先生讲授和指导。他是原汉阳高工校长王典昭的弟弟，汉阳高工毕业后，升入武汉大学，刚从武汉大学土木系毕业。他是单身，成天在测量仪器室调整、检修仪器。他虽然年轻，但沉默寡言，不苟言笑。讲课时板书也写得非常整齐，绘图画得很正规。野外测量实习时分五六个组，分散在教室的四面八方，他东西、上下奔走，手把手地教我们使用各种仪器，严肃认真而又和气，是我最感兴趣的一门课程。我在读完一年级，毕业班同学离校时，我买得荆州毕业同学、书上署名“友竹”（不是正名）转让的一本扬州中学编印的《平面测量学》。当时我在书上写下：“穷困中买下此书，是将来要靠它吃饭的！”其实当时我已经学了一大半，后来在西南联大又学了一次，但一辈子没吃测量饭。不过作为高工的珍贵纪念品，倒是走南闯北，保存了一辈子。直到2002年，高工建校95周年，我托高进仁同学把它和高工的“准考证”“入学证”、学期成绩单、临时毕业证书等“文物”，一起赠给以高工为前身的武汉科技大学了。我只留下了1941年毕业时同班同学在这本书的“封三”上签名盖章留念的复印件。

宋家梁子学的专业课，还有“圬工”材料力学、应用力学，机械工学等。有些是邓锐甫先生教的，他也住在山上，但课外很少接触。听说他是湖北长阳县书香世家出身。解放后，我在北京机械工业部工作时的一个同事名叫邓银甫，他虽然留学美国学电机，却保留一口家乡话，谈起来竟是邓锐甫先生的堂弟。

徐教官虽然总穿黄色旧军服，但他一笔字写得很好，他和王典同写的字，是我学习的样板。他教的军训课，多半在教室里讲战术知识，什么队列变换、地形地物、尖兵、侦察等等，我听得津津有味。天气好时，也带我们到广场上做队列变换的实习，着重讲队形、队列的应用和道理，一点也不枯燥无味。尤其是多次侦察、狙击等野外实习，他带我们一路下山，随时随地教我们如何利用地貌、树屋掩护自己，观察和打击敌人。当时，我身体最弱小，但在战争年代，身处战场边缘，很有居安思危、与敌寇遭遇的思想，学习非常认真。虽然我并不争先，但他对我相当照顾。后来雨雪天气，我在教室做完功课后，就把笔记本、墨盒（从家里带出的带砚石的套装握盒）等放在他和梁教官宿舍的空桌上。

上课以后，功课排得很紧，白天时间大家都在教室活动。黑夜，用墨水瓶自制的煤油灯，没有灯罩，浓烟滚滚，只能照亮，不能看书写字。老师缺课和星期日，大家都赶着做习题、写实习报告和整理笔记。徐应炳写字又快又好，他的笔记很多人争相借来核对补充。我用毛笔只能写楷书，用“毛边纸”自己订的练习本、笔记本不能用铅笔，所以我写什么都用我那宝贵的细尖自来水笔，写字很慢。我花了很多时间练习写仿宋体（测量作业都要用仿宋体）和行书字。王典同先生专门教我们写仿宋字，我要练习到大小笔画一致，还要用钢笔写出钩、点的笔锋。我对用仿宋体练“书法”很有兴趣，也很有成绩。总想争取写得和印刷的一样整洁。行书字我以前没有正式练过，写快了就很难看。那时记事、写信都得用行书，所以常常拿族兄刘寯善的来信（他的毛笔行书字写得很好），和王典同、徐教官在黑板上写的某些字作样板，一个个的字，非要练得既像样又熟练不可。一有空闲时间，我都爱在废纸或地上练字，这一直成为我的特殊消遣。后来直到解放后工作时，我竟成了大会的记录员之一。不过我养成了一个改不掉的毛病，字越写越小越密，别人看不清，我自己整理后，才送去打字。

我在家时很少洗衣服，只看过母亲用“皂角”(长刺的树上结的“皂荚”，像大豆荚一样，晒干后，用水泡后砸破当肥皂用）洗衣服，这时我也向房东大娘要皂角用。上山后，洗澡也成为一大问题。热水、冷水都可以到厨房去打，但冬天没有遮风避寒的场所，洗脚都只能在门外，坐在走廊上洗。有一次，一个太阳高照的星期日上午，陈贻泽和他的同伴们决定下山找溪流拐弯处去洗积攒的脏衣，我也跟着去了。后来有人发现很暖和，把身上穿的内衣也脱下一层来洗。突然他发现衣服缝里有很多小虫，别人说那就是虱子。一听说虱子，大家都惊慌了。都听说过，但未见过。捉在手上捻不死，就放在大石头上，用小石头砸。太慢了，就扔到浅水处冲走。后来一个个都脱下自己的内衣检查。不看则已，一看吓一跳，人人都长了虱子。于是大家把洗好的衣服铺在大石头上晾晒，专门捉虱子。有人想顺便洗洗澡，但是风大受不了，最大胆的也只敢分段擦擦身子。

下一个星期日，我和涂明达上山找到一家零卖猪肉的。我们和他商量，买他一斤猪肉，并借地方烧水洗澡，灶内用瓦罐炖肉。他介绍旁边一位老人，他家后院有空屋，我们就在那里用开水烫洗内衣，轮流洗澡，灶内肉也熟了，吃完肉回去。一举三得，好不高兴。以后，我们经常照此办理，不过，肉不经常有，我们也渐渐没钱了，最多买一斤挂面、几个鸡蛋，洗完澡，吃汤面，也是一大乐事。但是，在带的钱完全花光，又毫无经济来源时，只靠学校发的很少的灯油费省下的钱，也是难得买一次挂面的，就只能在天黑以后，从食堂打一盆热水，坐在妇女不去地方擦擦澡，或者假日到山下溪河弯曲处的水潭里洗澡了。天热时，吃完早饭就下山，中午上山吃完午饭又下山。我和很多人就是这样在长约 15 米、最深 4 米的一个水潭中学会游泳的。“床底下放风筝”，技术并不高明。直到“文化大革命”时，才在北京“八一湖”再练游泳。纪念毛主席畅游长江时，我们从颐和园十七孔桥游到对岸，全程 750 米，这是我游泳的最长纪录。

一年级上学期快完的一天下午第一节课时，老师在课堂上宣布，从此停课几天，准备学期考试。有人立即传递纸条，下课后，集体顺山沟往上爬，愿者签名。结果共有八人参加，七人都是原“市职”的，其余只有我报了名。因为他们说越爬越高，没有到顶。有一次爬山沟，还在石头缝里翻出一袋指甲大小的螃蟹带回来（解放后我才知道，螃蟹是逆水而上，到山沟产卵，然后回到河、湖，甚至大海发育成长的）。晚上用油炸后，连脚带壳整个吃，我尝过几个，又脆又香，比炸花生米还好吃。以后就没有找到螃蟹，这一次主要是看能不能爬上山顶。

下课后，我们直接向山沟进发。山沟一般四五米前就是一个很陡的石台，多数都能直接爬上去，少数不能爬的，要从一侧土坡绕上去。这样爬爬走走，一点也不累，大家只想快点爬上山顶。大约两个多小时后，山沟终于爬完了。可是上面并不是“一览众山小”的山峰，而是一条南北走向的宽广平整的山脊。除一条南北大路外，路两边都是浓密的玉米地，已经长得一米多高了。见不到外人，我们只好顺着大路向北走去。走不远看见了几个农民，问他们这是什么地方，他只说是“宋家梁子”。玉米地那边也是树林，没有人家。项其棣问龙船河有多远（龙船河有个女子职业学校，是以原武汉“市职”的女生为主的一个“联中分校”，他们有很多认识的同学），老乡说顺着路朝前走，往西下山就是龙船河，女子学校没听说过。老乡当然没听说过，她们也是去年才搬来的，连我也不知道。但市职的同学，特别是项其棣的女朋友就在那里，最近有通讯联系。于是他们齐声要去找他们的同学，吃住没有问题，明天早起再回学校。这时太阳快落山了，而且突然黑云笼罩，下起大雨了。曾听人说“雨不过牛背”，在这里真见到路这边的玉米上雨滴沙沙作响，而路那边却滴水不见。我们走约半小时，沿向西的下坡路，下到一条河边。水面宽不过十多米，涉水可过，我们早已全身湿透，不用脱鞋，很快就走过了。但那边沙滩却宽达五十米以上，然后就是斜路上坡，坡上像自然的堤坝一样，有一条平地，建有几家小吃店。问起来，这里就是龙船河，而且女子职业学校就在下山不远的地方。于是我们就在店里避雨，项其棣和另一同学先去女职找他们的熟人。等了约一小时，他俩和四位女同学带着很多“斗笠”（防雨草帽）和吃饭用的餐具来了。相见之下，她们先带我们下山到村里去找住处。走到后，我们忙喝水擦澡，没衣服换，只能拧干又穿上。女同学则去打饭来吃，七嘴八舌地共进晚餐。饭后赶快脱衣盖被睡觉。原来这里是女职在校外特设的外人员临时接待站。

第二天清晨，雨过天晴，我独自去河边察看，只见水已退去很多，露出一片沙滩，但水面仍很宽很深，流势汹涌。我在堤上见沙滩上有人走动，便下去想探听水情。下去一看，那人不是老乡，却是意想不到的魏永林。我俩相互惊问怎么会在这里不期而遇，他说他也是昨天来女职看望他的堂妹的。我们都估计当天河水可能退不完，不能过河回校了。我们一面谈，一面沿着沙滩向下游漫步。突然发现沙滩一个小积水潭中，有一条一尺多长的大鱼在浅水中翻动，大概它是被大水冲昏，退水时搁浅的。魏永林好不容易两手将它抱起，赶快上堤，到堤上他住宿的饭店请老板立即红烧，我俩美美地吃了一顿早餐。

女同学打听这里也没有渡船，只能等明天水退才走。天气一下变冷，女同学收集来她们学校发的黄棉背心。都是军用大号的，我穿着又大又长，只好腰间系根绳子。第三天早起，又下雨了。但我们要赶期考，不得不趁河水再涨以前返校，于是决定请女同学找来一些手杖（她们也砍了手杖），我们穿着背心、头戴斗笠，扶杖冒雨上路。我们踩着齐膝深的水过河，翻过山脊，山这边就不下雨了。走正路回到宿舍，已是快要开晚饭的时候，梁教官跑来看我们，没有斥责。他从来很少说话，只说不要受凉生病，好好准备考试。

第二件大事，也与龙船河女子职业学校有关。就在三个多月后，一年级下学期、学年考试期间，池熙沐带信给我，说他父亲池善夫在龙船河女职教书，与我们同时放假一月，要我和他同去龙船河度假，叫我考完之后，立即下山与他同行。得此消息，我喜出望外。池伯父一向在武汉三中和女职教书，除我们上初中时他暑假回家探亲我见过他以外，特别是我路过宜昌时，他特地到招待所找我，给我木箱等东西，我非常感激。没想到这次又要我前去度假，我当然喜从心来。我便如约下山，跟随池熙沐走正常大路前去龙船河。走到时，没有经过我们以前走过的河堤和住过的招待所。池伯父住在一条老街上一幢旧民房里。房屋不大，但有小楼，楼下前有厅堂，后有伯父的卧室和厨房，他一人居住，算是很宽敞的了。我们就住楼上，两张床铺，还有一个方桌。我们去后，基本是从学校食堂买饭回来在楼下吃，但常有三五个女同学来看伯父，其中三人来的次数更多，甚至有时带菜来做饭，并共同进餐。晚上更有女同学来在门外屋檐下乘凉、聊天。她们白天来后，熙沐和我就躲到小楼上去，伯父不置可否。去后不久的一天，伯父叫我们下楼，请学缝纫的两个女同学给我们量体裁衣，替我们各做两套漂白布的西式衬衣和衬裤。女同学提出交换条件，要替她们抄写笔记。从此，我们就没有闲着。除走后街到厨房后门打饭、打水、涮衣服外，女职学校的教室、宿舍在哪里，街上商业市场如何，现在一点印象也没有。

楼上很矮很热，好在小楼成为我们的一统天下，光着膀子，闷热也不在乎。抄笔记却苦了我了。她们的笔记本也是毛边纸做的，非用毛笔写小字不可。我用毛笔只会写正楷，开始时，一个上午写不满一页纸。几天功夫，她们把做好的衣服送来了，我们抄的笔记却差得远哩！老人常说，“字无百日功”，但在那里埋头苦干下，进步很快，十多天后，写快些也能像样了。暑假三十天快完时，笔记交了卷，我对用毛笔写小字也有兴趣了。其后几年，我也常用毛笔写信。后来，西南联大一年级的作文课，必须用毛笔，而且当堂出题，当堂（两小时）交卷。每错一字、改一字、涂一个墨团，都要扣一分。全学年，作了十七篇文章，我都是不打草稿，两页上千字一气呵成。而且下课前，全文恰好收尾写完（不写完也须交卷，适当扣分）。其中至少六七篇都得到导师闻一多的好评，写了很好的评语，并交全班同学传阅。字迹工整流利，都是得益于当初在龙船河抄练的结果。

这十七篇作文，1946 年 7 月我离开昆明、“复员”北上前，装订成册，留给族侄刘为邦看去了。解放后，他遭到多次劫难。“文革”后，在安陆见到他时，他在一所高中教语文。劫后重生，儿孙满堂，但已无心再谈往事，更不必询问那册作文的下落了！可惜我那值得自豪的处女作，随着难忘的联大生活消失了。

在度假后期，还有一个奇遇的“隐私”。1930 年我 8 岁时，父亲在云梦城教书。我照例是在宿舍学习，只音乐和体育随小班上课。第二学期的音乐课堂，新来了两个花枝招展、与众不同的女生。后来听说是县教育局局长的两个女儿关环玉和关宝玉，看样子姐姐也比我小。这学期过到一半时，由于社会动乱停课，再下学期就再也没见到她们了，但给我留下深刻的印象。

直到又八年后，这次遇见的女生中，听说有一个是云梦人，但她们都说武汉话。后来在漆黑的夜晚乘凉时，虽然我和池熙沐总和她们保持几米远的距离，但常常听到一个爱说爱笑的高音。我渐渐产生毫无根据的幻觉，以为这个就是小时见过的关环玉。后来白天从声音发现，她是常来的女生中又大又胖的一个，与幼年时的关环玉毫无相似之处。后来偶然听见别人清楚地叫她关环玉，我才向池熙沐讲起我曾经见到一个关环玉的往事。但他比我更胆小，从未正面攀谈，证实此事，这个幻觉就成了至今的不解之谜。现在写出来，只是说天下之大，人生漫长，有许多变幻莫测的遭遇而已。

一个月的度假结束后，池熙沐带我绕道火峰镇初中分校，去看我们安陆初中的同学。特别是下学期已升入高工化工科的蒲春厚等，热情地招待了我们。蒲在安陆是池的邻居，自幼是玩伴，又一直同学，两家的大人也经常在后院、隔院墙叙话。我和池熙沐熟悉后，也常常和蒲往来。不过蒲比我们大一岁，进初中后，爱打篮球，不常和我们谈笑。在火峰初中过夜后，我们是顺镇旁的神龙溪坐“划子”（小船）到长江边、回东瀼口的，溪水碧绿平静，东岸山高，也有陡壁悬崖的奇景。

十一、奠定了“怎么做人”的实践基础

这次回到宋家梁子后，就开始二年级上学期的课程。虽然增加了应用力学、材料力学等新课，但有初中物理的基础，学起来只是习题多些，时间更紧张了。特别是外语老师来校上课了。他用英文打字机打的课文讲义，油印在毛边纸上，字小，墨色不均，阅读都很困难，还需另备笔记本，记录生词和文法的注释，老师和学生都吃力。据说老师就是因为这个问题，才迟至大半年后才来校上课的。这学期，时间更加紧张。学校为了迎接新生，在厨房西面山坡上盖了一栋很大的学生宿舍。安陆初中同学蒲春厚、吴华琦等都升入我校，住在这栋宿舍了。我很少去看他们，但有一次吴华琦要我去解答学习问题，我认识了原市职新来的章荣

晖，成为新朋友。后来“高工同学联谊会”成立时，与吴、章见过一面，不几年，他们先后去世，也成诀别。蒲后来还有交往，最近听说他的事，但未证实。

上课不久，我突然收到安陆家中几个月前的一封来信。地隔千里，时近一年，邮递员跋山涉水，通过敌我封锁线，来一次信是不容易的。信封经过雨水浸湿，破旧不堪。收信地址写的还是长阳高工分校，经恩施（战时省会）转到巴东，又费了许多周折。祖父只写了寥寥几行，平安、祝愿而已，艰难困苦，不想也不敢多说。崇善弟倒写得长些，说他在刘克明（原开西医诊所）家的补习班学习，开始学英语（附了几句课文），并说当地报载，当年 9 月 × 日上午，有“日全蚀”，多年难遇，请我注意。我在家时，学校有报纸，我都不看，当时我在高工，也没有报看。弟弟不过十岁，关心时事，也就是怀念流亡兄弟的表现，不禁令人心酸。我收到此信，正是 9 月，日蚀那天恰是星期日，我特地借出一架经纬仪，架在宿舍前加滤色片观看。许多同学也敲碎绿色瓶子，看到日蚀复明为止。

这年（1939 年）年底，池熙沐带信来说，池伯父痢疾卧床，要他去照顾几天。但他也得了痢疾（山下许多同学都得了痢疾），于是我一人去龙船河看望。这次去时，伯父搬到一排教员宿舍的里间（隔壁空了几间），仍然独自一人，卧床不起（该校也流行此病，同学也不来看他了）。他怕传染给我，叫我注意餐具消毒，勤用肥皂洗手。我每顿煮点挂面给他吃，自己则到食堂打饭。学校送来中药，他说他一向身体很好，不爱吃药，但我煎好，他也勉强喝下。如此过了一个星期，他腹泻次数减少，也能吃些稀饭、咸菜。他知道学校快要期考，要我赶快返校，我便告别了。不料这一别竟成永诀，约半月后，女职校方讣告，说他因并发多病，不幸逝世。当时我正在考试，没有去参加葬礼。后来，池熙沐买了一块石碑，他写我刻，两人一起送，校方多人参加，到一山谷坟前树立。池熙沐至今记得，我当时曾说，墓后环山，前景开阔，是块福地。现在宜昌三斗坪大坝建成，水位上涨，这座“千里孤坟”不知是否还在水上。在我当年用池伯父给的空白标语纸做成的杂记本中，还留有“池伯父讳继志、字善夫，生于光绪甲午年八月初二日巳时，卒于民国己卯年冬月廿六日子时”一行记载，永志不忘。

池伯父的逝世，使我好像突然长大成人了。回顾离家后一年多情景，直到 1938 年底上宋家梁子以前，我还像个孩子。上宋家梁子以后，我才和一群陌生人一起过集体生活，真正独立进入社会。开始和市职等武汉来的同学相处时，我是既自尊，又自卑的，害怕受到歧视和嘲弄。后来发现石密荪、宋遗德等学识和社会经验很多，其他鄂西来的同学也各有所长。特别是彭烈鸿，看起来他在身材和年龄上比我大很多，又和市职同学睡在一起，我简直不敢与他接近。当他热心食堂工作，为改善伙食整天忙碌时，我衷心佩服，但也很少和他说话。我从龙船河度假回来后，才慢慢和他接近，发现他非常沉稳、和蔼，我才敢跟他上山买猪。后来搬到山下以后，直到毕业受训，我又很少和他见面。受训以后，分配工作，同年级三科同学都分在湖北西南各界，只听说他和李先成二人分到西北老河口公路工程处工作。“高工联谊会”成立后，我和林保全只打听到李先成的下落；听彭的好友张靖中说，解放后，彭曾在南昌水利厅工作。我请九江造船厂的伍齐恺就近打听，南昌说查无此人，又断了线索了。无论如何，以他在校时忠厚老实的人品、热心公益的作风，无论他到哪里，必然会善结人缘，事业有成的。一个人的成就，不在于他是否升官发财，而在长时间了解他的正直人士对他公正评价的口碑。

石密荪、宋遗德头一学期非常活跃，都能高谈阔论。虽不像傅之廉那样嘲笑别人，但也叫人望而却步，不敢接近。石密荪的年龄和知识水平似乎比其他人高得多，在市职的同学中威信也很高。我听说他当时辅导周行法的语文，进步很快。周在同班中年龄最小、语文水平最差，但其他功课还不错的。

解放后，1961 年，我在北京骑车上班的路上看见周行法，20 年不见，我一眼就认出了他，他是我毕业后第一个见到留在湖北工作的同班同学。我邀请他晚上到我家吃饭详谈。他说他在湖北水利厅工作，我问了其他同学的工作情况后，还问他是否认识解放初期任荆江分工程处处长的张家振先生。他说不仅认识，而且张当时也是水利厅的高级干部。上月张和他还一起来这水电部招待所（在我家附近）参加过两个月的“毛泽东著作学习班”。他问我怎么认识张的，我说张是我小学时的教务主任、级任教师，教过我的语文，池熙沐和我都是他的得意门生。日寇打到湖北，我离开老家安陆后就和他失去联系。1952 年，《人民日报》报道他在荆江分洪工程处当处长时的事迹后，我就用池熙沐（他刚调到北京化工部）和我两人的名义给他写了一封信。他当即给池熙沐回了信，但池忘了再去回信，也忘了告诉我，我以为张没有回信，因此又失去联系。周行法第二天早晨回武汉，我来不及给张先生写信，只请他带口信，请张先生一定给我来信。可是周回去后，有如石沉大海，连他自己也没有信来。我不知周为什么不来信，也没有再追问。直到 1967 年秋天，我参加部生产工作组去中南了解计划工作情况。到武汉时，我抽休息时间特地找到水利厅，想找周行法面叙。不料那天正好是星期日，值班人员告诉我，张家振已于两年前去世，周行法家离得很远。我没有时间去周家访问，只好以后再说。第二年夏，我带一人去武汉、南宁催问新产品计划问题，再去湖北水利厅找周行法时，值班室说，周行法也刚去世不久。从此，直到“高工联谊会”成立大会时，我才见到仍在湖北工作的高工同学。看来，周行法当时身体、工作都很不错，为何不给我写信，为何英年逝世？至今没有人能告诉我，深感遗憾。

至于石密荪和项其棣，好像是 1939 年，我去龙船河度假回来升入二年级时，就听说他们离开了高工，什么原因，我没有多问。不过项在我们那次爬山沟到龙船河滞留一日期间，虽然没有对我特别照顾，但也毫不歧视或慢待。患难见真情，可见他也是很好的同学。1950 年夏，我一次单独出差上海，到上海我部供应办事处招待所投宿。当夜天气很热，大家都到楼顶平台上席地乘凉。黑暗中，我听见一个武汉口音高声说话，我猜是项，走近一问，果然是他，他立刻很有礼貌地站起来和我相见聊天。他当时是从武汉中南工业部供应处出差来的，已不是当年在宋家梁子时那副“阔少”的样子。说起往事，他才想起我，但我打听其他同学的情况，他也不大清楚。此后我与他再也没有联系。省职的姚远耀，当时也曾在教室朗诵他自己作的诗。我不爱新诗，况且他对我毫不在意，所以学三年，我几乎没有和他说过几句话。“高工联谊会”成立后，林保全说他曾在北京建设部住总公司工作。我去访问他，他已离休，并迁了新居。我见到他时，他面貌未变，但身体发福多了，曾轻度中风，不似当年高谈阔论。这次见他，他对我客气多了。我连年去看他，他还寄给我新诗。第四年我去看他时，他已不幸作古。

宋遗德多变的一生，就更值得我回忆，并就我所知向大家叙述了。刚到宋家梁子上课时，他就是班上的“风云人物”，他一直不修边幅，卓立不群，在市职的同学中，他也独来独往，没有特别要好的朋友。在一年级时，他很活跃。除大声争论问题外，他还朗诵新诗，教大家唱进步歌曲。我从小喜欢唱歌，高工时，没有音乐课或音乐辅导室，我就是从宋遗德学了些新的电影歌曲，如“前程万里，孤岛天堂，嘉陵江上”和后来的“黄河大合唱”等。但他那时在友情上并没有和我拉近距离。一年级后，他突然更加孤高，而且沉默寡言，但功课之好，一直受大家的尊重。1939 年末，停课备考自习时，他一个人搬到毕业同学走后的空教室吃住自习。我侍候池伯父的病回来，也要求搬去同住，他不反对，也不是特别欢迎。那十来天，我们各自学习，很少交谈。我对当时的功课不太看重，复习之余常常躺在床上读他的《唐五代词选》，“四十年来家国，三千里地山河”是他爱高声朗读的句子。另外，还爱看不知哪位同学丢下的新版硬面的《红楼梦》，我从小学看过《西游记》后初中时只看过三十年代作家选集，如鲁迅、田汉、巴金、老舍、老向选集等，和“两万五千里长征连环画册”，艾思奇的《大众哲学》等书籍。其他中外名著都没有看过。当我看到《红楼梦》的精彩之处时，不免对宋遗德宣讲叫好。宋遗德都已看过，却很少跟我答话、讨论。他当时虽然很爱新文学，特别崇拜宋之的，故自取笔名叫宋之他，但当时他只一心准备考试的功课。我的杂记本上还记有 1940 年元月 22 ~ 24 日考试科目表，和考完第二天土木科全体离开宋家梁子搬回山下工厂北侧新建宿和教室的记载。

搬下山后，直到一年后在高谷场毕业时和宋遗德又很少交谈，对他的情况几乎毫不了解。只记得 1941 年毕业考试后，我们毕业到三上同学整队到乌江边上船，启程回恩施接受一个月军训时，忽见宋遗德背着小小行囊，突然跳上一只正要开动的下水船，与我们去彭水县城的方向可谓“背道而驰”。当时校方宣布过，不受军训，不算毕业。他竟然在众目睽睽之下，放弃毕业文凭，不告而别，可见他不仅学习优秀，而且很有胆识。再过六年后，1947 年我从西南联大回到清华读三年级时，突然在校园中见到宋遗德。我真有“千里他乡遇故知”之感，而他却非常冷淡。只说他比我早考入联大化学系，我在联大时，他休学去外县教书多年，现在又回清华读一年级。那次后，再也没有见过他。直到 1993 年“高工联谊会”成立大会时，从上海来开会的徐应炳说，抗战胜利后，宋遗德曾在武汉大学与他同学，但来往不多。后来，他听说宋调戏外来洗衣女工，臭名远扬，便退学去几个女子中学当兼课教员，后在几个女中又发生丑闻，第二年他便去了北京，但很快他又回汉，贫病而死。宋出生于武汉大毛笔店，从小家教较严，养成勤奋求学的习惯。高工时期，他埋头学习，趋向进步，只是为了出人头地。到云南后，不能一鸣惊人、出头露面，就走上名士风流、腐化堕落、自我毁灭之路。终至贫困潦倒，身心俱废，了此短暂的一生。真是呜呼哀哉！

去龙船河度假后，池伯父开始每月给我三元零用钱，与池熙沐同样对待。他死后，我们更没靠山了。我十一岁时，父亲逝世，家里就没了生活来源。祖父是当地有名中医，但当时中医看病，既不要挂号费也不给诊断处方费，只在阴历三大节时，凭病家酌情送点节礼。而且病家一般只送鱼肉和祭祀用品，送钱被认为是对医生的不敬。只有知道我家经常无钱买菜的熟人，才在节礼当中暗藏一个现金“红包”。因此，我没钱吃早点，不吃早饭成了一生的习惯，学校的早饭我很少吃，没零花钱更不成问题。池伯父的死，对我以后在举目无亲的社会上怎么做人，怎么待人接物、理事处世起了警示作用。以前我只是天真、赤诚地对待师长和亲友，只知道“良药苦口利于病，忠言逆耳利于行”“酒逢知己千杯少，话不投机半句多”。这时我才真正感悟到，世事无常，人生遭遇不能只凭自己的思想去选择。所谓“天敌”“死敌”都是你坚决与他为敌，他才置你于死地的，如果你克己为人，与人为善，所有有理智的人都是可以化敌为友的。记得小时候读的《论语》中说，要“友直，友谅，友多闻。勿友不如己者”。假使人人都这样“择友”，那么你不如他，他当然也不肯和你做朋友了。所以，这些格言，只能在“四海之内皆兄弟也”的前提下，择友必须注意轻重缓急而已。按我当时的体会，我便想到，“做人”，要以德感人，而不能以力服人。否则，人类的既相互竞争，又相互帮助的天性，就必然导致你死我活的斗争；冤仇相报，永无宁日！

十二、土木科搬下易家梁子

1939 年 12 月 24 日，我们考完二年级上学期的期中考试，31 日，土木科全体同学（我班和新来的一班）就搬回山下易家梁子北头的贾家坪。这里原是一个小山凹，现在开出一小块平地。南边隔一个小山埂就是机械工厂，向西北就是过河上宋家梁子的通路。教室和宿舍是一幢紧靠山坡下的大路、南北走向、面向沙滩的长条平房。南头是我班的教室和宿舍；教室与山墙同宽，三跨相通的，宿舍则隔成进深一半、每跨隔开的小间，每间住四人。北头一年级同学的教室宿舍也是如此。这样教室与宿舍相间布置，既不拥挤，又减少相互声音干扰。特别是西边濒临山坡的屋檐和走廊较宽，可减少西晒。还加了面板约30厘米的低栏，既保安全，又可坐卧或临时放置物品。晚饭后至黄昏时分，多数同学都下到沙滩、操场，打球、散步。我则常坐在栏杆上看书、眺望。陈希良原是安陆初中同学，但低三个学期。他这学期才从火峰初中升入高工土木科，一来就住在这幢宿舍的北头。后来他说安中时就认识我，并还留有我高工时凭栏独坐的印象。教室、宿舍的东坡上还建有一幢较短的平房，是土木科专用的厨房、水房、盥洗室、厕所和工人宿舍。房屋都是草顶、土墙、三合土地面，墙面还用草渣泥抹平。这样经济、实用的设计结构比第一年急建的工厂、宿舍和旧式房屋大有改进，显示出我校不愧为工业专科学校。

在这里，教室明亮了，宿舍同屋人少了，学习、生活条件改善了，恢复了正规化现代化学校的物质条件，但是有得也有失，失去的是在宋家梁子时，那种不得不艰苦奋斗、团结互助的精神和气氛。我和陈贻泽、陈克环、徐应炳同住一屋，他们先占了三张并排的床铺，我只好在当门的横头床位上，不过我的床前有一张条桌，我可以在宿舍自习了。因此，我只在睡觉时和他们交谈，上课时和大家见面；其他时间，就独自读书，很少和他们往来。陈贻泽功课很好，不过除陈克环与他形影不离外，他很少与别人交谈。徐应炳写字流利快速，与同学们都很随和，但不与别人特别接近。我那时很少离开我的宿舍到别处串门。有时涂明达来邀我去附近新开的小馆吃饭，小馆是原汉阳高工的一位化验员开的，他全家搬到宋家梁子后，一直在学校去巴东城的路上开小馆。过去从他门前路过时，常常坐着一个胖老太太。其胖无比，躺椅是特制的，有两三人宽大，行动只能靠子女连椅子一起抬进抬出。这种肥胖病在当时是非常少见的，同学们只暗暗议论。我虽觉奇怪，也不专门打听其真实情况。

我从小养成习惯，自己做事非常透明、坦诚，但不打听，甚至不愿知道别人的隐私。祖父曾告诫我，别人的隐私，无论好坏、荣辱，你知道后，就要承担泄密的嫌疑。他就此告诉我："瓜田不纳履，李下不整冠""洁身自好"，是自爱自重的一个重要方面，不要"没吃羊肉，却惹得一身臊"。这些成语，使我知道"人言可畏"。我七八岁时读过《诗经》上的"将仲子兮，勿论我垣，勿折我树檀。非敢爱之，畏人之多言。仲可怀也，人之多言，亦可畏也！"等，都牢记不忘。他是医生，还告诉过我：吸鸦片很易上瘾，最好不要尝试。梅毒很易传染，连别人小便的地方，或用过的马桶，如果还有热气上升，也有传染的可能；最好不要忽视、冒险。我父亲生前除了教我读过《四书》《诗经》外，还没有来得及对我讲这些做人的道理和清规戒律。我祖父、外祖父才教我这些待人接物的经验、教训，还教我读过几篇《吕氏春秋》的文章。我从小很能吸取这类防患于未然的教训，而且终身信守不忘。我这种“诚实无欺”“洁身自好”“清高自持”的性格，是从他们那“遗传”下来的。后来小学两年，注重在公益、纪律方面；初中三年，注重在自由、平等、公正、和平方面，也充实和牢固了我怎么做人的基础。

下山以后，徐、陈教官到校部去了，学习、生活更自由、更自制了，但仍然保持勤奋学习、朴实无华的风气。这时，朱树馨校长已接替李元杰来校半年了，显示学校已经从建设为主的建校阶段，转入以学业为主的教学阶段。朱校长留学英国，专攻机械专业，又在欧洲考察两年，回国后曾任汉口市职校长。迁校两年后，来任高工校长，深受全校师生尊重。土木科教职员工搬下山后，师资力量更新调整。全校同学齐集山下，课外活动也便于开展交流。图书馆建成开放，我们也增加看书机会。我这时期学习条件好了，反而很少参加课外活动，只记得有一次，大概是 3 月 1 日，学校应邀去巴东县城参加地方举办的什么集体活动，我参加土木科的队伍去了。开会搞了一下午，天黑才散。我不敢过江回校，就跟几个同学找街上一个客店住了一夜。第二天早晨临走前，店主人向我们送别。我看他矮胖身材和山东口音，就问他是不是宦连长？他认不出我，我说我家在湖北安陆，你太太曾住在我家生孩子。他想起来了，忙喊他太太抱着刚起床的儿子出来相见。寒暄几句之后，我要随队回校上课，说以后再来，就告别了。其后日寇飞机一连轰炸巴东城，直到九月初我们匆匆离巴入川，我一直没有再去看望他，从此没有再见。

遇到宦连长，使我想起在安陆城里居住五年多的“东城旧事”。我是乡下人，六岁起跟父亲出外读书。来回都是以外祖父的小镇为基地的，从未进过安陆城。1932 年秋，父亲因病辞职，在他曾经读过师范毕业的“进文学校”附近，租了一幢三室一厅一厨前后有天井的旧式房屋安家，并将祖父接来同住。这屋南边是一个不断驻扎军队的大庙，东边是一个很大的场。1935 年，一个炮兵连住进这所大庙，大炮是用马拉的，所以他们天天在操场上训练开炮和骑兵的战术动作。我经常驻足观看，至少熟悉了测量目标的距离、高度，装填炮弹，转动炮口瞄准和拉栓放炮等口令和动作。几个月后，连里来人要占住我家的一间空房，我母亲和祖父坚决不肯。后来宦连长亲自来说，他太太即将临产，他岳父、岳母已从山东把她送来，来后他们住进我家。他自己不住家，也不让官兵前来打扰。这样，我家才让他们住进来了，只有一个小勤务兵每天三次给他们送水、送饭。一个月内他太太果然生了一个儿子。这时，宦连长才偶然回家看看，但我们从未交谈。他岳母大约五十多岁，偶然出来到门外厕所倒垃圾、脏水，说话彼此听不大懂。他岳父常常在天井摆弄弹弓、钓竿。他是个秃顶瘦削老人，不识字，说话很少，也不好懂，听说练过拳脚。弹弓修好后，他用自制的豌豆大的泥丸试射，屡发屡中。从此我和老人熟悉了，有一次跟他去东边城边树林中打鸟，他专打高树上停留的麻雀，一上午打了两串，可见他的技术很高明；但他的弓我嫌长，嫌硬，拉不开。他还有一小布袋钢丸（轴承的滚珠），是防贼用的，只给我看看。天暖后，我还跟他去城外护城河钓过一次鱼。他给我一个鱼竿，挂上饵，打好窝子，一上午他钓了四条一斤左右的鱼，我却连一条小鱼也没有钓上。他这鱼不好吃，以后也不钓了，我一辈子也没有再学钓鱼。后来他成天在前院做两张弹弓，中间20厘米长的弯木，两头绑两根南竹片，缠上布条，涂上黑漆，就是弓；再用两根牛筋绞成弦，中间夹一块指头大、带凹痕的竹片，两头挂在弓上，就成了弹弓。约半年后，他的弓阴干了，炮兵连要换防了，他们也离开了我家。临别前，老人把那张较小的弓留给我用，这时我才见到宦连长的太太和儿子。我和他们只有这么一段交往的情分。四五年后，巴东一见的第二天，我写家信说见到"宦连长"家一事，家里后来来信看懂了我的暗语，但再也没有后话。

我本来很想再去宦家谈谈，千里遇故人，他们一定也盼望我去。无奈接着江水就春汛暴涨。巴东有句谚语："三月三，九月九，无事莫到江边走！"春秋大水下来，像潮水一样，排山倒海而来，躲都躲不及的。平时江面较小较少的漩涡，过江划子（小船）都须精心躲避。人坐船上，只听得漩涡附近，沙子打得船底哗哗作响，十分恐怖。听说江上浮流的器具和动物，遇到漩涡，就一漩到底，不知去向。因此非不得已，我很少过江。由于只在巴东城街才有用"推子"剪发的理发店，我曾经四个月没有过江剪发，这时更不肯冒险去看宦家了。

春尽以后，日寇飞机突然轰炸巴东城。轰炸时，敌机先在我校上空降低高度，向巴东城冲投弹。一架接一架呼啸而过，吓得我们无处可藏。学校只好暂时停课，师生早饭后，带上干粮，从我们土木科北侧上山，上到高处，各自找路旁可坐处躲避。虽然敌机不总是天天都来，后来每周来一两次，但我们为了保险，都得天天上山。山坡上没有大树、巨石和村落，无聊之极。即使看书、聊天，也心神不定。学校的正常生活都被打乱了。现在的老人都知道，那时的学生并不是不会打扑克，扑克的玩法很多，现在的玩法都是那时传下来的。至少最简单的21点大家都知道吧。象棋就更普及，围棋也有爱好者自己用黑、白的石块磨成的。但那时的学生都受到家长和教师的教育，求学的时候，不能用这些东西分散自己学习上课的注意力和兴趣，更不能养成因此而沉溺于赌博的恶习。不仅上课，工作时间亦如此，该学习而不能学习的时间，家长教师在场或不在场时，也应如此自觉、自制和自治。所以学习期间，跑警报时，也没人趁机玩耍和游戏！这样的学生才能对敌人的侵害、轰炸深恶痛绝，爱国、爱民之心也就油然而生，否则，如果趁敌人轰炸之机，偷懒而且玩乐，其道德品质与坏人趁火打劫、汉奸认敌为友，本质一样，只是程度不同而已。我说这些，也是和老同学谈心。所谓现代化的教育，从小教孩子唱歌、跳舞、看动漫、玩电子游戏、上网、玩手机。好的小学、中学，以这些科目的成绩作为入学的附加条件。家长急功近利，希望孩子在这些方面成名成家，加重孩子的学习负担。孩子从小不务“正业”，因此赚大钱的却是商人和媒体。我们反对，还说我们“过时了”，你们也有同感吧！

十三、全校西迁四川彭水高谷场

这样跑警报耽误了近一个月的上课时间，其后的时间更紧了，我就更不肯抽时间过江到宧家去了。后来宜昌吃紧，巴东岌岌可危，学校又考虑搬家了。工业学校，设备仪器搬迁困难，不便于过江经巴东城翻山越岭向恩施集中，只好再溯江而上，西进四川，然后经涪陵、沿乌江南至彭水县属的小镇高谷场落脚。这段行程既远，交通也不便，同学们只能按照身体状况，分作少带行李基本步行的、押运行李坐船的和押运设备物资的分批出发。

这次我仍然报名步行，这一次不专门分队分班，只在班级内自由组成互助组。行止、住宿由学校派人统一安排，饮食起居各互助组自由处理。先给各人每日伙食费，各人自由开支。按我的杂记本记载，我们这一批接到通知，1940 年 9 月 19 日晚间，乘一段便船入川。我和涂明达结成互助组，这天早饭后就整理行装，大部分衣物、书籍由乘船同学押运，自己只背简单的被褥和换洗单衣。中午买了两斤挂面和一些鸡蛋饱餐一顿，就随队走到东瀼河口的江边。这里虽然没有正规码头，但小轮船可以停靠。我们坐的是“民主号”轮船。主甲板装着货物，我们就在货物旁边找地方摊开铺位。记得鱼腥味很大，原来是竹筐装的干海带。夜间上船，次晨很早起航。船行很慢，过巫峡、瞿塘峡时，虽然也看到八阵图，但已不像两年前过西陵峡时那么神奇惊险。过夔门时，滟滪堆当时还矗立江面之上。因我们的船是靠边上行，有惊无险，却是此行中的一大奇观。船在白帝城附近经过时，有人说岸边一些白石就是八阵图，不知是否正确。从小读诗向往的“朝辞白帝彩云间，千里江陵一日还，两岸猿声啼不住，轻舟已过万重山”和“功盖三分国，名成八阵图；江流石不转，遗恨失吞吴”这些古代诗人逐流而下的意境，我只能宏观地去印证了。

9 月 20 日，船靠云阳。这儿也不是正规码头，但船上卸下很多货物，这里的“云片糕”很有名气，但属于茶点，并无特色。我们只买些晚餐食品回船过夜。次日下午三点，船抵达万县，在这里卸货并等待上货，返回宜昌。我们只得上岸，在岸边小街上的茶社休息，等其他便船西进。不料行船为雾所阻，第二天又等了一天。这里物价上涨，学校从此将每人每日膳费增至 1 元。第三天，即 9 月 24 日，“民权”轮船开来卸货，我们午后上船过夜，25 日船行一天，抵达忠县。停靠之处也不是正规码头。许多人在向岸上妇女争购一坛坛的“腐乳”，我也买了一坛。都不知道“忠州腐乳”的特色，四川“特产”中也没有它。我想，它大概是该地民家偶然发现的变异菌种酿成的，和民间自制的“豆腐乳”相似，只是颜色灰黑，像“臭豆腐”，但一点也不臭，而且味道鲜美，产量不大，所以没有推销到别的地区。直到1969年末，我在一机部罗山干校接替喂猪的“发酵饲料”工作时，看到以前的工作者向解放军推广学习，带回的空罐上标有“红曲霉”“绿曲霉”“黑曲霉”等字样，我才证实“忠州腐乳”大概是一种不臭的“黑曲霉”制成的。可惜我每天为了赶制当时的传统糖化饲料而无暇研究试验。一月后，我又调去“看水”(农田灌溉)，至今也不再接触这问题了。

1940年9月26日，这天正是阴历8月25日，我的18岁生日，民权轮继续西行，下午1时抵丰都城，我们全部登岸进城，被指定住东岳庙。

我在安陆时就知道丰都是“鬼城”，俗话“参东岳”是要找死的意思，所以来到这里，顿有不祥之感。不料进城之后，一路走的街道，虽然不很热闹，但都是宽敞整洁的三合土路，与武汉的柏油马路不相上下。东岳庙更是红墙绿瓦，金碧辉煌，宏伟壮丽，修缮一新的。院内大树参天，但毫无杂草空地，而且一片寂静，不见僧人香客。但大殿内却是蜡烛长明，香烟缭绕。殿门半开，殿外大柱廊，宽2米以上，还有20多厘米宽的红漆坐板，我们全体人员住进院内。分散之后，他们进了后院，我和涂明达就在正殿走廊内侧石板地上打铺住下。住定之后，随大家上街查看。街上行人稀少，店铺整齐。蔬菜食品都是小捆小包发售，劈柴也是20厘米长，3米见方，上十根一捆，白米也可小包零卖。饭馆却不多见，我和涂明达就买了够吃两顿的米、肉、蔬菜和劈柴，回庙到厨房拿出小锅小炉，在大殿前自炊自食，别有风味。黄昏以后，有些人要再去街上走走，我们也跟着去了。二面高山，天很快黑了下来，路旁店铺逐渐收摊关门，街上更是寂静无人。街道既宽又长，我们信步走去，稍一拐弯，听到远处有锣鼓声。走近一看，门灯之下有儿童剧场招牌。这类剧场，一般不买门票，入内喝茶、吃瓜子才要收费。内看客倒是座无虚席，安静文雅。台上演的，竟是“小白兔乖乖，把门儿开开”等“文明戏”，这也是我从未在剧场见过的。看到深夜回庙，想起一天见闻，丰都根本不像地狱，竟像人间的“灵虚幻景”。这不是我老来梦呓，至少涂明达应该还有共同印象。只记得大殿抱柱对联上联的后半句是:“丰都岂只人间有?”暗示鬼蜮里的丰都才是地狱。

第二天，领队原定在这里与押运行李的队伍会合，然后把多余的被服交给他们经涪陵走乌江。我们则在丰都过江，抄近路步行到高谷场。但是，船未到，队伍携带的路费花光了。而且听说抄近路必经张家坝一带很不太平，还是沿乌江走比较安全，于是大家在丰都再等一天。趁此机会，我们眺望了远景：东岳庙背后是笔陡的高山，名叫九重天或千丈岩，有路可爬，依稀可见。听说有些同学真去爬了，但未到顶。大江对面还有望乡台、鬼门关等高峰，如果过江步行，就要从那些山下经过。第三天，行李船还不来，领导犹豫不决，大家心神不定，甚感无聊。下午，领队决定，将多余被服留一人交行李带运。大家只带少量被单衣物，先过长江，走近路向涪陵方向进发。当晚到南沱镇投宿。30 日清晨继续前进，下午二时抵达涪陵的乌江东岸，在街头的“福音堂”住宿。1940 年 10 月 1 日、2 日，又在福音堂住了两天。心头焦急，无心游览，连福音堂内外情景现在也没有印象了，只记得街上尽是榨菜，有散装的，有特制大型木桶封装的。涪陵特产，名不虚传。我们初到巴东易家梁子时，食堂附近一家老乡可用一个铜板（当二十文钱，640 文为 1 角钱）买半块豆腐干大小一片榨菜，可以咽下半碗饭，但学校食堂是吃不起的。在宋家梁子时，只有彭烈鸿每月买猪“打牙祭”时，除烧肉外，才有榨菜炒肉丝。因为那里一斤榨菜几乎和一斤肉同样价钱，涪陵街上零售榨菜比较便宜，但都是积压太久，有些发霉了，买的人就不多了，10 月 2 日大概是星期日，我的杂记本上记着我参加了福音堂的礼拜、祷告，我想那也是无聊的表现。因为父亲在我小学时期在教会学校读书、教书，是耶稣教徒，我八岁时就受过“洗礼”，但我进初中后就不做“礼拜”了。耶稣教说佛教迷信，但说耶稣一摸，瞎子就能复明；拿别人的“五饼二鱼”，“祷告”后分给几百人吃，吃饱后，还剩几筐碎渣。这不也是迷信吗？几大宗教都是教人为善，不杀人、不奸淫、不偷盗等。中国的传统道德教育，比宗教更有效。何必用虚幻恐怖的地狱吓人，用虚无缥缈的天堂诱人呢？

1940 年 10 月 3 日，上午沿乌江东岸步行。沿途道路平缓，每隔二三十里就有小街可以食宿。中午在一家小馆进餐，它按城市规矩点菜吃饭。菜价颇贵，饭按人头计算，管饱，不计量。我们八人一桌，菜不多要，饭却尽量多吃，吃饱了有同学替你再加。我饭量小，很不习惯。下午走到另一小街，实际只有江边一侧有几家商店和餐馆。因为这里江边山坡很陡，路是顺坡开辟出来的。江边餐馆、商店的房屋，前墙和大门搭在路边上，后墙和窗户是用一排长柱支在下面江坡上搭成的“吊楼”。我们走进一家临江小馆吃饭，这里的饭、菜都用小碟盛装。碟子直径约十厘米，用白铁制成，平坦无卷边，盛菜不多，贵菜更少；盛的饭则是用杯子扣成一堆，名叫“冒儿头”，由于饭软，实量不过一小碗。每碟菜饭价格一致，吃完后按碟数算账。吃到半饱，大家算起来，碟子满桌，总价不菲。坐在窗边的人，看出这种“化整为零”营销策略的奥秘，就趁“么师”(跑堂的店员）不注意，顺手将空碟向窗口扔出，江面很低，无影无声。这天两顿饭的“恶作剧”，损人不小而利己不大，实在有些令人于心不忍。饭后天色尚早，领队鉴于前途尚远，而且听说有些路段又要离开江边取道山区，很不太平，不能随意停留。后来听说，真有另外一队的同学被劫，发生殴斗，所以又赶了一站，夜宿复兴乡的新漕。

1940 年 10 月 4 日，晨起早餐后出发，先翻越 30 里的高山，后找不到安全住处，大家默默赶路，一天共行 105 里，赶到木极乡住宿。10 月 5 日，“行 85 里，抵白果乡。”两日行程，使人疲惫不堪。10 月 6 日只行 35 里，宿火炉乡。10 月 7 日，行 110 里，达高谷场。这四天，心情紧张，身体疲惫，除杂记本所载文字外，食宿都很恶劣，路程都很险阻，但到达目的地高谷场后，受到池熙沐、蒲春厚等人迎接，如释重负，啼笑皆非。所以这四天路上详细情况，至今毫无印象。为了保证历史真实，不愿添油加醋，也不想学“浪漫的现实主义”。

十四、初到高谷场，卧病不起

1940 年 10 月 7 日黄昏，抵达高谷场街北不远处，因有人先到，池熙沐、蒲春厚（他们押运行李已先几日到达）闻讯在此接我。我喜出望外，对环境无暇浏览，不知不觉地跟他们走进街口的“万天宫”。这是一座高大的古庙，门厅两旁有房间，楼上原是戏台，进门厅后，是约 60 厘米见方的青石板铺成的天井，平整光滑，长宽约 60 乘 30 米。后面是大殿，殿内尚有神像，大殿两侧有耳房。天井两侧有高约两米以上的看台，看台宽两米多，也是青石板铺成，并有高 1 米多、宽 20 多厘米的青石围栏。看台从靠近大殿那一头上下。我被排在东侧看台中间打地铺。铺位打好后，又随池、蒲出万天宫，到附近一家饭馆楼上和安陆同乡聚餐。圆桌同席多人，现在也记不得是哪些人了。

第二天，全身乏力，不思茶饭，躺了一天。第三天有点发烧，喝汤水立即吐出。第四天，池找到街道中段靠江边的一家饭铺，门面宽大，前面有大锅大灶，可以卖饭。后面除主人用房外，还有客房，但生意不好，没有住客。后面中后门外紧挨后墙，又盖了约 3×3 平方米的玉米秆墙、草顶的一间小房。房下是长木支撑，可说是“吊楼”后的附加“吊楼”。我们三人就搬到这草屋居住，靠墙有三张竹架高铺，我睡门侧一铺，池、蒲睡另外两张。尚有中间和我对面的余地，足够放我们的箱子器皿。能有这样的单间养病，比现在的特护病房还要好。

住进小屋以后，我基本上整天卧床不起，低烧逐渐升高，不吃不喝，连喝几口开水都立即吐出，也不大便。我用一截竹管插在床边玉米梗墙上，小便从此排出，所以也不上厕所。过不两天，他们回来说，同乡毕业班同学秦鼎兆，住万天宫西侧看台，也发高烧，昨夜从围栏上落到天井石板地上。同学们闻声往救，秦头破血流，当即死亡。经法医鉴定，因震断桥脑所致。听说秦同学是机械科高材生，当年即将毕业，其父为汉阳高工老职员，仍在校工作，工作能力颇受好评，唯近年有时说话，神经不大正常。他们父子在巴东时都在山下，我没见过。池熙沐与他们父子很熟，当晚自愿为秦守灵，我当时尚能行走，跟去看看。看台下血迹犹存，尸体停于大殿西侧耳房内，惨不忍睹。有人疑是自杀，有人疑是半夜上看台围栏小便，高烧头晕失足坠落致死。我想他功课很好，即将毕业，不应有轻生之念，同意高烧头晕坠落的设想。此后，我高烧不止，听说同学中此病者有十余人。校方请彭水医院西医前来诊治，也来为我看病。西医诊断我们的病为“副伤寒”，是恶性肠道传染病，潜伏期一周左右。一般连续高烧三周后，细菌吃尽肠内壁脂肪，自动死亡，病人也退烧好转。当时西医尚无对症的特效药，只能事先打针预防。高烧期间，可头部冷敷降温，防止神经错乱。本应静脉输入葡萄糖，维持营养，但当时医院无此条件，建议含服其他糖类。退烧后食欲很旺，但只能逐渐增加流食，切忌吃硬食及不易消化的食品，否则消化道破裂出血，体弱不能手术，就无法救治，很快死亡。

当地没有白糖，碗状褐色“糖粑”也相当贵。我从小不吃甜食，但偶尔吃麦芽糖，俗称“打白糖”，云南叫“叮叮糖”(实是麦芽熬煮后拉制而成)。池、蒲买来麦芽糖，给我敲一碎块含在口中，喝点开水，慢慢咽下，维持生命。10月10日、26日两日，学校又请来中医陈先生，先开方买两剂汤药，高烧渐退，第二次只开方吃一剂，烧已退尽，食量大开。这也许就是西医所说三周后热度自退吧！但中医之药，在促进退烧的同时，对虚弱的身体加以滋补，维持体力，可能也有好处。所以我将这两个处方保存至今。但伤寒有免疫力，其后我和同学没有再犯此病，保存的单方，只起到病程日期等纪念、证据作用。

退烧以后，我立即饥饿难熬，见到食物，恨不得狼吞虎咽。正当此时，池、蒲听到消息，有退烧的患者，一人吃了糍粑，一人吃了蛋炒饭，次日都便血死去。于是，池、蒲还遵医嘱，向卖“热米粑”的摊贩买来米浆，在房东的大锅里加水煮成稀羹拿给我吃。我吃完不久又想再吃。再买再煮，也吃不饱，多买一些，也不够吃一天，而且也不便宜，常吃也吃不起。他们就买了一个木块车制的圆饭盒。早餐时，在厨房打一盒苞米稀饭，回来慢慢加水煮稀再给我吃。学校搬到高谷场后，四川省供应的主食只有玉米（当地叫苞米），粥饭都是玉米碴子做成的。煮粥不易煮烂，蒸饭不易蒸熟，而且每人每天一斤玉米的定量，不够同学吃饱。大家以为是做饭分饭时的称量问题，时常吵闹。弄得六十多岁的朱树馨校长，每天亲自监厨，亲自分饭。而且玉米粥、饭刚做出来，趁热吃还可以嚼烂，放凉后就像砂子，不易消化。所以一天十几次加水煮粥，给池、蒲增加了很多麻烦，幸亏用房东家的水、火都不要钱，否则他们自己操劳，也吃不起。

随后听说，因食物致死的同学，又有5人，其中一人是为增加营养，吃了饭馆卖的米粉肉致死的，另一人是吃了三个荷包蛋。我那时吃粥不饱，也想增加营养，但池、蒲听到这些例证，对我的饮食更加小心。所以我活下来，多亏了池、蒲的精心照料。没想到高烧关、饥饿关过了之后，又来了便秘关。我能吃稀饭之后，池、蒲虽然麻烦，但很高兴，总算忙得很有成效。但两三天之后，发现我每天喝粥不少，小便很多，但不大便，大家又着急了。池、蒲找校方再请中医陈先生来看。陈先生说，退烧之后，内火仍然很重，因此大便秘结。于是，只买大黄

（黄连）一两，开水煮后，加糖，当凉茶喝。俗话，黄连最苦，苦断舌根。好在我从小不爱吃糖，又不怕苦。十岁以前，常发疟疾，买不到糖衣奎宁丸（奎宁是印度进口的特效药，也苦似黄连），只有奎宁粉。一般小孩都不肯吃，两个大人用筷子撬开小嘴，一勺勺的灌下。大人也要用馒头皮包成小团吞服。我很勇敢，准备好温开水，自己把一小包奎宁粉（一次用量），倒在舌头中部（根部最怕苦），立即连喝温开水冲下为止，残余苦味就能忍受了。大黄泡水放凉后，迅速喝下，立即再喝一杯温水，就不比茶水更苦了。喝黄连两天后，稍有便意。因我刚能起床，站立不稳，不让我下楼上厕所，就让我在室内蹲盆。蹲了一会，拉不出来。站起来时，身体虚弱，眼前一黑，忙扑倒在床上。第二天半夜很想大便，又不习惯在室内当着人蹲盆。池、蒲二人忙穿衣起床，点着油灯，扶我下楼。这是我第一次下这"吊楼"，楼梯实际上是江岸山坡上依势凿成的石级台阶，很宽很高（约有20多级），下面是一间空屋，两侧搁置着几口漆黑的棺材。死里逃生的我，真有点"不见棺材不落泪"之感。向前再下两三步台阶，一侧是猪圈，一侧就是厕所。我如厕蹲坑，便出几团硬便。起立之前，先喊池熙沐站在门口，我站起来眼前一黑，就向前扑，他们把我搀住，过一会儿，我才能看见走路。以后每次大便都须如此。白天不带灯，只要一人就能帮我，这对池、蒲又是新的麻烦。

高烧期间，有时满身大汗，成天昏睡，很容易压成褥疮。所以池、蒲还天天帮我翻身，幸免于"烂"。我站立行走稍微稳定了，池熙沐帮我洗澡。他在房东的锅里烧好热水，借一间空房放好凳子、水盆才扶我去洗，洗时还要请池替我搓背。我能洗澡了，非常高兴，但他搓背时，沉默不语。我回头看他，只见他两眼红润，泪水涟涟。他后来告诉我，我瘦如干柴，薄皮包骨，就像垂死的伤兵。他说的是我们离开东瀼口的前几天，有一队伤兵在我校沙滩上集合休息，我们很多同学都去围观。他们是刚从前线下来的病伤员，由医护兵护送向后方医院转运。那些还是能够自己列队行走的一部分，每人单衣、短裤，脚穿草鞋，身背草帽，手摇蒲扇，腰带上别一枝"烟枪"（竹竿自制的旱烟管）。但有的骨瘦如柴，形似骷髅。坐着时有气无力地靠在同伴身上，起来行走时，虽然不拄拐杖，但须前面的同伴一手拉住他的腰带。这些特殊的病号，大概是沿途辛苦，身体更加虚弱了，但又不能不带着凑个人数。池熙沐就是说我像他们的样子。我听了，还不相信我已经到了那个样子。我一向瘦小，肋骨像排骨、四肢像麻秆是经常现象；没有镜子，看不见眼窝凹陷，颧骨愣愣的骷髅状态，所以并不那么自我伤感！

以后，渐渐能吃从学校打回的菜饭，池、蒲不必整天在家陪我了。但天气渐冷，我仍然弱不禁风，不敢出门。有一天，从巴东托运的行李运到了，池、蒲带我去认领。看完后，他们等待搬回，我先独自回家。走在街上，看街旁有同学晾晒运输途中打湿的衣物。一本散开的张裕钊写的字帖，正是我在小学时祖父教我练习的那种字体，我站着翻阅欣赏。那位同学见状，说是他父亲塞进他的箱子的，他并不练，如果我要就送给我。那位同学我不认识，不好意思要他的“传家宝”。在他真心诚意地坚持下，我一再道谢，满心欢喜地带了回家。练大字正好是我独自养病时的最好工作，第二天就请池、蒲买回一刀毛边纸，取出刚运来的笔墨，用箱子作桌，坐在凳子上练字。这时练字，体弱心静，不想“鸿鹄将至”，毫无外来影响，没有压力负担，完全是自觉兴趣。又得此心爱的字帖，真是天助我也。池、蒲久困家中，听说同学们趁迁校间歇时间正开展体育、话剧等活动，他们现在可以放心参加了。除一日三餐他们仍然替我打饭回来共同进食以外，他们外出，我留在家中练字，皆大欢喜。

到 1940 年 10 月初，全校师生继续来到高谷场，到 1941 年 1 月底，即阴历春节前几天，学校行政部门一直忙着迁校建校工作。我们后来观察了解，虽然我们湖北学校迁到四川，地方政府却无大抵触。全国不愿做亡国奴的人民大部分逃到四川（少数逃到桂林、昆明、贵阳、延安等地），这是统一抗日大势所趋，大家都无怨无悔。高谷场从原有建筑看，过去交通不便，独立生存，相当富裕繁荣。抗战三年以后，外来人集中长江沿线及重庆、成都等地。高谷场及乌江一带劳动力外流，商业冷淡，空出房屋很多。我校迁此，正好填补这些空白。所以当地人民，特别是士绅、帮会组织，对我们是友好的。我们先到的师生，临时住到街上民房，学校办公、教室、实验室工厂用房也利用后街或小山上的庙宇等公共房屋。后来为了同学集中住宿，只在万天宫侧江边建了一栋两层竹木结构的临时宿舍。另一幢学生宿舍，则在万天宫街对面几家商店的楼上。

在此期间，同学们则自发地开展篮球和演出活动。篮球队是以陈宜述、戴廷义为正副队长，及机械、化工科同学组成的，不仅吸引其他同学参观，比赛还深受当地老乡和帮会的爱戴和支持。在他们的协助下，球队还到彭水城打友谊比赛，并获得一些荣誉。陈宜述在初中时就是队长，他的球艺高超，远近闻名。戴廷义原来我不认识，他与陈宜述是机械科同班，人高马大，却很老实、腼腆。他在校内上场时，常常脱光上衣，却不脱长裤。看球的同学起哄，高喊“戴廷义脱裤子（长裤）!”他只笑笑而已。演出队是以刘在中、章荣辉、徐来盖、傅之廉等同学为主组成。听说他们排演了很多“放下你的鞭子”等街头剧，和“凤凰城”等多幕话剧。他们的演技都很高明，在借来的服装道具都不齐全的情况下，轰动到“万人空巷”。尤其是傅之廉演日本兵，活灵活现。曾经有个老乡以为他真是日本鬼子，还愤怒地上台打他。我很爱话剧，小学时，周末晚会我场场登台；如演话剧，我常是主角。有一次，安陆为宣传识字运动，请各校到城中广场晚间公演，我校演出的剧情是张家振先生采纳我说过的几则传统笑话编成的。我的台词中有一句“我还读过几年高小哩!”“高小”一般是本县对“县立中心小学”的简称（其他小学一般没有高小五六年级，我校虽有五六年级，但一般简称“进文”小学)，不料引起该校同学的积怨和愤恨。散场时，人在台下等着打我。我不知情，但我和另一同学提前从后台回家。他们认不准我，即扭打了其他同学。我俩在半路听说后，不敢再走，就在附近的那位同学家躲了一夜。后来我和池熙沐一起升入本县省立初中，入学前我向池约定，到初中后不要吐露我曾登台演出，更不要说我常演女主角（当时女生是不肯上台的，女角都是男生扮演)。所以初中时，学校不组织，也偃旗息鼓。直到1938年，洪深带队的“抗战救亡演出第二队”到安陆演出时，要我校去人协助工作，我也去了。学习、观摩了田方导演（解放后，田方是北京电影制片厂首任厂长）指导的一些演技和化装术。那时他们就演出了“放下你的鞭子”等流传很广的剧目。但我一直没有应用，只学会了所有抗战歌曲。冼星海在那里新创作了“游击队歌”(“三个五个，一群两群，在平原上，在高山顶，我们是游击队的弟兄，化整为零，化零为整……”，不是“游击军歌”）就是我们试唱的。

在这阶段，我到达高谷场后就一直与“副伤寒”病魔做斗争。胜利地度过高烧关、饥饿关、便秘关后，1940年11月中旬开始进入静养关。这时我还很虚弱，无力行走，但智力和腕力还能整天坐在小凳上用毛笔练写张裕钊字体的大字。在此期间，学校的一切活动，我只听到池、蒲吃饭时的谈论，连演出“凤凰城”话剧，篮球队和演出队去彭水城表演、比赛等盛况，我都不为所动，从未去看过，好像我已经非常成熟，“曾经沧海难与水”似的。不过，池熙沐抄回“凤凰城”的主题歌（也叫“凤凰城”)，我倒是按谱学唱，作为唯一的精神调剂。我认为这首歌的词曲俱佳，很符合我当时悲凉凄切的心情。此后，我从来没听到别人唱过，也没有余暇去验证它的来历和准确性。直到上世纪八九十年代，我偶然哼起这首歌，曲调还能全部背出，但两段歌词每段都有几句遗忘了。我曾和池熙沐通信，希望把歌词凑齐，他也有很多记不起来了。开头几句是“黑龙江山，长白山头，江山如锦绣。一般新月，两样情怀，冷落我神州。”“高工联谊会”成立时，我曾两次见到刘在中同学，但相见时间很短，人多口杂，万事说不完，我也想不起问这首歌词。可惜几年后没有再见，听说他已经去世了。去年我偶然看到报纸，说“凤凰城”是吴祖光的早期作品，我有事到北京图书城，顺便找找他的全集，也没找到。1940年12月，学校准备月底开学上课，我便把我写大字的纸，反面糊一层绵纸，做成信封备用。后来我用这种信封寄信回家，祖父来信说，他注意到我的信封里面的大字写成“个”了，很有进步，我想这对祖父的关怀和挂念，算是一个很大的安慰！

十五、在高谷场开学上课

1940年12月底，学校把学生集中到指定宿舍，准备开学上课。我们三年级的三科同学都搬到万天宫东侧街对面尽头处几家商店的楼上。此楼原是一大商号的旧楼，楼下虽然隔成几家商店，但楼上是连贯相通的。楼外一侧有专用楼梯上下，梯高约二三十级。上楼以后，有一横向室内通长走廊（通道），贯穿三间宿舍。宿舍低于走廊四五级台阶，我们土木科住在上楼后的第一间。机械、化学两科住里面两间。我班的铺位，约六张床为一组，中间有一张方桌，我那时和陈贻泽、陈克环、余明清、李鼎基、张凤生一组。吃饭时参加其他组两人为一桌。相邻小组，床、桌和我们对应排列，中间留出通道。我组大概在中间，其他组是哪些人，我也很少串联，现在也记不清了。我是从池、蒲替我找的病房直接搬到这里来的，一切床桌布置和人员分组，是学校事先安排好的，一搬上来就各就各位，都很简单，铺床叠被，乱了半天就安定下来了。我们这间大屋的北边隔出几个小间，是附近几个小组的储藏室，脸盆、餐具等都放在里面。早起就带着盥洗具、餐具去万天宫洗漱吃饭。教室在往北出街口、然后往东上山的半山坡路旁。中午、下午上课后，也需先回宿舍，或请人代取餐具去万天宫吃饭。有一件事我记不起来了，宿舍楼上楼下似乎都没有厕所，是否也得去万天宫盥洗处解决，就得请大家共同回忆了。

搬到这里后，接着就是我们三年级上学期开学上课。上课两三天，知道了教室、课程和老师的教学计划后，就是阴历春节，从除夕到元宵节放假 15 天。除夕晚饭好像加了菜，那时学校伙食仍然困难，特别是主食玉米面，每人每顿 1 斤蒸饭，有人只能勉强吃饱。主食由四川省限量供应，学校只能内部调剂。我去打饭时，看见大锅饭的蒸汽朦胧中，六十多岁的朱树馨校长，还在亲自为每桌八人、每盆八斤蒸饭掌秤。大秤吊在房梁上，厨工接过同学的脸盆，放进秤盘，先称盆重；厨工用铲盛入热饭，再称饭重。灶火未灭，昏暗的厨房里的温湿度是很令人难受的。许多同学初到高谷场时，又有吃不饱抢饭吃的印象。这时，同学们到高谷场生活稳定了，每人八斤，多少搭配，已经够吃了。我组六人都吃得不多，另外陈贤进、刘国栋两个大个儿也都能吃饱。加上这里蔬菜多且便宜，虽然不是“瓜菜代粮”，但菜多也可以省饭。

除夕吃年夜饭时，同学中传出：街上有人租“麻将”，每昼夜租金一角钱。我组回到宿舍后，大家商量：假期中，不如租一副“麻将”，不会的学，会的锻炼。毕业后进入社会，“一笔好字，两句京腔，三杯不醉，四圈麻将”是少不了的。初步商定后，余明清、李鼎基赶快去租麻将、买洋蜡烛，去迟了怕商店关门。麻将租来后，我们商定：人闲牌不闲，四人轮流上桌，另两人或是睡觉、服务，或是“做梦”。“做梦”不是睡觉，是帮别人“支招”，而且与他共输赢。麻将的所有规矩都学，什么“听用”“财神”“清一色”“十三幺”“一条龙”“半条龙”“姊妹花”“一般高”“对对呼”“单吊”“平呼”“满贯”等等，应有尽有，越多越好，每“番”加一个筹码，庄家输赢加倍。每个筹码定价为十文钱，所有赢钱，都作六人加菜之用，欠点的不必归还。就这样，我们一连奋战了 14 昼夜。我班当时 25 人，除有人参加机械、化工同学的活动外，开始时还有两桌麻将，不过他们都不像我们这样始终不懈，坚持到底，有时有人到我组来传授技巧。我在初中时，才看见别人打麻将，考取高工后，和陈宜述、徐心广、闵德潜四人在武汉小旅馆等船西进时，陈、徐要闵和我陪他们打麻将，三缺一不行，不得不奉陪，也学学常识。这次，真是自愿练些本领，所以非常认真。但我体会，一定要记住其他三人打出哪些牌，才能做到知己知彼、百战不殆。但是，后来一辈子，我没有正式上桌打过一次麻将，其他牌也打得很少。

不知从哪里传来当地农村的一种习俗：春节元旦到元宵节之间，相互友好的人家故意到对方田里去偷青菜，名为“偷青”。偷方本是假偷，做做样子，主方则在远处高喊:“莫偷了，收成不好!”偷方则说:“越偷越发!”借这个利话，以示友好。高谷场街上人告诉我们，年轻人也趁机偷些菜吃，并说偷儿有句歌谣:“偷风不偷月，偷雨不偷雪，”以免留下足迹被人追捕。我组六人，都是体力不强又守规矩的孩子，听到这些也不在意。一天半夜，有人偷几棵半人高的青菜回来，大家都很惊奇。我组那夜打牌，已很倦怠，两人提出我们去偷两棵菜试试。我也不想打牌，跟着去了。夜色很黑，走的又是平时没有走过的田间坡道。走到坡顶，才发现一块菜地，白雪之中露出黑色菜叶。他俩先下到田里，拔出两棵菜就露出两个黑洞。这时，主人已在坡上高喊:“不要偷了，我家的菜剩得不多了!”边喊边跑下坡来阻止。我也边喊“越偷越发!”边向山下撤退，主人也就不追了。回宿舍一看，那两颗菜，比我胸部还高，至少 1.2 米以上。每颗的枝叶够一人合抱，菜根处有两手握不住的块根，据说这就是做榨菜或大头菜的芥菜。这时，菜很大但还很嫩。枝叶煮汤，非常柔软，而且清香扑鼻，比食堂做的老菜帮子好吃多了。菜头切片生炒来吃，有青豆的味道。两颗菜，我们六人吃到正月十五才吃完了。

那年正月十五是放假的最后一天，而且午后学校剧团在广场演出，所以我们早起就把租来的麻将还了。早些做菜、吃饭，都去看戏。我因生病，从来没有看过演出，所以早去占好了座位，满怀兴奋、激动的心情等待演出。我一向是即使开通宵“夜车”，白天也照样精神抖擞，兴致勃勃，从不打哈欠、打瞌睡的。十几天来，虽然睡觉时间很少，醒来后我也从不糊涂。这天却很意外，宣布开演，有人出来说了些开场白，全场肃静了。然后，不等报幕人出，我就睁不开眼了，虽然一直挺身而坐，没有打瞌睡的样子，即使偶然身不由已地弯下腰去，马上就惊醒过来，旁边的人根本看不出我在打瞌睡。直到下午五点，大家散场，我也起身跟着散场，准备吃饭。但是，实际什么人，演什么戏，我是一点儿也没看见，更不要说记住了。其实，我并不是故意装模作样，而是自已第一次意想不到地坐着睡觉的经历。其后，解放前，我很少那样缺觉，也就再也没有出现这种似不睡而睡，视而不见的现象。解放后，在工作中，即使连续熬夜，只要第二天还继续工作，我也能支撑下来。但是也有几次缺觉之后，也是看戏，或其他娱乐性节目，我也曾心情一放松，就禁不住睡着了。有一次，座位前有条案，我伏案而睡，两眼压在手背上，时间太长，眼球压得不圆了。醒来时，台上谢幕，我却只见五颜六色、支离破碎的一片，我吓一跳，以为从此眼睛散光了。好在近处还能看清，散场坐车回家，眼睛很快就复原了。

当时正式上课后，由于再次搬迁和耽误，时间是很紧迫，课业是很繁重的。三年级全年课程，要在六月底前赶完，跟上其他学校的学制进度。所以师生又加足马力，每天多上课，少空闲。三年级都是道路工程、铁道工程、水利工程等概论性的课目，计算问题都在二年级应用力学、材料力学、水力学等学过了。这些课目，我只要好好听讲，记下笔记，考试前看一遍就可以酌情发挥了。还有房屋设计、桥梁设计，都是毕业论文式的课目。虽然都是计算，但只要掌握从上到下，从风重、雪重，加上载荷重量、自身重量，一步步算到基础、地基，查出当地的经验数据和安全系数，代入由微积分推导简化了的公式，计算起来是不难的。我不爱宏伟壮观的形象工程，而偏爱精密、巧妙的机电工业，那时就使我对前途有所转向。这就是我后来虽然靠本行工作吃饭，但不计名利，偏重于对数理化和外语的加强，尽早转入大学电机系的一贯打算。

十六、高工三年学习结束

1941 年上半年，要完成三年级上、下学期的课业。时间虽然紧迫，但我还是为毕业后进入社会，做一个自食其力、正直不阿的人，暗暗做了一些铺路的准备。从我的杂记本上“A 收发信”的记录来看，早在 1940 年 11 月，我伤寒痊愈，独自练字、修养时，我便写信给祖父和母亲，请他们把刘、尹两家在重庆等地工作，可以对我加以帮助的姓名、地址告诉我，我直接和他们联系。当时，安陆县在外的名人只有西昌行营主任张伯常（笃伦）。他虽然出生在我外祖父家的镇上，但从小出门在军校学习、做官，从无联系。好在他的秘书长及其兄弟和我家较熟，我小时见过。还有一个是我同族的兄长，就在重庆工作，比我大很多，我没有见过。另外，我祖父还辗转找到一个在重庆工作的同乡，请他给我一些钱，我家还给他家（这是战时民间兑钱的方式）。1940 年年底，我与他们初次通信时，只说了我的学习情况，并没有提出给什么帮助。他们回信都很热情，希望保持联系，只有那位族兄比较冷淡。

1941 年 1 月 22 日，突然接到重庆“天厨味精厂”当会计科长的同乡张承启寄来 40 元钱，说是我祖父请他寄给我作为病后加强营养的。这是我离家两年半后第一次收到的补助费。40 元钱不算多，可那是祖父和母亲历经战乱从牙缝中节省下来的，不禁令人心酸。那时，我的身体已经复原了，虽不强壮，但体力和脑力活动比过去有增无减。那时学校的伙食，虽然主食没大米，只有玉米，但菜蔬比在巴东时好多了。记得年前离开借住的“病房”时，大概是学校发给病号几元钱的营养费，我和池、蒲同去饭馆加餐，半路上买了一只仔鸡，请饭馆做成仔鸡烧板栗，我当时认为是最好的美味，但现在已经不馋那些肉食了。后来，二月和四月，我又收到西昌行营秘书长的弟弟刘夷寄来的 20 元和 30 元。我就用这些钱订购了《七月》《文摘》等月刊，还向重庆“开明书店”函购了《励志哲学》，向重庆“时与潮”杂志社函购了《法国的悲剧》等文艺书刊。那时我对政治、经济仍然没有兴趣，但开始注意当时的社会文艺和时局问题了。

1941 年 3 月中旬，即将举行上学期考试前，学校突然通知，三年级学生自愿报名，去恩施接受“三青团”的培训。我当时只感觉奇怪，好不容易加紧学习，准备考试了，怎么能去接受党团的培训呢？我班其他同学对此也保持沉默。只有刘忠胜有一天表示他已报名并获得批准，即将和别班同学一起去恩施受训。大家听了都不置可否，不祝贺也不反对。我班有“三刘”，即我、刘忠胜和刘国栋，我和他俩都很少接触。在我的印象中，刘国栋很少说话，但颇正派，有正义感。刘忠胜则在各方面都属“中间人物”，功课不好也不坏，对人不冷也不热，我俩从来没有单独谈过话。别班去受训的，我认识的只有化工科的李祥和，他和王先甲总与魏永林形影不离。我见到魏永林时非常亲切，李、王对我都很冷淡；王似乎有股傲气。李虽然忠厚长者，但也几乎没有和我交谈。解放后，我知道李祥和在我部武汉材保所工作，后来听说他在“肃反”和“文革”中都受到冲击。直到改革开放后，听说他在技术工作上很有成绩，我才同情和赞赏他。“高工联谊会”成立后，我们接触增多，我发现他确实是个正直热心的好人，可惜不几年他也突然病故了。

三月末学期考试后，比我们高半年的机械科同学们就要毕业离校了。其中，吴华瑄在宜昌时和吴华珣一起对我很加照顾的。还有一位黄仁端，也是同乡，在高谷场后才认识的。黄个子不高，但很老练，也很亲切。这时我见到他们，黄对我说，就要分别了，你能不能替我刻个图章当作纪念。他以为我会刻图章，其实我并不会。早在 1938 年秋，刚到巴东易家梁子建校时，我就用废弃小轿车上摇玻璃上下的盘簧请锻工师傅替我打了六把刻字刀，但后来听说机械、化工科同学在东瀼河里发现了墨石（老乡告诉他们的），都纷纷捡来磨成图章或戒指。我那时还在山上，只看到他们磨好的墨石，漆黑欲滴，但没有看到河中捞出墨石的原始状态，也没有时间自己去捞。1940 年春，土木科搬到山下后，功课很紧，我也没有时间去捞墨石。直到 1940 年夏学校将要离开巴东、迁来高谷场时，我才想起要捞几块墨石带走。我问捞过的同学，他们说墨石的原始形状，没有一定的特点，表面颜色也和其他鹅卵石一样，蒙着一层灰白的颜色。他们捡得不多，没有得出经验，捡起来很容易磨出黑色的就是墨石了。听了这话，我就独自去渡口向上游寻找，我总捡小的头试磨，很少是墨石的，后来捡手掌大小的试磨，反而磨出墨石。捡到几块墨石以后，我自然而然地产生了识别能力。虽然我也记不出一定规律，但是渐渐的无论大大小小，捡一块是一块，我喜出望外。不长时间，也没有向上游走多远，就捡了一堆，约十几块。为了便于携带，我从中挑了比较规整，损耗不大的五块拿回宿舍，随即拿一块小的，用小刀剖成几个图章的毛坯，后来又把它们磨成方整的图章坯料。还没来得及学刻图章，就把四大块生料和几小块熟料包在箱子里运到高谷场。到高谷场后，我先是生病，后来又忙于上课，这些石料一直没有动过，也不会刻图章。

黄仁端要我送他图章时，正是上学期考试完毕，接着放假两周。这时，我和涂明达二人从黑暗嘈杂的大宿舍楼上搬到毕业班腾出的教室去住了。院内虽然破旧，但有一位工友，既打扫室外卫生，又挑水烧开水。别的同学都不来住，我们寂静得有些可怕。好在我们“住进小楼成一统”，与原来的宿舍楼相比，有幽居世外、飘飘欲仙之感。涂明达虽然不像宋遗德那样博学多才，但也非常勤奋用功。我们从初中同班五六年，到高工都分到土木科后，特别有同命运、共患难之感。他为人比较稳重、随和，我们从未发生争论、冲突。老来时我才知道，他比我大三岁，但他对我的多样化爱好从来并不指责和反对。我们住到教室院主要是为了整理笔记、温习功课的，但经黄仁端提起，我便开始学刻图章了。

我在初中美术课中，曾在竹制笔筒上刻教员李浪萍用毛笔画的竹叶和题词。刻得很好，教师留作纪念，但未学过篆字和刻印，一时又找不到印谱和师傅，街上连个刻字铺都没有。同学中，在巴东用墨石学刻印的，几乎没有人成功；主要是把字写在纸上，再把纸贴在石上，使墨迹存留在石上的问题。这套办法在改革开放后，我在书上才正式看到，必须用好纸、好墨、小笔，在一定潮湿程度时，才能把墨迹留在上面。那时根本没有这些条件，即使做成了，墨迹在“墨石”上也很难看清。这就是他们都没有学习成功的原因。我倒是从家里带出了好笔、好墨、好印泥，但是一没有好的宣纸，二不会在纸上写出纤细的小字，写都写不成，怎能反贴在石上呢？几次试验不成后，我就用毛笔写在较大的薄纸上，翻过来，背面涂上水，后来改涂煤油，使它显出边框和反字。然后以它作本，用细软铅笔按比例描画在石面上。铅笔笔迹有金属反光，在墨石上是可以看清的。

我从小就能使平面图形在脑海中生成清晰的记忆。例如，我能在白纸上凭记忆画出一幅中国分省地图，或是凭记忆画出我熟悉的汉字笔划结构。所以，只要我有篆体字的模本，就能很容易地描绘在要刻的石面上。我先学刻魏永林的篆字图章，发现墨石石质非常细致松软，刀锋到处不黏、不崩。开始时，只要不慌不忙，很容易掌握笔划的平直、粗细和转折的弧度。刻完笔划多的“魏”字，其他就容易掌握了。接着就刻完黄仁端和吴华瑄两个同学的图章。过了几天，闵德潜、李先成又拿印坯来请我刻字，闵告诉我时下流行三字横排、下脚拉长的“铁线文”。给他们刻完后，我比较熟练了，才给自己刻了“刘性善”三字的图章。这个图章，无论在布局和线条上，我感到相当满意。意犹未尽，第二天又在它的边缘上刻了“泛若不系之舟”的图案。此时也有以“泛舟”作别名的念，但还找不到适当的字体和设计，故未刻印。同时，知道的人多了，纷纷请我刻字。这时假期已经过完，我趁机收手谢客。

1941 年 4 月，我们三年级下学期开始上课。我和涂明达住的教室无人上课，学校不撵我们，我们就继续住了下去。无意中又享受了几个月的特别优待。开学之初，功课不紧，陈宜述拿别人送他墨石戒指来请我刻字，我不好推辞。接着，余明清也来找我，余的功课、书法向来令我敬佩，上学期又同组数月，他为人天真、颖慧、才不外露，万事不求人，他的请求我也不好推辞。还有找我的胡道生，他耿直、潇洒，人称“道士”。他是市职来的，我对他敬而远之，他对我也很少接近，因此也不好拒绝。于是，4 月份内，我又抽空刻了三个图章。直到 6 月 25 日以后三年级学年考试，即毕业考试后，学校已宣布我们三科的全体毕业同学 7 月 1 日离开高谷场，回湖北恩施参加一个月的“学生军训”才能分配工作。离别在即，我在“一下”比较接近的忠厚老成的张树声，和他的同乡，耿直、正派的刘国栋，也来请我刻章当作纪念，我又刻了两个，张树声的材料是我两年前给他的黄杨木，木质细软，状似象牙；但纤维柔软，刀锋不利，丝毫不断，这对初学刻字的人是个考验。半年之内，刻了以上 11 枚图章，也是无师自通的启蒙阶段。

1941 年 4 月开学后，刘忠胜那批去受“三青团”培训的人回来了。他上课时，很少谈起受训的问题，同学们也不闻不问。但从此万天宫出现了许多政治性色彩的标语，这是“联中高工分校”成立以来从未见过的。还出现了一种手抄文章拼贴的“壁报”，这都是受“三青团”训练人员的“工作”。我对各界名人的政论文章既不懂，也不看。对这些拾人牙慧、没有文学价值的东西不屑一顾。它出了几期，我都没驻足一看，实际上看的人也很少。五月初的一天，我吃过午饭走出万天宫，坐在门厅旁一间小屋的徐宜民教官突然把我喊住，让我进屋谈话。徐宜民就是我们土木科在巴东山上宋家梁子学习时的老教官。那时他虽然年龄较大，但精神饱满，生活事务都是他管。他待人和蔼，但很稳重，对我特别宽容。后来土木科搬到山下，又全校搬到高谷场，一年多没见过他，他显得衰老，行动迟缓了。这次他突然喊我，我进屋后忙向他问好。他比过去更加低沉，而且稍带严肃地说，你订了几种杂志吧，我说是呀，前几月家里给我汇来一些钱，我就订了书籍、杂志。他从身旁字纸篓里拿出几卷尚未开卷的《七月》和《文摘》。我说，难怪一个多月我没有收到杂志，原来送到你这儿了。他说，这些都是禁书，偷看是要杀头的！幸亏我们对你很了解，你是一个对政治一点不懂的乡下青年，否则，这几种杂志就够你惹麻烦的。我说，这些杂志都是我从学校张贴的报纸广告上挑选来的，怎么会是禁书呢？他说，社会很复杂，政府的禁令，有些报纸是不理睬的。我说学校阅报栏公开张贴的报纸，登的广告却有禁书，那我怎么知道呢？邮局怎么给寄呢？你说是禁书，那我不要、不看就是了。我不过是想接触当代文学，谁会花钱买罪受呢？他说，你不要害怕，只要你不再看，我们不追究了。不过你把你订阅过程写一个“自白书”，投到“三青团”壁报的投稿箱里就行了。

这倒不难，我很快就写了一页纸的《一个非团员的自白》，先给徐宜民看看，他没做任何改动，就叫我丢进“投稿箱”，下一期的壁报果然把我写的原件照贴出来了，这次我倒注意看了我的自白，但后来从来没有任何同学，无论是对我友好的池熙沐、涂明达，还是“三青团”里认识我的刘忠胜、李祥和，都从来没有找我谈起此事。我从初中开始，一直本着祖父的身教言教。“君子固穷”，不趋炎附势；合则留，不合则去，不拉帮结伙。曾经沧海，既独立自主，又不亢不卑。力求多学多问，精益求精，但不追求高分，淡泊名利，尽量做到严以律己，宽以待人，与人无争，与世无争。高工三年将满，大病死里逃生，万幸平安无事，却遭政治猜忌，皆因稍有余钱，满足文艺爱好，险遭不白之冤，岂作违心之论！因此，从这以后，我更加不参与活动，不发表议论，不求有功，但求无过。好在很快就到六月底，三年学业胜利完成。

十七、军训一月

1941 年 6 月底，我们三年级学年考试完毕后，学校宣布：奉湖北省命令，三下学生毕业考试尚未评卷，不算毕业；必须回到恩施，参加高中学生暑期集中军事训练。军训结束后，高工、高商、高农、师范毕业生原则上不准升学，由省政府分配工作。这对家庭沦陷、无所投靠的流亡学生来说，是无可、无不可，也无法抗议的。虽然无意弃学从军报国，还暗想尽可能多学知识“实业救国”，但这时只能走一步、看一步；受一月军训，学些军事知识，在战时也是必要而有用的。我这种顺应自然，不急于求成，暗自努力进取，不畏难苟安，胸无大志，却胸有成竹的人生态度，从未同任何人讨论交流；既不自以为是，去影响他人，也不随波逐流，为他人独特成就所影响。从接到命令到出发之前只有两三天时间，这时，我和涂明达仍住在教室，我赶着为向我索取的三人刻了图章，涂明达没有索取，我就没有给他刻。回想我替人刻图章的态度，也和我上述人生态度是一致的。你认为我刻得不太坏，要我刻，无论一向关系如何，我决不推辞。你明知我给许多人刻了图章，但不向我提出，例如涂明达、池熙沐、蒲春厚等，知道他们都有图章，我刻字并不高明，也不名贵，就不主动再刻一个送给他们了。不过这次离别高谷场前，我和涂明达也和离开易家梁子时一样，买了一斤挂面做凉面吃。有醋无盐，放很多醋也不够酸，这也算是难得体会到的经验。

很可能是1941年7月1日，以下的时程，我没有专门的记录。有的准确日期是从至今保存的证件、票据和我自制的“手刊图章记录册”(留下印模之下，记有材质和日期等）上查到的。我们背着行李列队走到乌江边，等待学校点名上船。这时，我突然看见宋遗德空手跳上一只在撑篙掉头、向涪陵下水方向开动的大木船。我正在诧异，也不见有人质疑、阻拦，他就这样“临阵脱逃”了，这个怪人，自从1940年初我们土木科搬到山下后，他见到我也不说话，全校迁到高谷场时，我也没有见过他。只是1940年12月14日，他突然从重庆给我来信，没有谈起他的任何情况，只请我把开学日期寄到他指定的地址去。我在12月25日得知学校即将开学，就本着“宁人负我，我不负人”的精神，给他简单的回校通知。后来，我见到他返校，但从未交谈。直到这天我眼看他跳上相反方向的船只，只是诧异，也没声张。我以为他是我们同在级中唯一没有去恩施受军训的人，三年后，我在西南联大遇到机械科的伍齐恺，才知道他是不等列队上船，就去重庆第21兵厂，投奔在机械科当过教员、宜巴沿纤道步行时教我打过双背背包的简卓坚先生去了。

这次先坐船到彭水县城，然后转几次汽车，经四川黔江县进入湖北境内。沿途花了几天，有些什么特殊情况，我一点也不记得，也无记录可查。到恩施后，在哪里集合编队，等了多长时间，我也忘得一干二净。我被分到一个门口有广场的营房，大门进去后有一个天井，右手侧是有方桌、条凳的饭厅；左手侧进二门，往里是分区又连通的宿舍，宿舍是双层床构成的。队伍的排头走进宿舍最里一排床铺，然后相继退居较前的一排。我最矮小，排在最后的队尾，所以我们铺位就在二门进门旁边的里边。前面的人都睡上下铺，我们最后两排床铺因为人数不满，所以上铺都空着，人都睡下铺，这算是对小个子的优待。每个铺板上都铺一张大小适当的苇席，虽然席的颜色已经呈现久经风霜的红铜色，但很完整挺拔，赤身躺下，非常凉爽。这倒是我没有享受过的。我老家夏夜乘凉可以短时间睡竹床，正寝的床上是不准铺凉席的，怕得骨节病。

宿舍后面又有一个狭长的天井，天井后的第三进房子是教官和士兵的办公室、宿舍和公用房。仍然是左手侧有门通到后院，后院就是厕所、盥洗室和厨房。厨房可以从围墙根的通道直达前面的饭厅。整个营房，加上操场，实在是一个很典型很合理的设计。

住进营房，分完铺位，安放妥当后就吃晚饭，八人一桌，自由组合，人满就开。饭后稍事休息就洗澡睡觉。睡觉前我才发现，全营房只有陈宜述是高工的同学，其余都是其他学校混合组编的。我和陈宜述真有缘分，离家三年来，多次流动都巧遇在一起。不过他人高马大，排在队伍的前面，铺位离我很远。他和临近的人，虽然也是初识，但谈得很起劲。我们见面没有多的话说，知道彼此的位置就分手了。我临近的同学，比我更不爱说话，我问他们是哪个分校的，他们淡淡回答就中止了。天还不黑，我也只好早睡觉。连日坐船坐车，风尘仆仆，吃住无常，旅途中不知劳累，一旦尘埃落定，有了固定的安身之窝，身心放松，只穿短裤，很快就睡着了。我一向是无论早睡晚睡，一觉到天亮起床，醒来时，右侧卧的睡姿保持不变。这一夜却似乎醒过很多次，醒后翻个身又睡了。天亮后，睡得很香，起床时糊里糊涂，别人早已起来了，早饭时间都过了。正式开始军训前放假两天，所以起晚了不算犯规，早饭也还可吃。但我起晚了不吃早饭是常事，所以也不吃了。初到一个地方休息两天，可以探亲访友，购物、闲逛，这是非常合情合理的，所以营房里很快走空了。九点多钟，我不找同伴，独自出门，漫无目标，又怕走远了赶不回来吃午饭，于是决定以门前广场为中心，绕着四周的街道走一圈。也就是出营门右转，见到街道向左转，再见交叉路口时再向左转。我想这样，无需问路，总会走回原地的。一路上，没有见到商店密集的地方，更不要说市中心了，我估计走了一个多小时，怎么还不到走过的地方呢？夏天上午的太阳，看不出倾斜的程度。我担心误了午饭，而且独自走在荒凉的“街”上，不如回去休息，就只好找人问路了。鄂西南的口音和巴东彭水是很近似的，但是我说不出广场和营房的名称和特点，几个人都无法回答。最后我找到挑担卖小吃的老人，他告诉我，退回不远，右边一条小巷，走到头就是那个操场。谢谢他，果然见到广场，但广场很大，营房在哪里呢？我又沿着广场边缘走了大半圈才见到我的营房。进门后，饭厅门还关着，宿舍里还没有几个人。我想时间还早，就在营房内部到处走走，仔细看看厕所、盥洗室，厨房到饭厅的相对距离和各走道和房的标记和告示，这才算认识我的新居了。

午饭时，稀稀落落地回来几人，凑满一桌，开饭了，饭后无事，我又穿短裤躺在铺上睡觉。我们本来没有睡午觉的习惯，但因多日旅途缺觉，能睡也就睡着了。和昨夜一样，睡了一阵就迷迷糊糊地醒了。也不睁眼，翻过身又睡。后几次醒来，除翻身之外，还不知不觉地在身上挠痒。挠时感到手指潮湿，翻过身，经头部向前伸出时总闻到一股血腥气。我以为是把自己身上偶尔出现的疹子挠破了，也不在意。最后一次，睡的时间长些，醒时也清醒些，一醒就感到全身瘙痒难熬。我发现我这次是仰面而卧的，于是一跃而起，只见我睡的苇席上，臭虫勾画出一个“大”字的人形。我猛一起，在我身体边缘排队就餐的臭虫也惊呆了，我俯视它们，它们也许还沉醉在一饱扁腹的大宴之中。估计这营房的上一届学员已经抛弃他们多时。说时迟，那时快，我不知哪里来的灵感，双手伸开五指，齐向“大”字抹去，所向披靡，尸血成片。手掌未到之处，臭虫向床边逃窜。臭虫好像坦克群，我的双手正像俯冲的歼击机。我从最远的外围向主战中心抹去。

一场人虫会战，只杀得倾巢出动的臭虫片甲不留。这些臭虫至少是我睡的双层床床缝的居民，我受到一人睡两铺的优待，也担负了它们加倍的供给和袭击。这天夜间和第二天午睡，我睡得安稳多了。第二天午睡，我没有那么缺觉沉睡了，醒来时稍觉身边有些骚动，我装作不知，想诱敌深入，聚而歼之，其实已没有一个臭虫。记得宋遗德在一年级时向大家朗读过许多新诗，别的我都不感兴趣，只记得马凡陀有一首的起句是:“母亲在生前，最恨三种东西：跳蚤、臭虫和大兵。”这次我算是“准大兵”了，却体会到臭虫也是大兵的死敌！

第三天就开始“入队”活动了，第一个节目就是到门口操场集合，重新分班，讲解编制。我们是“学生暑期集训总队，第一大队，第三中队”，下分三个分队，每分队三个小队，小队从第一到第九排名，即各中队没有同名的小队。每小队 15 人，掺入一个老兵（其实很年轻）为小队长，副小队长则在学生中指定，也介绍了分队长和中队长。重新编队整队后，就发给每人装备，包括里外各两套军衣、军帽、皮带、绑腿、斗笠、草鞋、水壶、茶缸、脸盆、挎包、肥皂、牙膏等。其中绑腿是最大的新事物，讲明散队，由小队长看守练习。每次集合，必须衣帽整齐，绑腿不散。当时都是短裤，绑腿贴肉一字形往上绑，要上下粗细均匀，不能露出腿腕细腿肚粗的曲线！下午练了半天，总算不致一跑就散。

还讲了作息时间和操练课、听大课的安排。作息时间中、早五点起床，晚九点熄灯，倒不成问题，问题在于早、午、晚三餐，由到操场整队进饭厅，听口令开吃，到列队走出食堂，总共只有五分钟。我只吃一碗饭，但排砂捡稗很细，咀嚼时间长，头几天很不习惯。起居以军号声为准，这些我不陌生，因为初中以前我家前面就是经常驻军的营房。

第四天是中队操练，当然像新兵一样，从立正、稍息、向右看齐、报数、左右转、向后转、齐步走开始，这对我们这些高中毕业生来说，无需多费时间，也不出多少笑话。长官纠正新兵的动作也不那么粗暴了。在纵队、横队变换、转弯问题上，有人不太注意，或不领会横队转弯、各人半径不同的原因，就闹笑话。第五天是全总队开学典礼，各中队分别到总队操场集合，先听总队参谋长的指挥。各中队先将自己的九个小队排成三列纵队；然后各中队在进入各大队的正确位置时，又变成一列纵队；最后形成三个大队，九个中队的九路纵队的队形。我是一大队三中队三分队九小队的最后排尾的一名小兵，在队列变换的过程中，特别是从队前进时，我们人微言轻的队尾就要跑得气喘呼吁。大概在近两个小时的时间里，才整好全总队排成九路纵队的正式队形。一个中队相当于一个步兵连的队伍，整个总队就相当于一个步兵团的兵力。整队完毕后，总队参谋长宣布开幕式开始，他叫左铎，请总队长彭善讲话，当时既没有扩音器，更想象不到闭路电视。所以我们站在后面的听不清主席台上人们的声音，更听不清他们讲了些什么。在后来多次总队集合的过程中，我才知道，彭善是个瘦高老头，听说当过军长，有大将风度。后来有一次我听他讲道：抗战初期时，他见到的日军俘虏都是威武雄壮的中年人，过两年就是些老弱病残的人渣。最近他去前线考查，抓到日军俘虏，就是些十六七岁的娃娃兵了！这是我记得彭善的唯一讲话，至于左铎，只有穿着马裤、马靴，趾高气扬少壮派模样的印象。以后的日程，多半都是听大课，而且今天这儿，明天那儿，今天一个大队在一起，明天可能只有几个中队。反正我跟在后面走，到演讲人讲了题目我才知道大概要讲什么。人多声音小，不注意听是听不出内容的。一般的大课都安排在上午，下午从一点到三点午睡，躲过高温时间，下午以后就不能安排重要节目了。一月之内，至少有 20 次大课，可我至今还有印象的却是很少的。有一次讲到战争胶着状态，敌我双方靠防御工事对峙时，就靠单兵或两人一组的狙击手消灭敌人。有时要趁敌不备，有时要麻痹敌人，有时要打一枪换个地方，有时又要绕道直插敌人的心脏区域。有时以杀伤敌人的人员为主，有时以烧毁敌人的军火粮食为主。这一堂讲斗智、斗勇的战术课，让我听得津津有味。还有一次是讲侦察技术的，一般我都听说过，但是训练猎犬和火力侦察，使我很感兴趣，可惜他讲得不细，图片又看不清，没有给我留下很深的印象。有一次的讲座，却给我留下意想不到的印象，那是一位穿西服的中青，讲了一堂无线电通讯技术课，那时只听说有了无线电报和无线电收音机，但由于设备保密，很难普及。那时他在短短三个小时内，不但讲了无线电发射、接收和转播台站的问题，还讲了军事用途和军用台站的拖运设备。那时还讲了几个尖端的研究课题，如无线电交叉定位，高射炮对敌机的自动锁定、跟踪等等。最后讲的是至今仍很关键的方便移动电源问题。那时他就说了有银锌电池、水银电池、光电和生物发电的前景。他说电鱼、电鳗肌肉伸缩发出量很大，可以加以利用。已知人的心脏和大脑都能发电，如果将来有了一种收集脑电的帽子，你们大家戴上，这扩音器就不用外加电源了，这一点至今没有实现。

我们也听过陈诚的几次讲话。他讲话都是在省政府大礼堂讲的。省政府大院内外如何，我都不记得了，只记得礼堂是除讲台外的长方形大厅。厅内没有桌椅，我们全总队九个中队正好以九个纵队的形式，紧紧密密地站在里面。陈诚个子不高，他从后台出现时，我在后面很难看清他的面孔。他每次都穿军便服，留着分头。讲话时，虽然有扩音器，但他的浙江口音，那时我听懂的很少。有一次他讲湖北省和六战区（他是战区司令长官兼省主席）的战争形势和与临近战区的关系，别的我都没听懂，只记得他说湖南第五战区的司令薛岳与他配合不好，很伤脑筋。另一次开会的主题是湖北省试行民主政治、无记名投票选举省府委员的演习活动。首先是陈诚讲话，他先讲了“唯楚有才”“三户亡秦”等鼓舞人心的故事。这些成语我是听懂了的，后来他突然提出一个问题，没人回答，他连问多次，我才听出他是问湖北当今闻名世界的科学家是谁？我是很注意科学家的，但没听说闻名当代的科学家是谁，我也有些脸红。但他问了很久，前面高个子同学都沉默不语，连试猜也不敢猜。是啊，闻名世界的科学家，本省的高中生都不知道，已经很无知了，如果瞎猜，猜错了更是笑话！最后还是陈诚自己揭穿谜底，说是地质学家李四光。李四光，地质学家，他说了几遍。我的确不知道。我们是高级工业学校，不学天文、地质、生物、气象等自然科学。普通高中大概也只讲些传统课本。至于当代科学家，特别是在外国出名的地质学家，也难怪大家不知道。后来我进西南联大，认识一些地质系的教授、助教，其中之一就是解放后第一个女院士池际尚（安陆同乡），他丈夫李朴就是解放后地质部长李四光的研究生和秘书，但是他们在昆明时也很少对我提到李四光。大概李四光在英国研究地质力学出名，当时国内地质界只看作基本理论课程，而不多对外提起。所以1941 年的中学生不知道李四光，也是情有可原的。

军训的最后一个节目，也是一个突如其来附加节目，就是集体加入“三青团”。军训开一个月后，规定课程已经学完了。一天早起，突然全总队到省府礼堂集合。大会主持人临时宣布大家集体参加三青团。说着就从前面向后传递，每人一张铅印好的“入团申请书”，然后散队半小时，供大家考虑“自愿”填写申请表。散队之后，大家纷纷到礼堂附近找地方填表，礼堂附近空地很小，只有礼堂窗台可以铺纸写字。所以室外比室内更乱、更挤。我便回到室内，把表铺在墙上填写。要填的只是姓名、性别、籍贯、年龄、学历等等，很快就填完了。半小时后重新整队，把申请表从后向前传递到台上。台上清点后，宣布全体到会同学都自愿入团。分团部决定一面报总团部审批，一面先宣誓，发“临时团证”。不一会儿，一张张粉红色对折的卡片，又从前向后传到各人的手里。“临时团证”不仅已经填好了姓名、年龄等，而且还贴了相片，盖了钢印。相片是抵达恩施后，特为军训报到照的。因为这是离家三年后第一次照相，所以与此同时我借照相师傅的长袍照了一张全身像。翘首侧身，作遐想状，以此寄给祖父和母亲，显示我已成翩翩少年，身心俱佳，安慰家乡老人，起了书信、言语难以表达的作用。我还在背面题了一首小词，调寄“遐方怨”，“凭栏处，影空随，恨透南来双燕飞，几时流水载东归。寒梅初吐也，雨风催。”词意不完全符合心情，但又有离愁别苦之意，是为了混淆敌人检查的耳目。当时，我收到的每封“家书”上都有日本驻军的检查印章。沦陷后的安陆县，除“维持会”伪政权外，日军驻防的只有一个“宣抚班”，“班长”就是当地的“太上皇”。出城不远的郊区，则有国民党和共产党分别领导的游击队伍和地下政府。

“入团”后的第二天，又在总队大操场上整集合举行军训结业典礼，总队长彭善和第六战区副司令长官黄琪翔训话。讲话内容，无非是军训结束，大家在原地住宿，等候分配工作。等候期间，脱下交回了军装，可以自由活动。不巧又凑巧的是，接着就连日发出敌机空袭警报，我们就在驻地附近的防空洞躲避。防空洞入口是在一个小山的山边，进去不远就拐弯，往里越走越黑，大家就在拐弯不远处静坐等待。这时已是阳历八月上旬，洞外很热，洞内很凉。我感冒发烧了，缺少衣服，越来越重。陈宜述结识了本中队的第二分队长萧道良，也是安陆同乡。萧从队里拿来一件旧棉军上衣给我御寒。从此我的感冒好了，又从受凉变为上火，偶尔鼻孔流血。几天之内，跑警报早出晚归，也不是完全白跑。敌机不定时地来一两架，在上空兜游几圈，还真的扔了三次炸弹。两次炸点离我们很远，最后一次却离得很近。我在防空洞里，机声过后，只听到金属滚筒从高坡滚下的声音“当啷当啷”，然后一声轰响，一股风沙从洞口吹进。半天后，解除警报出来，洞口并没有挨炸的迹象。后来听说弹着点在小山那边，弹坑不大，吓唬吓唬而已！这是抗战八年之中，日寇飞机、炸弹离我最近的一次。有惊无险，从此而止，像是学习、试验似的。

陈宜述从萧道良处得知，恩施城区有个安陆同乡会。为首的胡兆和、卓法型等，都是省党部、团部的工作人员，年龄比陈宜述大不了多少，有的还是安陆初中的先后同学。陈、萧和同乡会取得联系后，轰炸之后，我们分配工作之前，同乡会请所有受训的同乡聚餐一次。一天太阳快下山时，大家分别走到郊区路旁的一家饭馆，饭馆主人也是安陆同乡。我不善辞令，又不喝酒，所以席间没有认识新朋友，只和一个多月不见的老同学开怀畅叙。当时，大多数分到四周各县工作的已经确定，没有接到通知的倒可能留在恩施。我没有接到通知，就此和他们告别。安陆人有劝酒的习惯，而且饮酒必“划拳”，呼幺喝六声不绝于耳。我在高工时，也学“划拳”，“划拳”好学，但喝酒不易学会，所以不能“实战”。不过爱划拳的划拳，爱聊天的聊天，各得其所，各取所需。直到半夜十二点大家才尽欢而散。此时灯火阑珊，夜凉如水，赶路进城，蹦蹦跳跳。我终于乐极生悲，鼻孔流血，不愿停下安静，拖累别人，边流边走，以致血流不止。进城之后，医院很远，只好敲开私人诊所，大夫用窄纱布条蘸药液塞满两个鼻孔，立即止住，并嘱休息 24 小时后，才准取出。从此十年间，环境多变，但从未再流鼻血。直到 1951 年冬，左鼻孔阻塞，发现鼻中隔软骨增生肥大，门诊手术凿去一块，不知是否与那次用药强制止血有关。

十八、分配工作

同乡会开完后两天，我们就接到分配工作的通知了。我和陈宜述都分配到巴（东）咸（丰）公路养路段恩施总段工作。去到之后才知道，总段是纯粹管理机构，下辖巴东到咸丰等地的养路分段，分段下辖若干“道班”的养路工人。总段位于距恩施城 6 公里的郊区，办公室和厨房连着附属房屋，离巴咸公路还隔着几块稻田。办公室的三分之一，用柜台隔成会计室和段长室。段长是杨清琅工程师，穿西服、戴眼镜的中年人。人很和气，但对新分来的十个高工学生非常冷淡。其原因我们当天就看出来了：原有技术人员的办公桌占了办公室的三分之二。他们都有另外的宿舍，我们十人来后没有宿舍，只能把原有的办公桌挤到一边，中间排十个新买的单人床，供我们睡觉，吃饭问题由厨房解决。政府发给我们每人实习期间的生活津贴，刚够他们职员的伙食费。我们除吃饭，至少要买肥皂、牙膏和卫生纸等消耗必需品，这笔钱暂时由我们各人每月向会计写借条借支使用。总段的管理业务很少，增加我们十人根本是不必需的。况且我们十人中，五人是我班土木科的，计有林保全、刘国栋、陈克环、周行法和我。另外五人却是陈宜述的机械科同班，除他以外还有戴廷义、张保全、陈智道和余福先。陈宜述和戴廷义是高工篮球队的正副队长，他们五人的功课也是班上比较优秀的。把他们分到养路段来，的确是挑了拔尖的。对养路段来说，我们学土木的都是超需要的替补人员；他们学机械的更不知什么时候才能发挥养路机械化的作用了。这就说明我们十人最后分配，和总段长杨清琅勉强收容我们的原因。

我们去后的头一个月，杨工程师和其他老技术人员，并不天天按时上班，有时上班一会儿又走了。我们闲着无事，也就无话可说。约大半月后，杨清琅突然召集我们，在一个比较年轻的老技术人员张荃的带领下，测绘从我们养路总段办公室门口沿现有步行大路和村镇直达恩施市区的约 6 公里长的“公路”设计方案。具体选线、实测和测量工具、时间等问题，则由老技术员和我们十个实习生自己商定，杨工程师就不管了。我们土木科五人是学过道路工程的，但笔记本扔了，谁还记得那么准确。幸好我的杂记本上，记录了“普通道路测量分组分工”一段，分为选线、中线、地形、水平、横断面等组，各组工作要点也有记录，我们就这样开始工作。机械科的同学对测量一无所知；当初有山上山下之隔，他们对测量作业和设备见所未见。只好委曲他们，先当扛仪器、掌标杆、拉皮尺的测工。他们有此工作也很高兴。六公里的路线，半个多月就做完了野外作业，一个多月就画出了全套图纸和说明。全部完工以后，算是我们的实习成绩，杨清琅当然满意。但是此路是否施工，杨工程师是无法决定的。我们有实习一年的期限，所以我们又回到了待业状态。

在最后绘图和缮写报告时，林保全出力最多。他一向是比较仔细、工整的。刚到宋家梁子时，他带着并常常欣赏几大本“集邮册”。1993 年成立“高工联谊会”时，他是理事，并负责我班的联络工作。我每次去武汉开会，他都留我在他家吃住，而且积极关心到会的、和尚未取得联系的同班同学。不料四五年后，他去深圳儿女家小住，突然与我及武汉同学断了联系。后夏学诗、高进仁说，他不幸突然去世了。

待到 1941 年 10 月初旬，秋意已浓，我已十九岁生日了。安分守己、顺应时势的我，对现状和前途仍然无动于衷。一天，陈宜述（又是陈宜述）对我说，他们学机械的，等一年实习、三年服务完毕也不会有什么前途，所以他和戴廷义、张保全三人准备不告而别，去重庆投亲靠友，问我是否打算同去？我说我总的打算是不想在土木界搞一辈子，而是想考大学，学机械，另谋生路。在湖北服务三年，即使拿到高工毕业证书，功课都忘光了，考大学时还要重新温习。如果放弃毕业证书，早些离开湖北，去重庆只要能混口饭吃，用同等学历，三年也不愁不能考上理想的大学。但是我现在身无分文，哪来去重庆的路费？去重庆后，只有一个远房族兄，他是上校审核科长，他是否能让我落脚几天还是未知之数。所以我想和你们同去，也不行呀！陈宜述听我说后，他说他可以向恩施同乡会联系，借给100元路费。什么时候还钱，那以后再说。我们仍走来时原路，出湖北，过高谷场，坐船去涪陵、重庆。湖北境内沿公路线的汽车站，都有机械科的同学，他们拦住商车，免费带我们前进一程，根本不花路费。进四川后一趟木船到涪陵，一趟轮船到重庆，100元路费足够了。我说，如果你能替我借100元，我就决定和你们同行。他说这话，估计是早已和同乡商量好了的，所以不两天后，他就带我同去同乡会，一则见见面，二则我亲自打借条，当场拿钱，100元就顺利地到手了。以后几天，我们四人要去重庆是公开的秘密，只是不向杨清琅正式请假或辞职，而是乘他不在办公室时离开养路段，让他假装不知，以免他上下为难。这个行动计划，其他同学和老职工都很赞成。而且会计科长冯霖川替我们每人办了一张假的助理工程员派令，如“兹派刘性善为本段助理工程员，此令”，还为每人办了一张请长假、照准，并结算薪饷的报告和批准证件，以备日后检查。这两个伪造文件都写的1941年12月的日期，其实我们大概是11月6日以后离开的。

在准备离开的前几天里，我才正式和机械科其他四位同学接近和交谈。戴廷义、张保全即将和我们同行，我发现在校时鼎鼎有名的篮球副队长戴廷义，过去只是点头之交，现在却对我说:“陈宜述负责对外联系，我来保护你一路安全。”而且说到做到，他真的一路对我呵护有加，使我十分感动。张保全，过去我似乎没有见过，现在认识，他的性格就是对人不冷不热，一路比较含蓄、沉静。行前不久，陈宜述要我替萧道良刻个“赛璐路”的图章以示感谢。陈自己也拿来一块赭色石料，要我给他刻个正式图章。所以在这临别的前几天里，我又为陈智道刻了个“赛璐路”图章，接着还为老职工冯霖川、张荃各刻了一个石章，又为我班留下的刘国栋、陈克环、周行法各刻了一个牛角图章。林保全不要我刻，我也就不向他毛遂自荐了。

此后一天早晨，杨清琅来上班，不一会儿就进城去了。我们避开他远去的背影，也离开了恩施养路总段。这篇《“高工”三年风雨录》，到此可告结束。

作者简介： 刘性善（笔名岳风），湖北安陆人，1941年毕业于湖北联中高工，1944 年考入西南联大电机系学习两年，1946～1948 年回到北京清华大学电机系学习两年后毕业。毕业后在北京冀北电力总公司工作。解放后，先后在重工业部计划司，第一机械工业部技术司、情报研究所，中国机械科技情报中心深圳分部工作。

亲历抗战时期高工的两次大搬迁

陈希良

一、跨入高工

我于抗战前夕1937年2月考入湖北省安陆初中（原称省十中），同年“七七事变”，我正就读于安初一年级，经过一年抗日烽火的洗练，个人的爱国热情和抗战激情均被激发。1938年暑期正在考虑当时青年人的去向时（不做亡国奴，更痛恨汉奸日寇），湖北省成立中等以上联合中学，我也赴汉登记，被分配在鄂西巴东初中分校（巴东火峰镇），在此就读一年半即告毕业。当时的升学制度是填报志愿，分配入学，我即报投湖北联中高工分校（巴东东瀼口——巴东县城对面，长江北岸）。当时想法很简单，由于家境贫寒，抗战期间家破人亡，渺无音讯，想学点专业技术好早点就业，不久分配下来了，我被分在高工。同时去的有杜宏基、沈明智、喻耕、张振汉、杨运枢等同学（现均已作古），背起行李结伴步行到校报到（当时的高工还得从东瀼口沿着一条溪河向里走约五公里），报到后被分在土木工程科，就这样就成了历史悠久、远近闻名、向往仰慕的高工的一名学生。

二、紧张而又满怀激情的学习生活

1940年春我跨进高工，校舍只是简陋的平房，都建在那条溪河的右岸边上。教室是一色的土墙瓦顶（或草顶），宿舍就更简陋了。实习工厂建在岸下边的一座较大的平房里。其中陈列着加工设备、钳工工作台等，还有一部柴油发动机，原考虑是为了带动机械设备运转的动力，但由于缺油及损坏从来也没有发动过，所以设备也是锈迹斑斑。土木科实习的测量仪器多半是德国进口的，如经纬仪、水平仪、平板仪等都保存的比较完好。

我们除了上数学、语文、英语、物理、化学、史地等普通课程外，还开设了《平面测量学》《应用力学》《投影几何》（后称画法几何）和《制图》等专业基础课。师资力量比较强，大部分是武汉大学毕业的（当时同学称为南派），有两个老师是清华北大毕业的（同学称为北派），教《平面测量》的是邓锐辅老师。他教书认真仔细，抓得很紧，边教授理论也指导实习。溪河两岸的地形、道路高低都叫我们测量到了。白天课程排得满满的，晚上点着桐油灯坐在床上做练习看书。老师和同学都是很积极地在教和学。

生活过得很艰苦。开始还有每日三顿发了霉的大米饭，每餐有青菜之类的副食，后来由于粮食不够，便改为每日两稀一干（即早晚为稀粥，中午为干饭），再后来只有每日一稀一干了。穿的多半还是初中或高中时发的土布灰色制服，破了自己缝补，最困难的是鞋穿烂了没法补，我们只得自己学会编草鞋。星期日或节假日无处可去，就结伴爬山。

就在这样艰苦生活条件和恶劣的环境下，大家学习还是努力的。主要是心中装着抗战，目标是打倒日寇，争取抗战的最后胜利。

巴东距抗日前线不远，日寇占领宜昌后，碍于长江天险，及大山的阻隔，他们无法前进，但经常来后方骚扰轰炸。有一天敌人为了封锁长江航运，大肆轰炸巴东县城，一个依山而建的县城顿时成了瓦砾场，人肉横飞，连电线杆上挂的都有人肉、人皮。因为学校与巴东县城只有一江之隔，所以此次轰炸对学校震动很大。平时学校也没有警报器，警报一拉响，大家都向溪河两岸的山沟赶。战争提醒我们不管多么艰苦，必须学好知识和本领，以便为保卫祖国、建设祖国出力。这一年多的学习生活是在战火纷飞中进行的。在高工三年学习中学习内容较多，学习知识较扎实的还是这一年多。

三、抗战时期高工四次大搬迁

高工在抗战时期是颠沛流离，苦难深重的，由于日寇的步步紧逼，学校曾经有过四次大的搬迁：

第一次　1937～1938年间从湖北汉阳迁往湖北宜都县；

第二次　1938～1941年间迁往巴东县东瀼口；

第三次　1941年迁往四川彭水高谷场；

第四次　1941年底迁往湖北宣恩小关。

最后一次是抗战胜利后小关迁回汉阳针钉厂，要算上这一次就是第五次大搬迁了。我只经历了第三、第四两次大搬迁。

四、第三次大搬迁

第三次大搬迁是从巴东往四川彭水高谷场。1940年暑期，日寇进攻骚扰日渐激烈，以国民党为主力，战争节节失利。日寇有从宜昌溯江而上之势，巴东危在旦夕，为此高工不得不另谋搬迁。当时听说有人建议如来不及迁走，拟将各种实习设备沉于江底，但还是主张西迁的意见占了上风。西迁至何处？当时鄂西、川东同属第六战区，由当时湖北省省长兼第六战区司令长官的陈诚管辖，因而决定迁往四川彭水高谷场镇。迁移的路线分为两段，即从巴东到涪陵的400里水路为第一段，从涪陵到高谷场又约400里为第二段，此段乌江滩多水急，不能航行轮船，只通木航和沿江步行小路。所以校产及人先乘轮船走第一段，到了涪陵后校产乘木船运行，人走旱路步行。全校千余人的队伍自由组合分成小组，由高年级同学及带队老师打前站，浩浩荡荡匍匐前进，我们每人背负十余斤的行李、书籍沿着江边蜿蜒曲折的小道踯躅行进。晚上歇下来了由小组统一上街买些粮食，柴火借房东的厨具自作。早上起来再将头天剩下的饭煮一下吃了上路。中午为赶路只好找个小饭馆每人吃几个“帽儿头”(扣盛的碗饭）充饥。每天步行七八十里到一百里路，赶上一个集镇就停下来休息，住处是打前站的老师和同学借用划定的民房，或公用的庙宇、祠堂。四川城镇都有个特点：每个城镇都有一座塔，远远望见塔影即是快到城镇了。走了六七天我们都累垮了，谁都不愿多说一句话。有的同学在路途患上疟疾、感冒、痢疾也得拖着往前走，只是他所背负的东西大家为他分担点，真是拿生命在为搬迁拼搏，就这样我们终于到了高谷场。

五、高谷场的岁月

高谷场濒临乌江，三面环山。通往外地及县城的唯一要道就是乌江。乌江急流险滩遍布，唯一能通行的木船，其特点是船尾是歪的，可能是为了适应水情，一不小心就有船毁人亡之忧。

镇上一条街约有几十户人家。但寺庙较多，最大的为万天宫（校部所在地)。其他还有些较小的庙。镇南有一座小山，山上建有一座庙宇。有十数间房舍，被高工征用作了教室。宿舍分布在老百姓家中或院落。我们小组就住在镇西头（紧靠乌江边）的一个姓冉的人家。此家除种田外还以酿酒为业，每天一作，生意还算兴隆。在这里住了好几个月学校才将一些寺庙或民房改建成了宿舍，我们才住进了宿舍。拖了很长时间才开课，实习设备、仪器都未开箱。

这时学校的师资力量大减，有不少老师趁搬迁之机自行去重庆另谋职业了，上课是断断续续。

学生的生活越来越差了。主食是玉米面饭，但因粮食供应不上，每顿只能限量分配，为了避免“不怕贫，只怕不均”，便实行每八人分一盆饭，用秤称，当时朱校长怕引起矛盾还亲自下厨监督分饭。副食就是米汤煮萝卜缨子（有盐无油)，每八十人分半盆子每组再由一人平均分给每个人，吃完了就算完了，不管饱还是不饱。

来高谷场后同学中生病、死亡的人在不断增加，死亡者中有因病无人照看而从庙里戏台上掉下来摔死的，有患狂犬病无医药治疗死亡的。有患肺结核等症无医无药而死亡的。当时的事务主任朱光祖，其患精神病的妻子与其两个儿子被土匪绑票后杀害了，所以许多同学情绪低沉。

彭水县属川东地区，而川、鄂、豫边界是革命根据地之一，革命运动很活跃，高谷场自从有了高工，就成了川东一个知识分子集中的地方。此时革命力量与反革命力量的斗争异常激烈。革命运动很快在同学中活跃起来。我们班有个叫张念亲的同学是个革命的积极活动者，他就组织班上的同学参加读书会，让大家学习鲁迅的《阿 Q 正传》《祥林嫂》等著作。还有不少同学以学生会的名义进行了大量的革命文艺活动，宣传抗日意识，进行阶级教育，如演出话剧《雷雨》《日出》等，在同学中掀起了进步与革命的浪潮。反革命势力也进行残酷镇压，以军事教官周士杰为首的反动分子对进步同学进行了盯梢、镇压，于是有些同学或明或暗地就被关押并送往湖北恩施“反省院”受到了制裁。

另外高谷场周围山上都藏有土匪。有一天传闻土匪要下山到高谷场进行抢劫。年轻的同学们不知所措，教师也拿不定主意，地方政府也无能维护治安，只好在晚上学校带领同学们沿乌江向彭水方向逃亡，在月光照耀下前行。天黑了，小山路崎岖不平，高一脚低一脚的，大家都很害怕，一直走了半夜也未见土匪下山，于是学校又将大家带回来了。

高谷场的岁月是艰难的，它磨炼了我们的身心。斗争也是激烈的，它给我们以启迪与教育，为我们以后所走的道路有不可磨灭的作用。

六、第四次大搬迁

高工是湖北的学校，可是它却驻在四川省所辖的一个贫瘠山镇。在师资及后勤供应上有很多困难与不便。教室、宿舍、实习工厂都得投资建设，而湖北省又不肯在外省投资建设，所以湖北省教育部门决定把高工迁回本省。

在高谷场期间，老校长朱树馨因年老告退，由教务主任胡玉瑞接任校长，所以第四次搬迁就由胡校长主持。

大约是 1942 年初开始搬迁。所有的物资用木船运到彭水，再用汽车经由潜江、咸丰至宣恩小关。不幸的是所有实习设备、仪器装箱运至四川黔江停留在车站时，不慎被大火全部烧成灰烬。这些从武汉护运出来的宝贝就这样付之一炬。全校师生无不惋惜。新校长胡玉瑞因此被撤职。由上面派下来的张孔容接任校长，徐善同任教务主任。教职员工学生均从高谷场步行（或乘木船）到彭水再转乘汽车至小关。第四次大搬迁使学校大伤元气，到了小关只剩下赤手空拳。

七、小关盘桓

小关镇论办学条件还不如四川的一些镇，连个庙宇都没有，只在镇的周围有一些村庄分布在平坝上。土木科就驻扎在水井塆，机械科和化工科设在另一村，这时又增设了一个新的专业——纺织科，只能借用民房暂作停留。

张孔容校长有些魄力和办法，经他的努力，以水井塆为基地修建了一些木板墙瓦顶的平房作为教室、宿舍。后来在巴咸公路边修建了一座大礼堂，可以容纳全校师生集中开会，校部设在水井塆。

学校迁回湖北小关后有了一些起色，各班级正常上课。邓锐辅老师教我们班的《混凝土结构学》，他总是那样认真仔细。回湖北后后勤供应有所改善，学生伙食也略有好转。不得不承认校长张孔容是有贡献的（不论他的政治背景和思想体系）。

来小关后的一年我们上三年级（毕业班）。我认为在高工三年的学习生活是两头（巴东、小关）较好，中间在四川高谷场耽误较多。

八、走出校门

1943 年我们班毕业了。由于新生入校要调整宿舍，就将我们这些等待离校的人全部安排在礼堂住，当时湖北省教育部门规定高工毕业生必须实习半年以上才能分配工作。不久我们班被分配在交通、水利部门实习。我被分在省交通管理处实习。

当时湖北省交通事业少得可怜，只有一条公路（巴咸公路）、一条水路（长江）和几条电话街路。

我们离开学校背着自己的行李物品步行到恩施接受实习。中间在一个村办小学借宿一夜，那个学校的领导人想要留我们在该校教书，未敢从命，还是继续走入茫茫人海和迷茫的征程。

回忆在高工的三年是东瀼口、高谷场和小关的人民在抗日战争赋税和贪官污吏压榨的双重负担下还养育了我们，激励了我们；为我们后来所走的道路奠定了坚实的基础。在六十多年以后的今天，我们已是耄耋之年的时候，容我说一声迟到的由衷的话："深深地感谢了！"

作者简介：陈希良，1921 年 2 月出生，湖北安陆人，1942 年湖北高工土木科毕业。

母校的生活纪实

董德法

一、我的记忆

母校数次迁移，皆因日寇骚扰，开始由汉阳迁至巴东，1937 年湖北大部分地区沦陷，不得已又迁到四川彭水高谷场，因时局变化又迁到宣恩大岩坝，当由高谷场迁大岩坝中学时，实习仪器运到涪江一旅社中，不幸被烧毁。当时的校长胡玉瑞可能因此被革职，由张孔容继任校长，我 1945 年毕业时是徐善同任校长。

二、我的流亡生活

1937 年湖北大部分地区沦为日寇占领，在这悲惨的时候，我逃离了家乡，成了一个流亡学生。得益于一位老师的帮助，我又走上了求学道路，步行去宜昌战区流亡学生收容站登记被分配到湖北联中咸丰初中，1939 年毕业，当时一心向往学习工业，可以学到知识技能、造枪炮，待国家需要时可以奉献一点力量，对抗日寇，我的决心实现了，按志愿分到高工，即我的母校。

三、母校哺育我成长

在校三年，不但学到了机械知识，也锻炼了我的人生。在校吃住靠政府，当时吃的是高粱，穿的是粗棉布，其他一切均自理，学生都无经济来源，衣服脏了自己洗，袜子破了自己缝，早晚自习用的是油灯，每天早操随之就是升旗，生活很紧张。每次升旗必有校长或老师训话，教育学生守法保家卫国等，校规严，不然会受到处分。发现学生抽烟，将被停止伙食，有时极苦闷时，几个同学就唱流亡歌：“我的家在东北松花江上那里有森林煤矿，还有那满山遍野的大豆高粱，还有那养育我的爹娘……”唱完后都是泪流满面、悲伤万分，母校培养了过艰苦生活的好习惯。

四、再入空军通信学校

三年毕业，学到了无线电专业技术，分配到南京空军通信部队，又安排学习超短波定向，半年后被分配到首都机场指挥塔台工作，成了一名空军通讯军官。

五、初入社会所见所闻

经历了八年抗战的奴役生活，好不容易盼来了抗日战争的胜利，人们渴望和平生活，又被蒋家王朝的内战炮声击得支离破碎，八年抗战换来的是接收大员巧取豪夺，发国难财，当官的很潇洒地玩乐打麻将，要我们出力打内战，这些不公平的事实教育了我，认为离校后一心为国家出力，把日寇破坏的江山恢复建设好，当时内心很激动，甚感不安。

六、心中不安时遇到党的地下工作者

住在同一栋楼的电台台长，主动靠近我，他是先期通校同学，告诉我一些消息，要求我与他们一起干，以后见机行事。在他的帮助下，我们为早日解放南京做了一些有益的工作，隐藏了大部分通信设备及器材，在他的领导下，电台、指挥塔台所有人员都在配合工作，准备阵地起义，终于在 1949 年 4 月 22 日起义并成功，受到了当时有关领导的奖励。随后我参加了中国人民解放军空军部队，我们所截留的通信设备很快装备了 3 个机场，徐州、芜湖及蚌埠很快恢复了工作。

七、工 作 调 动

1950 年与苏联空军师在徐州共同准备解放台湾的工作，不料朝鲜战争爆发，随之转入抗美援朝，入朝三年，分在中国志愿军、中朝联合空军前线指挥所工作，当时战争紧张，做到分秒必争。有一部我们的电台被敌人定向发现，进行了一昼夜的轰炸，那次我们的机务主任牺牲了，被弹片击破肚皮，当时医疗很困难，无可奈何眼看着他离去。他是广州人，是母校先期同学，我们将他埋在朝鲜一个山坡的树林中，他就永远在那土坡上住下了。在紧张中我们也有活动，朝鲜人民军一方、被打下的美国飞行员一方、我们电台一方组织篮球赛，大部分是我们胜利。见到美飞行员，让他们交代实话，就给好的吃，不讲实话就给粗粮吃，他们最怕死。在朝期间，经常出差，我们驻地在平壤东面，有时出差到开城的板门店，经常遇到敌机轰炸扫射，我是死里逃生。1953 年谈判结束了战争。1954 年，我又回到祖国，本应回南方，但沈空要我留在东北空军工作。我在抗美援朝期间立二等功一次、三等功两次，1970 年转业到沈阳无线电一厂工作，任无线电工程师。1972 年被评为双优党员，1980 年离休，1993 年因一次车祸加患脑血管病，就成了一个半身不遂的残疾人。我一生学习时间占了大半，记得 1964 年带薪在北京航空工程学院学习无线电雷达专业，因“文革”被迫停止了，未毕业。在我的一生中，母校的培养主要是人生的指引，我最痛恨的是日寇和美帝！到今天我国强大了，他们还在不断生事，我们不能忘记世界上的敌人是日寇和美帝，如不是美帝，台湾早就解放了。

作者简介：董德法，湖北长阳人，1944 年联中高工机械科毕业。

重访大岩坝的感受

吴立声

告别大岩坝　历时五七年
专程访故地　触目谙山川
校舍无踪影　礼堂成竹园
沧桑多变革　旧貌换新颜

这是我此行访问大岩坝感受的概括。由这些感受引发我许多回忆，试图将回忆到的往事写点简单的回忆录。

一、此次访问大岩坝的见闻与感受

2003 年 12 月 26 日，我与老友徐万寿、魏长繇等专程来到小关大岩坝，这是高工在抗战时期最后选定的校址所在地，我等是在这里考入高工的。在此度过不平凡的岁月，对这块土地上的人和物，有极深厚的感情！

抗战胜利后，学校奉命迁回汉阳，我等于 1946 年暑期随校动迁到武汉，迄今已 57 年多，当年我等是风华正茂的青年学生，而今皆为年近八旬的老翁。回顾半个多世纪以来的沧桑巨变，想想昔日在大岩坝的苦读情怀，重游故地，感慨万千！上午 10 时许到达大岩坝，见到非常熟悉的群山村落，听到大岩坝人交谈的乡音，颇有“少小离家老大回”的感觉！

停车在公路岔道口，认定是当年校门入口，但又未见到原有大礼堂、篮球场及实习工厂等设施。正在思疑中，有两位中年农民凑上来询问我等:“是否昔日曾在这里读过高工学堂?”答曰:“是”，就热情交谈起来。他们主动带领我们观看原校址，走了一大圈。据介绍说：校舍房子很早就拆光了，多改为农田菜地，也种了些树木和少量竹子。

见不到校舍房子，开始时我们有些失落感。经过边看边回忆，觉得房子虽不存在，而地貌变化并不很大：还能很清楚地区别学生宿舍、教室、操场、伙房、实习工厂、篮球场、礼堂及校本部办公等用房的所在地，高工校舍平面布置仍历历在目。通过参观回忆引发了此行乐趣，遂邀请两位农民与我等在原教室操场所在的耕地上合影留念。

校舍变耕田，也合乎情理。当年建校也占用了农田，学校迁走后，拆屋还耕也应该。再者那是战时建的房子，就地取材建的木架板房，属大型临时建筑，也不可能长期保存下来。想到这里，再无失落感。

但有新的发现：过去大岩坝村民住房条件极差，多是破旧的低矮木制板房，或土筑石垒，矮墙上盖树皮屋面的小屋。这种简陋房子，现在看不到了。现在是砖瓦房多，民宅换了新容。最大的变化是交通道路，特别是公路。施渝公路经过大岩坝，这条山区公路，过去弯道多，坡度陡，泥结碎石路面易损坏，影响行车速度及安全。从大岩坝往恩施方向，在距高工不远处，有段上坡道转向山坳，坡陡弯急，加之当年汽车烧木炭，常爬不上这段坡。乘车者曾写有这样诗句："一去二三里，抛锚四五回，下车六七次，八九十人推"。现在大不相同了，公路标准大大提高：弯道减少了，坡度平缓了，路面扩宽了，碎石路面少见了；这条施渝公路已改为柏油马路，大岩坝在此道边，受益很大。村民行走的便道也有很多改善。

中午离开大岩坝，驱车到小关镇，途经"将军崖"（又称和尚崖），停车5分钟拍照留念。这是一座无路达顶的陡壁孤山，远近闻名。我等曾在此处做过测量实习，故过此留影。

很快到了小关。过去这里只有一条街加车站，还有省立第一女子师范学校设在小关。旧街尚存在，只是向原车站方向扩建了很多楼房及新街面，车站也扩大很多，可以说小关镇有很大改观。新旧街我们都走遍了，觉得市面贸易不算繁盛，也许小关还延续集市贸易习惯，这天可能不是集市之日。

在小关停留不到两小时，即返程复经大岩坝直驶恩施。武汉到大岩坝，按现时公路条件计算车程约需15个小时左右，专车赶路1日可达，分两天行驶则比较从容。我等此行，特顺道在宜昌、恩施、秭归安排住宿，借以游览名胜，颇感欣慰，往返历时五天。

二、大岩坝归来对往事的回忆录

回到武汉后，心里很不平静，老是回忆在战争年代为投考高工而长途跋涉的经过，回想在大岩坝的一些生活学习细节，于是想写篇回忆录，想到什么就写什么，不是立意做文章。下面就是我的回忆纪实。

1. 我向往高工从鄂东绕道步行到鄂西

那是抗日战争兵荒马乱的年代。在宜昌以下的长江沿岸城镇全被日军占驻，平原地带也多失守沦陷；我的家乡也属半沦陷游击战区，饱受日寇扫荡袭击，逃难生涯痛苦，生命朝不保夕。我在动乱中读完初中毕业，初中时有位教数学的查老师是抗战前汉阳高工土木科的毕业生，在他的影响下，我很想在初中毕业后投考高工。但日寇横行作乱，交通阻塞，要去大后方鄂西投考高工，何其难也！经过打听，知道我家叔在鄂西长阳资丘，于是约伴数人，于1944年3月从鄂东翻越大别山，绕道河南到鄂北山区，再到鄂西秭归转长阳；先赴长阳立足，而后到恩施小关投考高工。打算长途跋涉，从鄂东步行到鄂西，但路径不熟，只是听说有人曾这样走到恩施或重庆。我等带着地图，边走边探路，只要避开日军侵袭，宁愿多走点山路绕行。我等从广济梅川出发，经蕲春、浠水、麻城的山区小道上大别山，到河南商城、潢川、汝南、唐河、老河口，经襄樊、南璋、远安、当阳到秭归毛坪（从秭归渡江到南岸），避开了驻宜昌日军。到达了毛坪就比较安全，从毛坪可以乘船到巴东转车到恩施，也可以乘船到巴东转船到万县重庆。我等从毛坪继续步行到长阳，登山火烧坪转到资丘。这次从鄂东绕道步行到鄂西，总行程约近2600华里，历时42天。

2. 由四高到高工

到达长阳后，得知省立第四高中设在长阳西湾，家叔建议我与表兄胡兆煌都报考四高。当时距考期尚有二月余，我们抓紧复习备考，有幸通过考试都被录取，进入四高读完了第一学期。

但人在四高，还是向往高工。因不知战祸何时能结束，总想学点工程技术，找点工作谋生。本学期开始，恰好有位高工土木科毕业生名刘昌时的分配来长阳县建设科工作，我有幸与他结识，非常敬仰他。在他的鼓励下，我与胡决心去恩施设法转学到高工。家叔也支持我们，我们遂于1944年初，带着省四高一上年级的成绩单及简单行李步行走向恩施，历时七天到达。在恩施到省教厅申请转学高工时，省教厅接待人答说：普高向高工转学尚未办过，但鉴于我们只读完第一学期而高工第一学期多未开展专业课，建议我们自己去高工找学校商量，可否通过考试转学，由学校决定。后往高工找到教务处，也是说这样转学无先例，不同意接收。我们找到徐善同校长，把在四高的成绩单给他看了，也将我们从鄂东步行到鄂西，又从四高步行到高工，向往读高工的心情和经过向他讲了，苦求能接受我二人。可能他有点同情，静听了我们的陈述。但后来他却说：转学进高工无先例也不可能；不过本期一下级因上学期留级者较多，有空名额，打算本期招考为数不多的插班生，土木、机械、化学三科一下级都招考。你们等待通告后报考，能否录取，必须通过考试审定。听了徐校长一番话，我们觉得还有点希望，乃安下心在大岩坝客栈住下，温习功课，等待应试。所幸者是：通过插班生考试我与胡都得到录取，从此实现了我向往高工学工的愿望。

更使我难忘的是：转学受阻时，因所带生活费剩下不多，非常艰难地住在大岩坝客栈，举目无亲，却偶然在路上遇到一位高工学生，他因听到我与胡讲话的口音，问我是不是广济人，真高兴在异乡遇到了老乡！他离乡较久，我即将家乡情况一一相告，“他乡遇故知”，倍感亲切。他名方锡谷，是即将毕业的土木科三下级学生，他劝我二人不住客栈，搬到他宿舍住，节省住费，并帮助我与胡备考，插班考土一下要加考测量学，我未学过，是方给我们补习应试。我们能考取，与方对我们的辅导是分不开的，为难之中，得到方的支助，没齿难忘。

3. 在大岩坝的岁月

大岩坝位于施渝公路旁，是战时大后方的交通要道，又是大山区，日军难以攻入，战时能在此避难求学，确属幸运。

国难当头，物力维艰，高工当年在大岩坝的物质生活、学习条件，还是很艰苦的。住的是木架板房，吃的是苞谷合渣，穿的是粗布衣裳，缺鞋少袜，常年赤脚多。破旧不怕笑，学会自缝补。在学习方面，教材较缺乏，老师编讲义，课堂多做笔记，毛边纸制图，不耐橡皮擦，自备桐油灯，上晚自习亮度差。过去高工本来积累有大量图书和贵重仪器设备，可惜在川鄂迁途中黔江遇火灾全部烧毁，给大岩坝建校带来很大损失和困难。后来新任张孔容校长多方谋求支助，艰苦筹措资金，添购土、机化专业必备的仪器设备和图书；带领师生艰苦奋斗，使高工再度复兴。高工这次在受火灾后，不久即在大岩坝又振兴起来，颇受社会好评。培养出的毕业生，极受各界欢迎，为抗日救亡输送了大量专业人才。

徐善同校长是接替张校长的。我未见过张校长，但我考入高工后，曾见到张校长赴美留学时写的一封《告高工同学书》，在信中有这样的语句："盖闻科学救国，宜借镜于西邻，多难兴邦，已昭垂于古训，……谨避位以让能，远负重洋之笈。……"可见徐校长对张校长振兴高工配合得很好，张校长对徐校长也非常尊重。

徐校长是长期抓教学工作的，任职校长后，仍然兼教课。他教的《材料强弱学》，深入浅出，层次分明，学生易懂，极受学生欢迎。高工的学风好，与他从严执教的作风有关。他为人温和，并不严肃；上课认真，讲话幽默，有时也说笑话。但考试不讲情面，为防止学生考试作弊，常将期末考试集中在大礼堂会考，使同班同专业学生分开编座；调集老师统一监考，发现作弊者必严处，严考的纪律促进了学风。

高工师资力量雄厚。老教师多经逃难随校西迁而来，学历高知识渊博，有丰富的教学经验；也有战时大学毕业分配来的年轻教师，教学热情高，思维敏锐。师生关系都较好，徐校长带领师生们认真务实地抓教学，重视对学生基础课教育及对专业技能的培养，使学生在毕业后能够学用结合，成功应对各自的专业技术工作。

在校学生虽然多数学生来自沦陷区，无经济来源，生活学习条件艰苦，但高工学生全部享受全公费：如学杂费、住宿费、伙食费、制服费（每年发一套单衣，两年发一套棉衣）及讲义费等全部免交不花钱；还不定期地发点文具灯油补助费。所以，只要考入了高工，无钱也可以完成学业。

4. 抗战胜利后随校迁回汉阳

1945 年日本投降后，高工即着手迁回汉阳的准备工作。由于汉阳旧校址遭受破坏，校舍准备工作很多，故安排在 1946 年暑期迁复到武汉。我是在大岩坝读完土木二下级的，二年级的两学期仍在大岩坝。不过这时生活有很大改善，苞谷饭中掺有大米；经济有接济，吃穿丰足。1946 年春节我们是在校过的，除学校加餐外，学生还分班自办春节餐宴。

上半年期末考试结束后，学校即着手动迁。要求学生将个人行李打包，交学校登记由学校托运；个人只带随身用品，按 7 ~ 10 人自由组合编小组，分批步行到宜昌（宜昌设有接待站），在宜昌集中包船到武汉。大岩坝到宜昌途中，允许在恩施玩两天，步行时间按 10 天计算，自出发之日起 12 天后到宜昌报到。路费及生活费均发给个人。这次步行可以说是轻装上阵，沿途观光，谈笑风生。第一天到椒园，第二天到恩施，玩的两天可以自由活动。我选择的是学骑自行车，同伴有五六位同学，都很认真地学；说到了武汉，自行车是最方便的交通工具，不会骑车可不行。刚能骑车行走，特别高兴，不怕累，直到天黑还不想休息；第二天又学了一天，能上能下，总算学会了。

从恩施向宜昌进发时，经过野三关。记得这天是端午节，在距野三关不很远处的山间小路上，突然发现有电线杆粗的绿蛇，身段横过小道，我们惊慌叫停步后退；大蛇闻声急冲至山林，不见其头尾，只见小树草木纷飞，我等确实受惊了。到了野山关，因是端午节，遂加菜饮酒欢庆平安。到宜昌后，觉得宜昌很热闹，乡里伢上了街玩得很乐意。停留数日，登船东下。徐校长领队，在沙市也停留过，很顺利地回到了汉阳月湖堤旧址。因尚是暑假期间，学生仍可回家休假。秋季再入学时，我读三年级，至 1947 年暑毕业。毕业后随即考入南京建国法商学院经济系；就读三学期后，因局势紧张而停学回鄂，在汉参加了工作。虽然上过大学，但专业非所愿，我还是觉得在高工学的专业好；解放后，仍然选择这个职业，毕业从事土木工程。我有幸能参加一些重点建设工程，长期参与武钢工业建设及一些高层建筑的建设，得到很多锻炼提高。我能够有的这点成就，都来源于高工对我的基础培养，我向往高工求学就业的愿望完全实现了。

作者简介：吴立声，在校期间名吴任孙，1927 年出生，湖北广济人，1947 年汉阳高工土木科毕业。

忆

——高工抗战胜利复员和艰苦建校复课

陈振武

一九四五年八月，日本帝国主义投降，抗日战争取得胜利。当时，湖北省立汉阳高级工业职业学校校长徐善同率全校师生员工从鄂西宣恩复员回到汉阳，此时，我应聘在学校复员筹建处任职。

高工迁址鄂西前的校舍设在清代张之洞开办的针钉厂内，复员回来时，其校舍和机械等设施均被日军拆光，留下一片废墟。可是，日军将清朝遗留下来的约200米长、近3米高的围墙和两个高大的砖砌门柱却完整保留，给人一种设施完好的错觉，实际是“金玉其外，败絮其中”了，可见日寇之狡诈，使用“障眼法”以掩盖其罪行（“三光政策”）。日后，日军在废墟上建起一座大约有百余平方米的厂房，用作生产牛骨粉肥料，使得好好的一个学校变得破败不堪，臭气熏天。鉴于当时的肮脏环境难以原址复课，于是学校领导决定先在汉阳城内东门长江边暂借几个竹木行业的会馆和庙宇，权作临时校舍之用，使之尽快复课。尔后，边教学，边建设，逐步恢复正常的教学秩序。

在重建高工校舍的过程中，历尽了艰辛。在徐校长、陈主任的领导下，拆除了奇臭难闻的骨粉厂，将臭地皮层全部铲除，又经太阳暴晒、雨水冲洗，一段时间后方开始搞基本建设，陆续盖好几栋砧木结构、上盖布瓦的简易平房，皆用于教学、学生宿舍、办公室、化学实验室等。又另建一栋50余平方米的茶水房、厨房及粮库，其办学艰辛可见一斑。

八年抗战，日本侵略者烧杀抢掳，无恶不作，罄竹难书，将我们的国家破坏无余。时值百废待兴之时，办学经费十分匮缺。一方面要钱建校舍，一方面要购置课桌椅和教学设施，还要顾及师生的生活，真是“巧妇难为无米之炊”。师生每餐用膳都是“蓝天当饭堂，大地为饭桌”，哪里还顾得来修饭堂。

当时，机械科接受了别人送来的两台已损坏的小车床和一台手摇式台钻，又无零配件修理，只能看不能用。学生所需所谓的“实习工厂”，是利用学校的围墙搭起的一长条芦席棚子，若遇下雨，满棚皆漏，棚内渍水怎么谈得上“实习工厂”呢？其办学条件之差难以言状。在学校的操场上还摆放有一架被击损坏了的日军战斗飞机，也只能供学生爬上去参观参观。当时，学校雇用了一名退役号兵，专为师生上下课作息时间司号。他左手提一小闹钟，右手拿一把军号，在校园中央的旗杆下吹号，从清晨起床，一直到晚上熄灯睡觉，坚持职守。高工的教职员工为了早日让学生复课，克服了种种困难，坚持不懈，埋头苦干，做出了很大的努力。

如今，我们这些高工还健在的校友们皆已年逾古稀，但是，抗战复员时期的那段艰苦办学的历程，使我们始终难以忘记，这也是我们人生的一笔宝贵的财富。

2005 年 5 月 16 日

作者简介：陈振武，湖北汉阳人，抗战胜利后在汉阳高工和解放后在武昌高工校办公室工作，为抗战复员建校、解放期间护校做出了可贵的贡献。

往事如虹　岁月如歌

郭贤柱

1948年秋，我走进了湖北省立汉阳高工，就读于土木工程专业，立志将来为祖国的建设事业服务。

湖北省立汉阳高工坐落在汉阳月湖堤旁，前临汉水，于汉口的硚口地区隔河相望，背靠梅子山，附近濒临月湖，离汉阳的二十六兵工厂不远，远离闹市，是一块较安静、较适宜学习的好地方。

记得进校门的左侧有一栋平房，是全校教职工办公的地方，是学校行政管理和教学活动的中心，校门的右侧是教学区，有平行的两大排平房教室，容纳了当时土木、机械和化工三个专业的同学在这里学习。紧靠教室的北面，有一栋大仓库式的平房，则是学生宿舍，住着全校的同学，另有一个餐厅和伙房以及实习工场等，学校的规模不算大，建筑物也不多，据前辈们讲，学校在1942年由四川回迁宣恩的途中，运输船只不慎在江中起火，因此烧毁了我校许多珍贵的图书、仪器和设备，使我校蒙受了较大的损失。而原在武汉的校舍，也遭敌伪的严重破坏，还孤零零地停放着被拆卸得只剩下外壳的一架日式战斗机，残破的飞机点缀着不怎么景气的学校，这也是旧中国教育事业的一幅缩影，一个写照。

解放前，汉阳月湖堤一带算是很偏僻的，每当夜幕降临，月湖堤对岸万家灯火，车水马龙，而月湖堤这边，却是死气沉沉，一片茫茫沉寂。宁静的黑夜，犹如城市里的乡村，当我校实习工场的柴油发电机突突地轰鸣运转时，才打破寂静，给月湖堤这一带带来一点生气，给我校带来一片光明。

一、堤畔回眸

新的学年、新的学校、新的班级、新的集体开始了新的学习生活。可是，我们都是来自五湖四海，谁也不认识谁，更谈不上互相了解，所以在成立班委会选举产生班长时，就成了问题，只好由老师根据花名册上的名字指定一个人，由同学选举产生。碰巧被提名的是我，当选班长的也是我，于是我就成了我们这个班级的第一任班长，而且我这个班长一直当了近三年，直到我参军离开学校。

我们这个班，刚入学时全班大约有40～50人，这些同学，有的来自邻省，例如四川、湖南等，但大多数同学来自本省，其中尤以汉阳籍的同学较多。但不管来自何方，大多数同学出身贫寒，勤奋好学，是一个积极向上的集体，是一个疾恶如仇敢于斗争的集体。例如我们班的一位同学，家住湖南农村，出身贫苦，在那个年代，社会动荡，生活艰难，前途渺茫，出于对时局的不满，对社会的控诉，毅然投进滚滚的长江自杀，后被江上的渔船救起，才幸免于难。这在当时的武汉报纸上曾报道过。解放后，他是我们班第一个加入中国共产党的人。

解放前，平静的校园生活也处处不平静，例如我们学校那时的学生伙食是由学生监督，由商人承包的，而商人是以赚钱盈利为目的的。由于当时物价暴涨和管理不善，同学与承包商之间常有摩擦和纠纷发生，例如饭不熟夹生了，菜不卫生，菜里有死苍蝇等，因此承包商就要受到惩罚，例如罚加一个菜等等。当然这种办法也不好，加重了承包商的负担，使双方的关系更紧张，以至有一次，还不到月末，承包商就卷铺盖跑了，结果是吃不上饭，上不了课，只好各自想办法。

生活在“国统区”内的广大人民，是处在水深火热中的，青年们更是惶恐、忧虑、彷徨不安，在校园里更是弥漫着一股沉闷空气，同学间流传着一首《古怪歌》:“往年古怪少，今年古怪多啊，板凳爬上了墙，灯草打破了锅……”，藉以发泄心中的闷气。

曾有一位同学创作了一幅漫画，以鞭挞时政，该漫画的画面上，画了一个青面獠牙的魔鬼在推磨，磨的上扇是国民党，磨的下扇是共产党，倒插在上扇磨眼里的是衣衫褴褛苦难深重的中国人民。这幅画的寓意是很清楚的，魔鬼在推动内战，国民党是内战的主动方，被推来推去遭受磨难的是中国人民。这幅画寄往报社后没有发表，被退了回来。所以，校园生活是不平静的。

二、静悄悄的黎明

八年抗战胜利后，广大人民群众希望有一个和平环境来休养生息，医治战争创伤，可是国民党政府连年战乱，生灵涂炭，苦不堪言，官员腐败，横征暴敛，民不聊生，要民主、要自由的呼声日益高涨，反内战、反饥饿、反迫害的高潮，一浪高过一浪，工人罢工、市民罢市、学生罢课、老师罢教时有发生。从全国来说，1946 年底发生的北京大学沈崇事件，导致了 1947 年初全国 80 座城市的五十多万人的罢课和游行示威，抗议美军暴行。在武汉，则有 1947 年的武汉大学“六一”惨案，以及汉口景明大楼的集体强奸案，汉口市一男中的美籍老师鸡奸学生案等等。案件频频发生，令人发指。1947 年 5 月，还爆发了遍及上海、南京、杭州、苏州、天津等全国 60 座城市的“要饭吃、要和平、要自由、反饥饿、反内战、反迫害”的示威游行，震动全国，“反内战，反饥饿”大家都能理解，内战不休、物价上涨，人民吃不上饭，所以要“反内战、反饥饿”。但“反迫害”又是为什么呢？因为在那个年代，国民党特务经常迫害进步学生和民主人士，经常听到某某民主人士或进步学生被谋杀了，或突然失踪了，原来是遭国民党特务绑架、暗杀。在武汉，特务们把人装进麻袋，扔进了长江里。人身自由、生命安全都得不到保障，所以要“反迫害”。1948 年秋季的一天，我校学联代表从课堂上将我叫出来，我随学联代表来到操场的一角，听传达学联决议，给我传达时仅有 2 ~ 3 人，因为传达是分批进行的，这是为了躲避敌特的破坏和干扰。听完传达后，要求在决议上签名，签名时不分班级和先后，只要求沿圆圈签名，我签完名后，回到班上宣布罢课三天，然后我就离开学校回汉口了。这期间，国民党特务多次找我，为此事，我们班的一位同学与特务发生争吵并挨了打，真冤枉了这位同学。这次罢课，武汉各校由于反动当局的压力，在各校领导的劝说和胁迫下，先后都复课了，只有我高工一校坚持罢课三天。这在当时武汉的报纸上都有过报道，“唯有高工一校未能复课”（大意）表示不满。这是这次罢课的大致情况。

1948 年 11 月 3 日，学校的老师因不满国民党统治下的腐败无能，货币贬值，物价暴涨，尤其是在国民党统治时期，公教人员的工资薪水不高，难以养家糊口，再遇上官员们的巧取豪夺，多方克扣，不按时发放，因此，有的老师甚至没有钱乘车、坐船来上课，那时长江和汉水上都没有桥，因此，来我校必须乘车又坐船。出于气愤和不满，老师们提出罢教一天，我们很理解，很同情老师们的苦衷，积极支持和声援了老师们的罢教行动。

在国统区内的大部分中学里，都设有军训课，记得一次在汉阳县城集会，为了检阅所谓军训成果，大会开始前，天气已经阴沉沉的，乌云密布，预示着大雨即将来临，真有“山雨欲来风满楼”之气势，各校的学生队伍都打着校旗整齐地排列在检阅台下，等待检阅。在这风雨欲来之际，高官要员们却悠闲地稳坐在检阅台上，同学们看在眼里，气在心头，霎时，学生队伍中引起了骚动，学生队伍中出现了一面摇旗、一面呐喊的局面，呐喊声一阵高过一阵，齐声叫喊要台上的人下来，同群众一同经受风雨。可是高官要员就是不肯下来，双方坚持了好一会儿，在大雨到来之前，大会就一哄而散了。我们也扛着校旗返校了，这次大会，狠杀了一下要员们的威风，大长了群众的志气。

这些梗概，只是群众斗争中的一小部分。群众中蕴藏着极大的要求变革的势力，犹如干柴遇着烈火，大有一触即发之势。

三、江城艳阳天

当我人民解放军先后进行了辽沈、淮海和平津三大战役后，基本上摧毁了国民党赖以生存的武装力量，动摇了国民党反动派的统治基础，大大地加速了解放战争胜利的进程，极大地鼓舞了全国人民，尤其是国统区的广大青年更是欢欣鼓舞，喜上眉梢。同学中传唱着“解放区的天，是明朗的天，解放区的人民好喜欢……”和“团结就是力量……”等一批解放区的革命歌曲，来抒发情怀表达心情，我和我们班的彭学诗、杨德田等同学还组织出版了墙报《黎明旬刊》来迎接解放（《黎明旬刊》是用毛笔写的，约有半幅报纸大小的班刊，大约出了2~3期就停止了）。

由于解放大军在武汉以东的长江下游、团风到武穴间百余公里的战线上，强渡了长江，切断了敌人逃窜的后路，所以在没有枪声、没有硝烟的情况下，1949年5月16日，武汉就解放了，武汉胜利地回到人民的怀抱，江城从此获得了新生，国民党苦心经营多年的武汉长江防线，许多碉堡、地堡群，包括在我校后面梅子山的地堡，没有打一枪放一炮，甚至连解放军的影子都没有见到，国民党军队就跑得无影无踪了，真是兵败如山倒呀！在国民党军队逃跑、解放军尚未进城的日子里，武汉人民不得不自己组织起来，维护社会治安，防止坏人乘机捣乱破坏，以维护社会稳定并迎接解放。

武汉解放前夕，曾一度传说我校要迁校，全校师生员工一致反对，抵制迁校，并采取了坚决的护校保产行动，其实此时的国民党政府自身难保，哪有力量和经费来迁校，这只不过是一场闹剧而已。

武汉解放后，我们又积极地参加了庆胜利迎解放的活动，并响应人民政府的号召，开展了安全月宣传，向学校附近的居民宣传“防火、反特”以维护社会治安；“拒收银元”以稳定金融秩序等等。在向群众宣传的同时，也使自己受到了教育。

四、同窗学友奎光情

1949年秋，我校按照省教育厅的决定，同湖北大冶高工、武昌女高职和武昌高商等四校合并，组成“湖北省立武昌高级职业学校”(第二年武昌高商分出，另行组建)，校址选在武昌西卷棚，湖北武昌实验中学旁，这里是一片年代久远的古建筑群，据说在民国以前，是好几个朝代科考的考场。我们班的教室被安排在奎光楼上。奎光楼的最上层，是一间不对外开放的图书馆。学校合并后，学校的教职工明显增多了，教学和管理的力量明显增强了，学生的生活和思想也都有人管了。

1950年秋季后，我们是学校里的高年级了，因而，学校里的一些大型活动都得由我们班出面去组织，像学校里的学生会工作、社教宣传工作、中苏友协工作以及学校的黑板报宣传的编辑出版工作等等。

1950年5月，学校成立中苏友好协会，选我为中苏友协湖北分会高工支会的主席。这一工作实质性、经常性的任务并不多，当年我只负责筹办了一次苏联十月革命节的庆祝活动，主办了一次庆祝晚会。

1950年暑假，武汉市组织了一次“武汉市暑期青年学园”活动。我参加了“青年学园文艺训练班新闻通讯组”的学习，学习期间听了几次大报告，参观了汉口几家大报社的新闻通讯的采编工作，暑假青年学园学习结束后，学员都成为各校的通讯骨干，也为我在以后的业务通讯工作打下了基础。

学校的社教工作，主要有夜校工作和黑板报宣传工作，我主要是参与黑板报的宣传工作，像新中国成立、中苏友好同盟条约签订、各省会城市的解放、海南岛解放等等。不论白天黑夜，有时甚至夜深都已入睡了，只要电台一广播，消息一传出，我们就要立即组织出黑板报上街宣传，游行庆祝。由于黑板报工作成绩明显，受到校方表扬，并记录在当年的学生成绩单上，以资鼓励。

1950年秋季，学校招收新生，为了便于考生和家长了解学校及专业的情况，我参加由学生会组织的服务组，向考生介绍学校的历史和专业设置情况，为考生咨询服务。

由于我能主动自觉地参加土地改革和思想改造的各种学习活动，这对我提高政治觉悟、明白劳动创造一切、知道了谁养活谁的道理，对树立革命的人生观和世界观是有益的。

五、业精于勤

业精于勤，“业”是指的学业，也可以指事业；“精”为精华，是指被提炼出来的最美好、最出色的部分，是精髓。但不论是学业或是事业，要想有所成就，就必须要勤奋，所谓“勤”就是勤动脑，就是要解放思想，开拓进取，多思多想，把问题想深想透。“勤”就是要勤动手，要旁征博引、引经据典、多记多写。我国古训教导我们“业精于勤，荒于嬉；行成于思，毁于随”，就是这个道理。

在学习上给我影响最深的是工程制图。学习工程制图对每一个工程技术人员甚至工人，都是非常重要的，因为图样是工程技术的语言，上至专家下至普通工人，通过图样交流、传递，可以按照设计者的构思和意图，原原本本丝毫不差地把你的构思和意图复现出来，生产制造出产品。所以，学习工程技术，制图是很重要的，画出来的图样既要符合设计构思，又要符合国家规定的制图标准和规范。

上制图课的要求是严格的，首先要求把手洗干净，把制图仪器、图板、三角尺等擦拭干净，铅笔要削好，图纸要摆正，先要练习划方格子，10mm见方的小方格子，要画的横平竖直，排列整齐，布满两张A4图纸的幅面上，打好格子后再写字，从阿拉伯数字、罗马数字、英文字母再到汉字仿宋体，一篇一篇地打格子，一遍一遍地写字，一次一次地削铅笔，一次一次地擦三角板、擦仪器，真是又枯燥、又乏味，今天用计算机画图，用不着这么辛苦了。可是，这对锻炼人的耐心、细心和毅力，培养一丝不苟、严谨务实、刻苦细致的工作精神和工作作风是很有必要的。

对于一个从事土木工程建筑的工程技术人员来说，测量是很重要的，尤其是不用仪器的测量尤为重要，例如对一块地表面积的估算是多长、有多宽、面积大致有多大、距离有多远等等，要估算得八九不离十，这就要看我们的目视测量和踏步测量的能力和本领。因此，在课堂里在操场上，我们要反复练习，反复测算。

在课堂学习中，老师一再强调，除一些常用的、基本的计算式和数据应牢牢记住外，对一些较繁杂的数据、曲线和计算式，不必死记硬背，因为死记硬背是不可靠的，很容易记错、记混。很难想象，我们每个人像熟悉九九乘法表那样熟悉每一个计算式、每一条曲线和每一个图表，但我们一定得记住什么计算式、什么图表、什么曲线，需要时就要求准确无误的找到，用起来既方便又可靠。

进入二年级以后，结合课堂学习，我们参加施工实践的机会也越来越多了。可能是解放了的原因，各方面的建设都蓬蓬勃勃地开展起来，所以到处都是建设工地。结合桥梁设计，我们参加了汉黄公路的桥梁施工，汉黄公路过河桥梁的施工工地距汉口不远，工地负责人是高工的老校友，他热情地接待了我们，通过一个星期的参观学习，我们对桥墩的施工方法、钢架桥梁的结构型式、受力特点和选择方法，都有了较直观的了解和认识。

我们还参观了武汉长江大桥的选址钻探并听取了武汉长江大桥选址情况的介绍。

1950年秋，朝鲜战争爆发后，为了做好反侵略战争的准备，武汉各界响应政府号召，积极备战，在汉口主要是扩建王家墩机场，加长机场跑道以适应现代飞机的起降。武汉各界人员义务劳动的热情空前高涨，大批人员都到机场去打石子，即把大块的石头打碎成颗粒较小的小毛石，用于混凝土的施工，当时承担这项工程的是北京的中国建筑工程公司，中建公司的负责人责成我们班负责施工中的质量把关工作，即混凝土的搅拌质量、配比毛石的质量，混凝土加工搅拌时的温度是不是合要求，因为当时正值隆冬季节，气温经常在零度以下，还有混凝土的浇注质量和养护质量等，要求我们全面把好质量关，这对我们学习道路工程、混凝土加工等学科的学习，是一次很好的实习机会。

通过专业学习和施工实践，体会和收获是：初步掌握了本专业的基础知识和基本技能，熟悉了研究分析和解决本专业技术问题的途径和方法，但主要还是培养了艰苦朴素、实事求是的工作精神和严谨务实的工作作风。我认为作风的培养是至关重要的，学风与作风是紧密相连一脉相承的，有了好的学风，必然会养成好的工作作风。大约经过了半个多月的紧张施工，圆满完成机场跑道的扩建工程，回到学校，学校当时正开展轰轰烈烈的抗美援朝运动，我们又立即投入了这场运动。

六、投笔从戎

1950年6月25日凌晨，美帝在朝鲜发动了侵略战争，战火很快就燃烧到我国边疆，美帝的飞机越过鸭绿江，轰炸我城市和乡村，扫射我和平居民，美帝还直接出兵占驻我台湾，他的第七舰队从海上对我进行封锁，气焰十分嚣张，学校即时开展了爱国主义和国际主义的教育，控诉了美蒋罪行，群情激愤，义愤填膺，为了支援朝鲜人民的抗敌斗争，为了保卫新生的中华人民共和国，国务院（当时称政务院）号召十万知识青年从军，参加军事干校，学习杀敌本领，捍卫祖国的尊严和安宁，我毅然地报名参军，走上了从军路。

回顾我们这个班，从1948年秋季入学时，全班约有40～50余人，济济一堂，满满一教室，可当1949年秋季开学时，人数就少了一半，约20人。因为解放了，许多同学都兴高采烈、迫不及待地投身了革命，其中大部分同学是参加了四野十一兵团，参军南下了。因为他们是假期直接从家里走的，所以具体的详情就不掌握了，只是后来从同学间通讯联系中才知道一点零星情况。这些参军南下的同学跟随自己的团队，直到解放海南岛，随后有的东去准备解放台湾，由于众所周知的原因，解放台湾未能实现，当抗美援朝战争爆发后，又北上援朝了。这些同学的名字我们不知道，可能有些同学还牺牲在战场上，我们也不知道，他们是一群无名英雄。每当我走进天安门广场，走近人民英雄纪念碑时，我的心情总是久久不能平静，浮想联翩、思绪万千，百年来中国革命，有名的英雄是很多，但无名英雄确是千千万万，这些无名英雄，他们的名字无人知道，但这并不重要，因为他们为之奋斗、为之牺牲所创建的丰功伟绩，他们所建立的功勋，同他们的名字一样，是永驻史册的，是不朽的，祖国和人民是永远不会忘记的。

当祖国和人民又一次召唤知识青年从军时，在汉阳高工和大冶高工两校合并后，我们这个仅有20余人的班里，参军又走了三分之一，其中杨德田、陈运铬、郭贤柱、任敦鲁和梅友松等五人参加了空军，李名伦参加了防空军（后来防空军与空军合并，李名伦也到了空军），肖固秋同志参加了海军，所以我们又有七人参了军。

这些同学是具有爱国热情和献身精神的。人民解放、民族复兴的历史责任，责无旁贷、义无反顾地落在我们这一代青年人的肩上继承和弘扬，前赴后继、不屈不挠、英勇斗争的民族精神，在无数英雄豪杰光辉形象的鼓舞下，为了保卫国家不受蹂躏和欺凌，勇敢地走上了国防第一线。

1951年元旦过后，我们和驻武汉的高炮一师直属队的青年团员们举行了联欢活动，互相勉励立功报国。

1951 年 1 月中旬，中共武汉市委、武汉市团委谆谆告诫："希望你们努力学习，把自己培养成为对人民有高度责任心、高度的民族尊严、高度的气节和日常行为中具备高度的原则的人。" 我带着这些期盼和嘱托，告别了家乡，告别了亲人，在全市人民停业停市的夹道欢送下，走进了军营。

2003 年 9 月于北京

作者简介： 郭贤柱，1948 年考入汉阳高工土木科，1951 年初参军离校，后调入航天二院总设计部工作。

跟着共产党斗顽敌、求解放

——回忆解放前在高工参加革命斗争的经历

陈振武

一

1948 年人民解放战争取得了节节胜利，每当听到传来战争的好消息时，我们很受鼓舞。同时亦经常议论像闻一多、李公仆等进步民主人士，认为他们很有骨气，这样的知识分子令人们崇敬，是我们学习的榜样。这年入冬后，利用同乡、同事、同学“三同”关系，江汉军区武汉城市工作部地下党组织已在学校开始秘密活动。我与周任源老师是汉阳同乡同事，11 月中他要我和王宝干等先生于第二天早晨去武昌省政府教育厅参加“静坐闹薪”(要求发薪)，这也是我们配合学生在社会上发动的“反内战、反迫害、反饥饿”的示威活动。我们去厅里坐了两天，各校也去了人。后来，对我们教职工每人发两块现洋（银元)。据说学生也发了点伙食费，这是我们在地下党组织直接领导下走向社会斗争所取得的初步胜利。

二

时至 1949 年初，武汉时局越来越紧张，当时教育厅又在盘算将高工再度迁往鄂西，这次搬迁则与抗战时的迁徙目的大相径庭，妄想与人民解放军为敌负隅顽抗。周任源和我们商量要设法阻止反动派西迁鄂西的图谋，我们联手机械技术员谢国钧及其他人员将贵重高级仪器设备等集中隐藏保存起来，不让教育厅派员看到。同时，当厅领导来到学校后立即受到师生们的围攻和指责。这些派员见势不妙便灰溜溜地离去，再也不敢来了。团结就是力量，我们又一次打破了反动政权的迁校美梦。

三

1949 年 5 月初，时局进一步紧张，社会上流传武汉周边的孝感黄陂的人民解放军对武汉已是大军压境的消息。国民党、三青团员的骨干人物开始偷偷离校，学校门前大堤路上陆续看到从战场上败退下来的国民党反动派军队的散兵游勇从门前经过，还可以看到三五成群狼狈溃逃的“吃光队”。我们见势紧闭大门。徐善同校长当即指定我负责带领沙云卿、任贵宣等五名工友留校，坚持日夜巡察保护学校。

社会上已是兵荒马乱，反动政府已经瘫痪，警察也不敢上街站岗，都在忙于逃命。可敬的徐善同校长不怕危险，特来校看望我们几个，为我们打气，鼓励大家继续坚持，并说“天快亮了”(即快要解放了)。此时，周任源也来到了学校，与徐校长和我三个人在一起清理了一部分重要的档案，打成小包，叫我隐藏起来。此后，周任源老师再也未来学校了，也不知去向，我们就此“断线”失去了联系。武汉解放后，我们将这些档案资料文件交给了进校接管的武汉军管会军代表仲谷仁同志。

四

5 月 14 日下午，徐校长和我两人关在校长办公室忙着写标语，准备迎接人民解放军进城，当时徐要我也写，我说我的字写得不好，徐说，写得不好不要紧，只要群众能看得清楚就行了，这样我们就起到了安定民心、鼓舞群众斗志的效果。当时标语的主要内容有:“欢迎解放军解放武汉！中国共产党万岁！毛主席万岁！朱总司令万岁！解放大西南，消灭反动派！我们一定要解放台湾！解放全中国!”等等。

当晚，我们六个人按计划分两组张贴标语，我们采取一人放哨、一人刷浆糊、一个贴标语的流水作业的方法将标语贴到了月湖堤内堤外，贴到居民村子里。我们这组在堤上张贴时，正碰上国民党带枪的散兵游泳，险遇杀害，幸好我们熟悉地形溜脱了，避免了危险。工友沙云卿戏说:“若是我们出了事被打死了，谁来认我们为‘烈士’?”

5 月 16 日上午，中国人民解放军从汉口谌家矶进城，我们安排三人留校坚持值巡，我和另外三个人去汉口市中心水塔门口参加入城式，当时人山人海夹道欢迎中国人民解放军入城，此时我们打心眼里感到舒畅高兴，真的解放了，“天亮了”，苦尽甘来了。解放军纪律严明，严格遵守“三大纪律，八项注意”。当时的“新市场”(即现在的民众乐园）可容纳近万人，都空着，可是一个解放军战士都不肯入内休息。晚上皆在中山大道人行路边和“新市场”门口席地露宿，天亮后即列队到指定的营房。他们对群众秋毫无犯，群众纷纷称赞说:“全世界也难找到这样既爱民，又不扰民的好军队。”

五

5 月 17 日后，武汉军事管制委员会派军代表仲谷仁同志来学校正式宣布接管高工。仲谷仁军代表说:“欢迎同志们参加革命队伍，为人民服务，并感谢少数几位同志在解放的前夕的关键时刻，坚持保护学校和人民财政免遭敌人的破坏。”又说:“军管会非常关心同志们的生活，宣布从本月起，由武汉军管会先配给每人每月齐米（军粮）40 斤，给予包干制待遇供给生活。”最后讲:“当前解放战争发展的形势很快，我解放大军抓紧战机，挺进大西南，解放全中国要将革命进行到底，所以当前要急需筹运大批军粮、衣被等急需品支援前线，故抽不出衣、被，供给同志们，需要同志们暂时克服。”

七月后，军代表要求我们树立一切为了支援前线的思想，与中国共产党和人民解放军同舟共济，克服暂时的困难，节约军粮支援前线，以取得解放全中国的伟大胜利。我们思想通了，当即表示勒紧裤腰带，借点债度日，尽力配合节约军粮，支援前线的解放军战士，以实际行动迎接全国解放。

然后，高工学校由军管会移交给湖北省人民政府，省政府批示：高工由省教育厅直辖管理。省教育厅并行文从民国三十八年（1949 年）八月一日起由原供给包干制改为薪金制。发有厅教学二号 1016 号训令并由第一任厅长李实亲自审批的名册，将高工、高商、女职等合并统称为“湖北省立武昌高级工业职业学校”，仍任命我省教育界德高望重的徐善同为新任校长。

不久，我被调至合并的省文化教育厅任行政科员，又改吃“大灶”伙食，无津贴零用钱。供给一再变更或断粮，毫无怨言。1950 年后，李实厅长指派我到省教育院“附师”新筹建省实验师范学校。

2005 年 5 月 16 日

校园时光

六十年后忆高工

夏宗琦

我是在1937年“七七事变”前一个多月从汉阳高工机械科毕业的，从那时算起，已足足六十年了。在这六十年中，沧桑兵火，颠沛流离，社会变革，人事变迁，回忆六十年前往事，有如隔世。六十年前家存文物资料，甚至中小学成绩单和高中初中毕业文凭，以及奖章奖状等，历经劫火，早已荡然无存，现在要谈在高工肄业时的旧事，只有全凭个人记忆和主观想象。

母校在汉口硚口对岸的汉阳针钉厂，学校利用该厂原有房屋建筑，似乎无多添建，尤其是在我入校前，初中金工班已停办，高中设有机械、土木、染织、应化四科，还为我们机械科设有一座金工实习工厂，校舍显得十分高大宽敞。

该厂留下的有一个约1500平方米的厂房，内存四座似乎是大型卧式锅炉，成年任其锈蚀，无人过问，据说这针钉厂原靠汉冶萍钢铁厂，供给转炉钢材，系聘用外国人冶炼，有时钢中的碳吹高了，制出的针一钻即脆断，制出的钉一打即脆裂，钢中的碳吹低了，针钉一打即弯曲，因此市场销售无人问津，针钉厂因而亏损倒闭。然乎？否乎？道听途说。

校址占地甚大，校园内有许多空地，而围墙外还有许多空地荒芜。母校地处梅子山前，月湖堤畔，西北看赫山，西南望琴台，甚是幽美宁静，从校门口沿汉水南行，有十里长堤，途经油厂、兵工厂和汉冶萍钢铁厂遗址，直达龟山脚下的渡江码头，这码头有小渡轮来往武昌平湖门。学校一般上午上课，下午安排实习、制图、自习、课外活动，每逢星期六下午不做安排，我家住武昌，便在此时，偕一二知交，背着书包，沿着十里长堤公路去搭轮渡，边走边谈，上天下地，古今中外，南北东西，无所不谈，无所不议，尽情抒发，毫无隐藏，是一生中最快畅之时，此情此景，何可再得哉！搭轮渡过江，有时江中风大浪急渡轮不开，只好在星期一清晨从武昌汉阳门搭渡轮至汉口集家嘴，经行汉正街而到硚口再搭木船到校，每星期在校只六天，每月缴伙食费大洋四元，早餐稀饭馒头，中晚两餐，六人一桌，各四菜一汤，两荤两素，饭尽吃饱，记得校门口对面开有一小餐馆，夜间还开业，有时风雪严寒，只要事先有通知，他们还可将“夜宵”送到学生宿舍内去。解放后，我曾多次乘车到汉阳，路经针钉厂旧址附近，其他已发生巨大变化，景物全非，已无法辨认其所处了。

我是在1931年“九一八事变”时期进入初中的，“九一八”以后，日寇步步深入内地，1932年“一二八”爆发淞沪战争，有人巴望国际联盟出面主持正义，全部落空，反使日寇变本加厉，全国人民义愤填膺，同仇敌忾，我就是在这种忧愤气氛下度过初高中六年的，我是在1934年9月考入汉阳高工的，当时还只称湖北省立第三中学，校长是范鸿泰（吉六），1935年4月至6月，我们这一班为救亡图存，参加了湖北全省高中一年级学生第一次集中军事训练，集中军训在武昌右旗。有的军训教官说:“要学会杀敌本领，在战场上，你不杀敌人，必为敌人所杀。”在1935年秋，为反对汉奸殷汝耕在冀察成立傀儡政权，为反日寇将华北政权特殊化，我们这班也和全校一样参加了全国开展的“一二九”学生运动，我们到汉口江汉关与武汉学生集合，开展游行示威，还到日清公司高层楼内高呼口号，我们登上了日清公司最高层，其时该楼空无一人，日本鬼子闻讯早已逃得无影无踪了，我们学校同学出发到硚口时曾受到范校长的劝阻。暑假期间即听有人说范吉六校长已提出辞呈，正待派人继任。这学期，我们学校已由省立三中改名为湖北省立高级工业职业学校，但是我们领到的毕业证书却是由我们从未见过面的一位校长王典昭署名。

1934年夏季，湖北省第一次实行全省高初中毕业学生会考，会考成绩优异学生名单，登载在《武汉日报》，我在此次会考中侥幸获得全省初中毕业生第一名。除获得省教育厅奖励和奖状外，还获得大陆银行一张用骈文写的优美奖状和奖金大洋四十元，以后我就用这四十元买了一支德国制造的398型计算尺，一直用到大学毕业。初中毕业后亲友们劝我考入普通高中，便于考大学深造，我却考虑亲老家贫，兄弟众多，万一无条件升学，不如先进入一所职业高中，以后就业就有保障，同时我也不放弃升学的机会和准备，可是我自己这一决定，以后三年无进展，自讨苦吃，因为三中高中课程主要属于专业课，就我们机械科而言，三年中主要安排的是热工、电工、应用力学、材料力学、机械原理、机构学、机械制图和机械设计，还有汽车、火车、蒸汽机、内燃机等科目，数学只开大代数和平面几何，国文课只讲应用文（即如何写便条，写报告和写信），根本不开英语、物理化学等课，我由于背着曾获得会考第一名的思想包袱，三年中力争要在学校所开专业课程中在班上考试成绩保持前三名，又要抽出时间自修为准备升学考虑，因此，我日夜勤奋，似要比别人费劲。担负我们机械科教课的老师都是大学毕业、学有专长、积学之士，对教学无不认真负责，现在记得的只有几位，有的名字也忘却了，如教几何的赵老师，教大代数的夏伯初，教电工的周文衣，教机械原理、机构学、机械设计的周公介，教应用文的郑方生。实际上高工教师在当时待遇不薄，月薪据说均在大洋贰佰元以上。

母校对学生要求严格，考入我们班一年级的大约有30来人，到毕业时不到20人，其余的有的因为考得不好而被淘汰或休学或退学，有的转学了，现在我们一起毕业的仅凭记忆有如下十余人，即朱定一、余济川、江季眉、吴成宪、田祖裕、吕家旺、王讲华、秦锦予、张时雄、王勇、喻云甫，还有一位忘记了姓名，只记得在一次同班会上，他饶有风趣地自我谦逊地说:“我别无所长，只有人长”。他的身材高大，确属全班第一。

我们规定课程在三年级上学期即全部讲完，到三下时留下的就只毕业考虑和照例由学校组织到南京、苏州、上海等地去参观工厂，进行实习，当时武汉大学新生入学考在1937年7月7～8日举行，我就主动放弃到京苏沪等去参观游览的机会，自己留下专心做升学考试准备。大家参观回校后，就各自忙于就业问题，顾不得搞个毕业同学录，因此毕业后各自东西，鱼沉雁宕。尤其是我在7月2日参加入学考试的第二天，即在珞珈山看到《武汉日报》登载的关于日寇在卢沟桥寻衅闹事、无理要求进入我宛平城而激起我爱国守军义愤的号外，从此抗日战争开始了，我们同学们天各一方，鲜通音讯，六十年中，只有江季眉同学在武大迁入四川乐山后考入了武大，我们可以朝夕相见。抗战胜利复员后，他外出就业，相互暌隔，无缘再晤，只有有时互通讯息耳。还有一位王讲华，是在抗日战争胜利复员后，他带领一群汉阳中学的学生到武昌珞珈山去参观，我们阔别十年，方得一见。别后曾按他所开通讯处寄信给他，却得不到回信，不知何故。余洋川，据江季眉说早已作古，其他任何人，也未互通音讯，只记得抗战结束不久，大家正做复员回鄂准备时，我在乐山忽然收到一封自称是我的好友朱定一的妹妹定瑜写的信，他说他已从乐山东归，她的母墓仍在乐山高北门外公共墓地，委托我顺便照顾其母墓。可能是由于她在其母旁见到亡妻墓前碑上刻有我的姓名，所以写了这封信，得信后，我以世侄身份用鲜花鲜果虔诚地去其母墓祭扫过一次，不久，我也就携亡妻遗骸复员返鄂了，原先听说定一之兄定时在昆明茶叶公司工作，我曾去信，询问定一情况，未得回信。

六十年前在汉阳高工的同学，还记得有数人：在武汉钢铁公司职业业余大学任教授的喻旭；在华中工学院任教授的有两人，一为刘绍峻，一为汤之，我印象很深的是汤之，他是我在武昌省立九中的同学，在汉阳高工同学时，我不记得他学哪一科；有一位陈怀九同学在母校应化科毕业后考入武大化学系，毕业后留校任化学系助教讲师。

1997年7月27日

作者简介：夏宗琦，1937年夏汉阳高工机械科毕业，近年在湖北黄石去世。

感谢母校　怀念师恩

罗明铮

人到老年常要怀旧，清晰的、模糊的、高兴的、悔恨的，得意的、失意的，成功的、失败的，还有那些童趣好玩的和值得铭记的，以及稀里糊涂莫名所以的，统统都会在脑子里时不时地涌动。有的只是一晃而过，有的却是不能忘怀，不论是怎样的一回事，毕竟是自己大半辈子走过来的痕迹嘛。

我时常想起上个世纪二三十年代的那段日子——那正是我生活在武汉的那十几年。但一旦真的现在要我去回忆六十多年前的往事，可不那么容易，因为留在脑子里的记忆实在太少。但我还是要好好想想，写出点东西交稿。因为我很想从纪念集中多了解一些母校的发展历史，以及许多校友们的事迹，同时自己也好在校友面前谈谈经历，抒发一点感怀。

1921 年我出生在汉口。进幼儿园读完小学后，在武昌读的初中，毕业后就去汉阳入学湖北高工，1936 ~ 1937 年在汉阳针钉厂老校园里只读了两年——在机械工程科肄业。1937 年抗日战争爆发，我报名参了军。就在当年的冬天，我随一批青年离开了武汉。先到长沙待不多天，又继续出发到达岳阳城陵矶，再登上轮船，溯江而上赴重庆。就在下游不远处，江边一个叫广阳坝的地方，开始接受入伍生军训。不久，又送到四川成都的航空机械学校，编入第八期甲种机械士班，分到发动机组学习飞机发动机课程。大约在 1938 年末或 1939 年初毕业，我被分配留校当助教。先工作在《航空机械》月刊编辑部，不久又调到实验室，辅导学员上发动机实习课。记得当时只有螺旋桨飞机的星形风冷发动机供作实习器材，还没有喷气飞机的发动机供教学用。

1939 年夏初，我离开成都到重庆，赶上南开中学秋季开学，我插班重读高二。1941 年高中毕业后，考进从上海迁来的交通大学，1945 年从机械工程系毕业。我先后在重庆和上海做过公路运输的汽车机务，和招商局的柴油机船上的轮机员，共工作两年多时间。就在这段时间里，我在上海参加并通过了出国留学生统一考试。1948 年秋初从上海乘船赴美留学，获机械工程硕士学位。又到底特律的通用汽车发动机公司工作半年左右，1950 年解放初期就回国了。在北京，我先后在中央重工业部、机械部、汽车工业筹备组以及部的工业设计局工作，参加过长春第一汽车厂的选址与筹建，还有其他几个工厂的建设设计。1955 年从北京调来无锡，就在无锡柴油机厂和动力机厂搞了几十年的生产和新品开发，包括柴油机及其附件——废气涡轮增压器等动力机械和零部件。直到上世纪八十年代初期，我已过退休年龄，市里又让我转到江苏省无锡市政协，任驻会工作的副主席。1994 年退休，现定居在无锡。

抗日战争前的汉阳是个什么样子，我已经没有印象，此后我又没有再回去看看改变后的新貌。只依稀记得从汉口去上学，要从硚口或六渡桥坐小船摆渡到汉水的对岸，上坡走一段路，就到了针钉厂那里的学校大门口。那个时候的汉阳街上好像还没有公共汽车，只有人力黄包车；汉口才有坐人的马车。从武昌去汉阳是怎样的，我已记不起来。不过武汉三镇之间来往都是靠船连接的，只有汉口与武昌之间才是用像样的轮渡船，往来于江汉关和汉阳门码头之间，还算方便。至于现在，车水马龙、人来人往于长江大桥上，则是几十年以后的喜人景象。对于汉阳高工校园全貌，我已没有记忆，但我相信当时校内除有成排的平房教室之外，还有许多实习工场间——如钳工间、金工间和翻砂间；好像没有钳工或热处理间。校内的操场并不是很大，但肯定有篮球场。我是个爱好运动的学生，参加过校内外的比赛，可能我还是校队的一员哩。

同班同学陈宜述和我是球友，在校时我们很熟的；解放后他在洛阳拖拉机厂工作，我们是同行，来往较多。每次去洛阳出差，总要相晤相聚。我问他还打篮球吗？他说和我一样，五十年代还能在球场上跑，再往后就玩不动了。后来他在厂里任工艺处长，“文革”前曾以专家身份派去阿尔巴尼亚援助建厂，任专家组长多年。此后一些年来，我们渐少联系。

哪一年的偶然机会，黄康宇级友和我联系上了。几十年前的事，他竟记得清楚，他与我不仅是高工同学，还是武昌省二中的初中同学。更巧的是，黄的老伴蔡德庄，还是我后来在重庆南开中学高中 41 届的级友。黄康宇夫妇是大学同班，毕业后一起在武汉一所建筑设计研究院工作。武汉的许多建设项目都是他们的设计大作。黄任设计院技术领导多年直到退休。年前他患老年人疾病，住院治疗颇有时日，至今仍在缓慢恢复健康之中。我同他们也只有书信或电话联系，迄今数年没有机会晤面叙旧、畅谈别后，深以为憾。

我在汉阳湖北高工虽只念过两年，但在大半生的技术工作生涯中，深感在校受益甚多，终生难忘。不论是在搞汽车机务工作时，还是在船上当轮机员那阵子，就是后来在工厂里干的几十年的技术工作，和从五十年代后期当上了总工程师，我的动手干活技能，都是来自于汉阳高工读书时打好的基础，更有在国外深造时期，我是晚上读大学的夜课班，白天打工挣钱，在研究所实验室里当技工，干起技术活时得心应手，自己之所以掌握一定的干活技能，完全是在母校那两年学习得来。我深信母校培养学生的目标，就是要让每一个学生既学到理论知识又学到手艺本领，成为文武双全的人才。记得在国外攻读硕士学位时，我的论文是做的实验课题——“扭转振动模拟系统”的试验装置。它从头到尾就全是自己动手做成的，而且试验做出来的结果，对照理论计算的数据，十分可喜的接近。于是在学位论文答辩的时候，主持会试的老师满意地宣布我的答辩圆满结束，并在向我致祝贺之后，表达想要留下这套成功的实验装置的愿望。就这样，我轻易地收回了全部制作成本费，还给学校留下一个有意义的纪念。

在无锡工作的几十年里，每次遇上有突击任务时，我总是会在车间现场，且不当旁观者；常常是换上工作服和工人师傅们一齐加班加点干活，同享完成任务时的快乐。走上总师岗位之后，我积极抓紧建立产品试验室、工艺试验室和试制车间。这几个部门正是全厂技术人员进行实践锻炼的场所，既可让他们论证技术工作设想，又能练就动手实干功夫；对工厂发展前进来说，它是使产品推陈出新日臻完美的孵化器。

对新进厂的大学生，则要求每人都要做到会拆、会装、会操作调试本厂产品。派人出去为用户服务，规定要有技术人员与工人同行，既能及时解决好使用中出现的问题，又便于示范用户正确使用好我们的产品。有机会还可以集中距离近的用户开办培训班上课，教会用户如何维护保养好自己的生产设备，减少不必要的故障停机损失，节省使用成本费用。

我一直认为干好工程技术工作，只坐在办公室里写写、算算、绘图纸、编技术文件，不能成为合格的工程师；他们还必须具有现场及时解决好具体实际问题的能力。这是我从工作多年的一点见解，相信学长校友们也有这方面的体验，这也正是湖北高工培养学生并且切实要求的可贵之处。

追忆当年，我真的很庆幸自己曾经是湖北高工的在校学生。而此时，我正是以这种自豪的心情庆祝母校建校一百周年纪念，并衷心感激母校里教育和培养我们的老师们。

作者简介：罗明铮，1921 年出生于汉口，1936 ~ 1937 年在汉阳高工机械科肄业，1945 年交通大学机械系毕业，1948 年秋留美获机械工程硕士学位，1950 年回国。先后在中央重工业部、机械部、汽车工业筹备组，参加一汽选厂与筹建，1955 年调无锡，从事机械工业生产和新产品开发，上世纪八十年代初任无锡市政协副主席，直至 1994 年退休。

回忆母校

向振威

自抗日战争时期，母校由汉阳迁出算起，先后历经四次迁移。第四次迁移的校址是湖北宜恩小关镇大岩坝杉园，该地地势开阔——一条小溪贯穿全境，民房依山星罗棋布，四周群山环抱，森林茂密，一年四季郁郁葱葱，景色十分宜人。学校附近还有一个大水塘，是天然游泳池。由恩施通往重庆的公路经过杉园，将小关镇连成一线，相距约两公里。

学校建筑都是临时木结构，木柱架、木板墙，屋顶为杉树皮搭盖。整所学校除校本部为租用民房外，所有学生教室、宿舍、大礼堂、厨房等都是新建的。后因受水利局委托开办水利班，又建了两个教室。新宿舍未建之前学生借住民房内，当时水井湾的民房、田家院的民房均住有学生，我是 1943 年 3 月进校的，还在水井湾住宿过。

抗战时期的学生生活，衣食全由当时政府公费供给。每两年发一套棉衣，每一年发一套单衣。伙食以玉米为主，搭配大米，菜以青菜、黄豆、土豆为主，最常见的菜是将黄豆磨碎与青菜或南瓜叶下锅煮，名叫合渣汤，在山区因日光少，农民收回玉米棒不易干，所以挂在火炕周围晾干。因此玉米表面熏有烟层，虽磨碎清洗仍难消除，煮的玉米稀饭及干饭，总有一股烟熏味。厨房用的木柴和粮食，学校组织学生轮流利用星期天到指定地点去搬运，每人发有一个布袋，供搬粮使用。学校没有食堂和饭桌，晴天在操场上席地吃饭，雨天在教室内，班上同学自由组合，八人为一席，每席自备两个脸盆，一个装用秤称的饭，一个装菜，因席次为自由组合，吃饭是彼此可以互相照顾。我仍记忆犹新，同席吃饭的老同学有吴朝寿、徐应和、黄昌寿、黄致森、李长贵、孙为琪、盛自清，六十余年前的往事如在眼前，现在若能同席共叙别情该多好。

当时学科设置分三科，土木科、机械科、化学科。我在机械科学习，主要老师有徐善同、刘授之。徐老师还是学校教务主任，校长是张孔容。1944 年，张校长赴美国学习考察，徐善同老师升任校长，直至抗战胜利后，学校迁回汉阳针钉厂，到新中国成立后恢复建设时期。

学校第四次迁移由四川彭水迁往湖北宣恩小关镇时，教学用具、图书、仪器，实习用的机具设备，在搬迁途中中转站遭大火烧毁，因此图书课本极其缺乏。学生听课时只有认真记好笔记，或课前抄写课文摘要，学习条件之艰苦可想而知。同学们绝大多数是战区流亡学生，无家可归，但大家都很乐观，学习自觉性很高。上课时课堂秩序井然，教师细心讲课，学生认真听讲记笔记。早晚自习做作业都很用功，晚自习每人一盏烧灯草的油灯，在微弱的灯光下完成一天的作业，有时下自习的号声已响仍未离开，教室油灯油烟熏得鼻孔发黑。

学校领导对教学质量抓得很紧，考试制度严格，分期中和期末考试。期末为混合考试，在大礼堂举行，高班和低班同学混合编排座位，严格监考，防止相互作弊。期末考试若两门课不及格就留级，所以同学们学习不敢放松。

虽然学校地处山区农村，但学生假期和课余活动是丰富的。宿舍内响起阵阵歌声和二胡琴声；打篮球、单双杠练习，夏日到大水塘天然游泳池长距离短距离游泳；在报纸张贴处阅读报纸，关心欧洲盟军战局和太平洋盟军战局，关心抗日前线战局，增强对抗战必胜的信心；或手不离卷，伏案自学，或三五结队沿溪边小道或公路两旁漫步，观赏田野风光，放松疲劳，或同学们围坐畅叙情怀展望未来。

学校课程安排除普通课数理化外，机械科专业课如金工工艺、机械制图从一年级就开始学。金工工艺包括木模冶炼、铸造、锻造，车床、刨床、铣床、镗床、钻床、磨床等各类机床构造原理和加工范围，如机构学（即机械零件设计）、金属材料学、电工学，动力机械方面如内燃机、锅炉、蒸汽机、透频机、汽车学等。这些专业课大多是徐校长讲授。我是 1945 年毕业的，毕业后就抗战胜利，分到船厂工作至退休。在新中国建立前后，在恢复建设时期，在后来的船舶工业建设中，无论是在生产车间和总厂技术科室或加工分厂，母校和恩师给我的专业课教育都得到应用。“人不忘祖”“饮水思源”，值此母校百年校庆之际，特此感谢母校和恩师对我的教育。

作者简介：向振成，1924 年出生，湖北宜都人，1945 年联中高工机械科毕业。

记忆恒久的作文考题

胡家声

1945年抗日战争胜利初始，我考入在宣恩小关的湖北省高级工业职业学校机械工程科。1946年上半年复校汉阳月湖堤针钉厂。时光流逝六十年头，短暂的三年校园生活已模糊不清，唯独语文作文题“筚路蓝缕，以启山林说”一直清晰不忘。当时只有十五六岁，国学基础差，面对考题，我搜索枯肠，很动了一番心思，大概是到现在仍然记忆犹新的原因吧。

这是一个话题作文，连题意都揣摩不透，至于如何扣题，怎样开展论述，其困难可想而知。想是其他科目得到好成绩，我被录取遂了自己的意愿。怀着增加添能的目标，我义无反顾，离开山乡，告别亲人，负笈游学随校到武汉这个大城市，新的人生之路从这里开始起点。“筚路蓝缕，以启山林”出自《左传》，我没有读过，讲的是人生创业之道，它的意涵是在几十年的实际体验里被逐渐理解和深化的。

日本侵华战争给我国人民带来深重灾难，山河破碎，民生凋敝，胜利后人心思治，百业待兴。作文命题在当时情势下，学校在学识考核的同时，先入为主，给赴考青年以启迪、思考和导向，彰显了办学宗旨，并灌输注入考生的心灵之中。我们一辈是幸运的，尽管起步困难，行程艰辛，但都亲受新旧更迭，地覆天翻的历练，身处国家治理创伤，战胜穷困，争取温饱，再迈步小康的创业征程，是难得的历史际遇。个人成长有幸融入社会进步实践之中，给我们提供了施展才干的途径。世事难料，我没有从事所学专业，实现用业绩回报社会的抱负。仅有的中等知识结构，在日新月异的形势下难以有所作为。能够参与成为国家创业大军中的一名普通的员工，勠力有为，应是我的一段有意义的经历。入学考试时没有写好写完的作文，通过青壮年时期的践行，现在可以交卷了。实事求是地讲，要评分，至多只能判个62分，超过及格分数线，我很满足，并将带着欣慰的心情走完人生最后一段路程。

2007年3月12日

作者简介： 胡家声，1928年出生，湖北来凤人，1948年汉阳高工机械科毕业。

故事两则

张嘉静

风雨同舟　心诚志坚

那是在1950年4月3日，上级团委通知我校（武昌高工）组织青年去汉口市一男中听取中南局宣传部长赵毅敏的报告。学校团总支书记万邦本带领易德馨、田必光、陆钟、陆镁、高进仁、丁肇武、邹伯琴还有我等20位同学去参加那次报告会。

记得那天是风雨交加，电闪雷鸣。由于风力过大，雨伞撑不开，人也站不稳，哗哗的雨滴击打在我们脸上，让人感到生疼。雨水在我们脸上流淌着，让我们的眼睛变得模糊起来，看不太清前方的路。虽然天气非常恶劣，身上衣服几乎全已湿透，但大家都毫无退缩之意，依旧兴高采烈地向前赶路。

赶到汉阳门码头，得知由于风大浪急，轮渡暂停，大家急得像热锅上的蚂蚁，七嘴八舌叽叽喳喳，企盼风雨能快停下来。此时，突然看到江中有一木船朝这边划来，大家高兴得跳了起来，一边挥动着手臂，一边呼喊着"真是天赐良机!"小船刚刚靠岸，大家便争先恐后上船就座。当船划到长江中心位置时，又一阵狂风暴雨向我们袭来。船被大风大浪一会推上浪尖，一会又落到谷底，随时都有被湍急的江水吞噬的可能。这时大家意识到这是一次十分危险的航程，心里或多或少有些紧张和恐惧，但想得更多的是，这也是一次克服困难、磨炼意志的考验。同学们不由自主地相互紧紧靠在一起，手拉着手，背靠着背，相互关心，相互壮胆。这时，田必光同学带头唱起了歌，"解放区的天是明朗的天，解放区的人民好喜欢……""你是灯塔，照耀着黎明的海洋……"。在田必光同学的领唱下，大家越唱越带劲，歌声越唱越嘹亮，歌声压盖了风声雨声，歌声把我们带入了只有欢乐没有忧虑的境界。一舟乘风破浪，横渡十里长江。我们终于胜利到达彼岸，聆听了赵部长以批驳流传在青年中反动谣言为主题的报告。报告时间虽长达四个小时，但是由于内容重要，揭露得力，分析透彻，再加以赵部长高超的演讲口才，使我们长时间席地而坐不觉倦，着湿衣扎堆互暖不觉寒，因返校晚误餐，取剩饭（无菜）饱腹而无怨。

同学们风雨同舟，奋发向上的这段经历，至今回想起来还是那样的清晰，仿佛就在昨日。

“骑马”与“坐轿”

学校食堂的设施很简陋，没有板凳，开饭时同学们也没有固定的席位，男女分席八个人一桌，围满便可开饭。早餐只有一碗水煮黄豆就粥饱腹，几乎天天如此。开始男女同学是分桌就餐的，由于女同学吃饭、吃菜比较慢，量也较少，桌上总会剩余一些菜，有些男同学看着女生桌上的菜就打趣地说:“你们吃不完我们来帮忙……”

后来，发展到男女同学不分桌吃饭了，谁先到食堂，自然凑够八个人就可以开饭。一天，邻桌上有几位同学突然笑得前仰后合，腰都直不起来。其他桌上的同学连忙凑过来问:“什么事，怎么了?”哈！原来有一位同学的筷子被另一个同学的筷子紧紧按在菜碗里，嘴里忙说，“吃黄豆，只许骑马，不许坐轿”(意思是一次只能用筷子挑一粒豆子，不能戳多粒豆子吃)。这一小闹剧，乐得大家都哄堂大笑。

那时同学们的生活很艰苦啊！记得中餐、晚餐也只有三个素菜，如不克制，一碗饭尚未吃完，桌子上的菜就早已光了。尽管如此，但大家毫无怨言，没有怪话，没有牢骚。认认真真地读书，乐呵呵地过日子，时刻准备着迎接建设祖国的挑战！斗转星移，虽已世纪更迭，但只要一提到母校——湖北武昌高级工业学校，我们就感到非常骄傲和自豪。

作者简介：张嘉静，1932 年 12 月出生，四川中江县人，1950 年武昌高工染织科毕业，同年 7 月由组织选送中南公安学校学习，毕业后留中南公安部经济保卫处工作，1952 年 5 月调任武汉一纱厂工作，1953 年 4 月至 1968 年，任河南省郑州国棉一厂、四厂、三厂布机车间主任、厂办主任；1968 ~ 1988 年，支援“三线建设”，调到湖北省随州棉纺织厂，先后任厂办主任、技术科长、生产副厂长；1988 年至 1991 年 7 月，被聘任为四川省德阳市第一棉纺织厂厂长，筹备组建了三万纱锭的棉纺织厂；1991 年 7 月至 1993 年，被聘任为湖北省随州市第二棉纺织厂厂长。

回忆往事浮想联翩

冯远达

因为国防建设需要，我 1957 年从沈阳飞机制造厂支援西北基地建设四个新厂，逢多年浩劫，同学之间远离，鱼雁鲜通。现在离岗在家可又年老多病，回忆往事浮想联翩、彻夜难眠，深感力不从心。找本班万邦本、王云松、江映忠、周世谊、汪森等同学商写，邦本同学写了许多。沈阳吕少龙同学、广州刘少时同学又远离湖北多有不便。确实是不能也，非不为也，可是内心总感难过，像欠一件大事未了，现拼凑几首诗联和点滴往事回忆，与珍藏多年的照片，寄来供参考。

1949 年 9 月，湖北省立武昌高级职业学校含湖北汉阳高工、湖北大冶高职、武昌高商、武昌女高职。我们机械科在武昌大成路大成殿（孔圣人的庙堂）。万邦本、刘少时、江映忠等同学均是亲身经历的同期见证者。1950 年春季又将商科分出，校名改为湖北省武昌高级工业学校，机械科又迁回校本部——武昌西卷棚。一进校门奎光楼下，左手第一间教室就是我们机三下的教室，虽是汉阳高工、大冶高职两校机械科的两班合并，但上课只有十几个人，因为当时有些同学和家长对共产党的政策还认识不足，所以继续升学的同学只有四分之一。女高职单独上课，详情张嘉静、焦利勤、易德馨等女同学知道。我们机械科虽然两班合并，同学们来自五湖四海，但很团结，上课秩序井然，我们对陈老师、萧老师、王老师、张老师很尊敬，他们慈祥的面容、谆谆的教诲，至今声犹在耳、情未忘心。时刘少时、江映忠等同学做作业、破解难题的认真精神；吕少龙、谭济生同学课余时悦耳动听的小提琴声；1950 年武汉市庆祝“五一劳动节”大会，我班多数同学参加的“翻身花”“朵朵葵花向太阳”的歌舞声；田必光、朱运振同学拿着镰刀、斧头活泼欢笑的秧歌队的身影；还有全班同学种菜时薛笃伦、袁祖祥等诙谐笑语，至今未忘。还有毕业分配在沙市油厂、电厂、纱厂的同学每逢节假日相互走访，尤其在长江堤上、宝塔楼旁联欢的欢声笑语，和着川橘的甜味、花生的香味呈现出我们同学的友谊，真是香甜口中、其乐融融。曾记得 1952 年至 1957 年在沈阳飞机制造厂工作时，春夏秋季好天气，常常与吕少龙等七位同学及家属节假日互访，去沈阳北陵公园野炊游玩照相。有 1956 年卢振松同学（当时在南昌飞机厂工作）来沈阳与同学及家属合影留念的照片……青年时代的一件件往事将永驻我心头，使我心情久久不能平静，像似又回到了当年的愉快情景之中，真是其乐无穷。

2006年正月初八于黄石

作者简介：冯远达，1950年武昌高工机械科毕业，先后在湖北省工商厅，第三机械工业部，沈阳飞机制造厂，212、242、172、101飞机和仪表厂工作。

“高工”是我终生难忘的母校

聂美珍

湖北省立武昌高级工业学校（简称高工），位于武昌西卷棚，校长是徐善同。我入校是1950年4月1日，就读于土木专业（学校还有机械专业、化工专业、纺织专业），毕业时是1953年6月1日。这时已是改制的“中南建筑工程学校”，后又改为“武汉城市建设学院”，现由四所学院组建为“华中科技大学”。我也是“华中科技大学”的校友。

入学前，我已在湖北省立第二女子中学念高中，由于家境困难，想改考“高工”好找工作。没想到入学考试已过期。我只有去找徐善同校长，正好教导主任曹协中也在场，他原是省二女中的教导主任，他向徐善同校长介绍说:“她是省二女中高才生，毕业考试第一名。”徐校长拿出语文、数学和英语试卷叫我当面考试。考完后，他说:“考得不错，可以入学。”并叫我4月1日上学。从此，我就成了“高工”的正式学生。

土木专业原来全是男生，从我这一届开始才招收女生。我很幸运，一心想当“工程师”的理想就要实现了。我班开始有48名同学，毕业时只剩22名，有两个女生。同学们被分配到各个单位：有湖南省计委、湖南省建筑公司、中南建筑公司、武汉市政公司、武汉市城建委、武汉市规划局、兰州省建委等。只有我和王绍民、崔可浩三人留校教书。后因我爱人肖固秋（高工土本毕业）在大连海军工程大学，我调往大连，并参军到了“海军工程大学”(原海军208部队)。1969年中央军委命令，“海工大”由前沿（大连）“撤三线”，我才回到武汉。在“海工大”数十年，我一直搞营房基建工程，直至退休。

50年代的教育方针是:“理论与实际相结合；教育与生产劳动相结合；知识分子与工农相结合。”在这条教育方针的指引下，学校教我们不少本领，除了学习书本知识以外，在生产实习期间，泥瓦工教我学会了砌墙、砍砖；钢筋工教我切割、弯钩和绑扎梁、板、柱、基础筋；木工教我刨、锯、拼门窗；电焊操作我也会，还有车工、铣工等操作我全会。我还学会了使用平板仪、经纬仪和水准仪的测量技术，在工作中全用上了。70年代我在“海工大”时，实习工厂的配电房约70平方米，就是我和一些军人干部亲自拿泥刀砌起来的。有一栋厂房是杯形基础、桥车梁，约1000多平方米，是我们自己设计，主要由我们全院军人干部（只找了几个技术工人）自己动手建起来的。至今30多年，质量仍然很好。

土木专业的知识面很宽，在“高工”，我不仅学会了设计和测量技术，学会了施工监理，也学会了编制工程预算、决算和工程审计。学校的教学水平可算是当时第一流的，我得益匪浅。还有更值得怀念的是，“高工”是我踏入人生进入社会的阶梯；是我历炼做人做事的场所。学校老师身教重于言教的熏陶，使我养成了勤奋好学、艰苦奋斗、努力自强、刚正不阿、团结互助等为人处世的良好品德。所以说:“高工”是我终生难忘的“母校”。

作者简介：聂美珍，1932 年 11 月出生，湖北武汉人，1953 年武昌高工土木科毕业，参军后在海军工程大学工作近四十年。

难忘在高工的岁月

李汉玺

我们的母校——湖北高工已有百年历史了，我是她培育的学子之一，我自1950年春入湖北高工机械科学习，三年后于1953年春毕业，至今不觉过去半个多世纪了，在校期间的好多事情已记不清了，但这三年岁月中有些事情还是终生难忘的。

一、情系西卷棚

自1947年秋季我就开始在武昌西卷棚上学，先就读于湖北实验中学初中。1950年春季母校高工搬来西卷棚并招生，我当时初中未毕业，以同等学力报考，被录取后我很高兴地进入高工学习直至毕业。在这三年里，虽然国家经济困难，却对母校十分支持，每年都有基本建设：先后建了沿街的一栋拐角的二层教学楼，大门口的二层办公楼及后区的宿舍楼，还有实习车间、淋浴室等；教学设备也不断添置，如机械实习工厂原来只有落后的天轴塔轮皮带车床，1952年就购置了新的电机三角皮带齿轮箱传动的车床。这些今天看来很平常的事，当时却都曾是我们的殷切期盼，也曾给我们巨大的鼓舞……2000年，当我回访西卷棚母校旧址时，发现奎光楼等旧“贡院”时期建筑及50年代的建筑均已荡然无存，都被节省占地的多层楼房等取代了，觉得十分遗憾。

二、难忘在校期间的几件大事

在校期间时值解放初期，政治运动较多，对我们影响最大的是抗美援朝运动，我们从中受到一次深刻的爱国主义教育。当时，每天读报时间，我们最关心、最爱听的就是“朝鲜通讯”，抗美援朝战争胜利的消息和志愿军的英雄事迹给我们的教育太深了，使我们打消了“崇美”“恐美”情绪，更加相信、热爱共产党和新中国。随后发起了支援前线的参军参干运动，好多同学离开学校参加了军事干校。我们班刚进校时有38人，此时走了近半；后有部分同学从军事干校返回学校，到毕业时才共计21人。1952年春季，我们全班同学参加了荆江分洪工程建设。那时的水利工程建设是“人民战争”，几乎全靠人工。工地上没有汽车，混凝土搅拌机也很少，无论从长江藕池口码头到黄山头工地，还是工地内部运输，全靠轻便铁轨上人推的小平板车和翻斗车，混凝土搅拌、浇灌也主要靠人工。连水利部部长傅作义到工地慰问也是坐滑竿由人抬着去的。所以，工地上人山人海。其中主力军是湖北、湖南的农民民工，还曾动员了武汉市的三轮车夫等参战。在南闸工程指挥部，领导骨干是水利部来的，基层技术人员就是湖北、湖南、广东的大中专（包括母校）学生。这一造福两省人民的工程，在各级领导和广大群众共同努力下，短短三个月就建成了。我们亲身参与了黄山头节制闸建设的全过程，使我们深受鼓舞教育，也是难得的一次实习和锻炼。从工地回校后，母校特安排暑假期间补课，化解了对我们课堂学习的影响。

三、回顾高工对我的教育

我在高工学习期间，一系列政治运动深入开展，使我们在政治思想上深受教育，决心努力学好本领，毕业后为祖国工业建设效力。在文化技术教育方面，现在回顾起来，我以为是切合当时实际的，是成功的。当时正处建国初期的经济恢复时期，母校仍沿袭过去机械、土木、化工、纺织及电机科的设置，专业分得不细，着重技术基础教育；虽当时缺乏合适的中专教材，有时不得不由老师编写油印讲义或采用大学教科书，但由于教师水平高，同学勤奋好学，使我们专业技术的基础打得比较牢。例如，“机械制图”是我们的一门主课，一至三年级几乎每周8学时，用的教材参考龙门书局《工程画》，多数同学买不起书，靠借阅，仍学得比较扎实。曾养阶老师执教此课程时，深得同学爱戴，他对我们要求严格，我们更愿多向他讨教，争取作业能得A。记得熊中曙同学制图时，连三角板都没有，仅凭一个铜皮带扣，加上刻苦努力，他的作业时常能得A，令我十分钦佩。1953年2月我们毕业时，校址仍在西卷棚，高工校名已改为“湖北武昌工业学校”。我们全班21人，分配到黄石市源华煤矿、应城膏盐矿、汉阳造纸厂、汉口农具厂等单位，大家都是十分愉快地奔赴工作岗位，没有一个人对分配的地区、单位或专业闹意见的。

1953年4月，一机部、人事部通过湖北省人事厅、工业厅将我们班的11人又抽调到位于沈阳市的一机部第三设计分局，承担当时东北工业建设急需的工厂设计工作。我们11人被分配到铸造、锻工热处理、电镀、动力、采暖通风、给排水等专业设计工作岗位，通过培训后，边工作边学习，较快地熟悉了各专业的工作，几年后就先后成了各专业的技术骨干。我想，这应归功于湖北高工给我们的培养和教育。

作者简介：李汉玺，1935年12月生，湖北武汉人，1953年武昌高工机械科毕业，毕业后在中国核工业总公司设计局工作。

忆 母 校

——武昌高工开创了我的体育生涯及体健之途

周德星

曾记得2000年初冬，湖北高工同学会在武汉科大开会期间，我随同学长们一道回访了离别半个多世纪的武昌西卷棚——原武昌高工旧址。此处虽已面目全非，但我却记忆犹新，注意到运动场西北角的一处，是当年许鸿煊老师（后病故）和仍然健在的龚因老师孜孜不倦地教诲我练习田径和球类的场所。

在第二学年（即1951年）下学期，由于我体育成绩突出，经过市团校学习，即被选为首届校团总支军体委员，开始主持校篮球队训练比赛，并代表学校参加武昌区中学生男子排球赛及中学生运动会田径比赛。

1953年毕业后即投入国家第一个五年计划建设，本人被分配到湖北省工业厅。工作数月后，主动要求到沙市电厂。此后继续坚持锻炼，成为单位田径球类运动的主力，1955年被选入沙市工人篮球队及沙市男子排球队。此期间代表市参加了四届省级篮排球联赛；1956年在市团干运动会上取得男子100公尺12秒、男子跳高1.65公尺第一名和3000公尺长跑与跳远第二名。60年代调至武汉，后成为青山热电厂男篮球队主力，随后进入武汉市电业代表队。

七十年代中期，重返沙市，仍然拳不离手，直至花甲古稀之年，还继续坚持，故能保持旺盛的精力、健壮的体魄和零住院的记录。

回顾半个多世纪的历程，是母校老师谆谆教诲的结果，是体育运动锻炼给我强身健体的一个真实写照。

作者简介：周德星，1932年出生，湖北监利人，1953年1月毕业于武昌高工化工专业，先后在湖北省工业厅、沙市电厂工作。

擂功擂出工程师*

殷德庵

一、“唯楚有材”与魁星高照

在素有“九省通衢”之称的武汉市，商贾云集，热闹非凡。可是作为武汉三镇之一的武昌，却是全国文教事业鼎盛之地，与黄鹤楼一样，闻名全国。

武昌高工（以下简称高工）位于武昌西卷棚的一个并不起眼的院落里。校门对面的楚材街上，有座非常高大的牌楼，正对着校门。尽管牌楼上的油漆已斑驳褪色，但是，楷书“唯楚有材”的四个大字，显得更有独特的神韵。古色古香、飞檐斗拱的奎光楼矗立在院落中央。据说，奎光是指奎星之光，而奎星又俗称魁星，是古代神话中管文章盛衰的神。大概由于“唯楚有材”的召唤与激励以及魁星高照的缘故。因此高工是座非常有名的“擂功”学校。其隔壁的省重点中学——实验中学的有些学生觉得实验中学擂功气氛还不如高工，他们竟放弃日后可能留苏的机遇，而到高工来就读。

1951 年秋，我有幸考进了高工机械制造专业，开始了三年的擂功。

尽管高工位于小巷深处，校舍老旧参差不齐，唯独校门边凹形米黄色的二层教室晚间的日光灯格外醒目。我们每天除了吃饭、睡觉、参加文体活动外，十几个小时都是在教室里听课、做作业和自习。

德智体美全面发展的教育——擂功当头。学校在三年里给我们安排了四十几门课。首先，我们必须擂功，门门功课才能按期考试合格。文、史、地等一入学就有重点在短期内学完；政治、俄语、体育、音乐每学期都得学，用以培养我们高尚的道德情操、实事求是的精神、艰苦奋斗的作风、奋发图强的意志、对技术精益求精的追求以及健壮的体魄，胸怀祖国、放眼世界，将来做一个有益于祖国和人民的人。数理化尤其是几门高等数学是通向科技专业的桥梁和基础，二十几门专业课，贯穿了机械设计、制造、使用、维检等系统技术。几门有关钢铁的课程，把机械技术用在钢铁工业上。每周半天的校办工厂的实习、寒暑假到国内的大工厂参观实习，使我们理论联系实际。

---

* 擂功，湖北方言，指刻苦学习、认真读书。

二、良师益友——播功先导

优秀的教师、友爱的同学构筑了温馨的擂功环境。教授《范氏大代数》《微积分》的荣延寿是当时武汉鼎鼎有名的四大数学大王；齐振衰教授的波波夫《电工原理》，把抽象的、看不见、摸不着的电及其运行的规律，用深入浅出、形象生动、易学易懂的方式来诠释；吴世辉教授的《机械零件》，善于捕捉问题，抓关键，同学们考试几乎都是满分；李植淦教授的《理论力学》和《材料力学》对书本内容倒背如流，引人入胜；左德新教授把西欧先进的热机锅炉技术带回中国教我们；庄静贻教授把工厂的内燃机技术带到课堂上来；谢迪元教授和郑以南教授对机械技术融会贯通；陈家瑛教授教我们绘制出标准美丽的《工程画》；校办实习工厂的李香元和张宗大等师傅教我们机械操作技术，比如如何使用锉刀来加工机械零件、翻砂、打铁和车削零件等等。特别是在原始的炉火熊熊的环境下，用16磅的大锤，挥舞360°准确击中锻件的场景，至今记忆犹新。

政治教导员毛远忠，思想水平高、作风朴实、以身作则、平易近人。他把培养我们为人民服务的思想融于日常的学习和生活之中，使我们终身受益。他好像是来自韶山，但从不显露。

许、龚、陶教授我们体育锻炼的技巧和技能。同学们都积极响应“努力锻炼，准备为社会主义祖国健康工作50年”的号召，大家都参加球类、田径、体操、技巧等各项体育锻炼，能认真和准确地做广播体操，“劳卫制”每项都能达标，有的在省市的比赛中名列前茅，其中男子排球队获得过武汉市的冠军、蒋铭世获得过中南地区中长跑三项冠军……冯露茜教授我们音乐，她不仅教我们唱歌，还教乐理以及音乐欣赏，使我们在紧张的学习氛围中，有时也能陶醉在美妙的旋律之中，进一步提高了学习效率，许多同学拿起歌谱就能唱，有些同学还到工厂和街道去教唱群众歌曲。

共青团、学生会促进了擂功活动。团委书记邓述信号召大家努力学习，自觉地把自己培养成祖国的建设人才。学生会主席雷仁参加了全国首届学生代表大会，传达了学生的主要任务就是德智体美全面发展的精神。其中最重要的就是学好功课，打好基础，积极准备投身社会主义的建设事业。

由于学校场地有限，文体部长余应忠想方设法、合理安排，按班级规划了文体轮流活动的场地和时间表，让成千名同学在课外活动时间，能有效地活动起来。文体干事钱文惠冒寒冬酷暑为大家办事，风把嘴巴都吹歪了，仍照干不误；美丽的姑娘周尧芳、徐善馨、马宗惠翩翩起舞，她们优美的身姿，至今历历在目；滕立范用口琴能吹奏出交响乐、激动人心的《黄河大合唱》，还有他那嘹亮高亢的诗歌朗诵，如今仍在耳边回荡；体操王子郑康平、技巧公主冯友兰、女飞人李少珍等人的剪影现在依然深深地印在脑海中；周末晚上食堂里，在口琴、胡琴以及留声机伴奏下的师生交谊舞，使一周来的紧张刻苦的学习气氛得以缓解；读报员每天讲解时事政治；课代表解决学习的难题；学习小组帮助大家一起跟上趟；土建专业的聂美珍和机械专业的田玉琴是最早来校的女生、是擂功的楷模。

学校一日三餐荤素搭配，经常有江湖里的鱼，保证了擂功的营养之需。尽管校舍破旧拥挤，但打扫得清洁整齐。作息有序，保证了睡眠。

我不会织毛衣，三个班级的四位女同学利用课余时间帮我织，两天后我就穿上了新毛衣，身心都感到暖洋洋的。

我们曾到当时最好的江岸车辆厂和最先进的山西榆次经纬纺织机械制造厂实习。1954 年夏，针对我们毕业后将分配到祖国重点钢铁公司工作的现实，我们到太原钢铁公司进行毕业实习。

由于我们在校期间拼命擂功，以及进行了有针对性的生产实习，使人得到了全面的锻炼和准备，因此，我们一到工作岗位后，很快就进入角色，担当起工作。

同学之间的友情是最珍贵的。我的脾气不好，在班上得罪了许多同学，但每次评助学金，我都得甲等满票；毕业前不久，我的一条意见与同学相左，遭到了全班同学强烈反对，我想这次我和班里的同学彻底决裂了吧！可是事实却相反。1954 年秋，长江发大水，京汉铁路中断，我们毕业分配到北方的同学只好绕道北上，一路上车厢里特别闷热、拥挤、饥渴、疲劳。但是同行的同学对我格外关照，有的同学还语重心长地说："你一个人分配在一个地方，新的单位没人了解你，人要改掉犟脾气才好……" 临别赠送的金玉良言，使我如释重负，这说明我们是一个多么团结友爱的擂功大家庭。我就是这样带着健康的身心，奔赴祖国最需要的地方。

三、工程师的摇篮——擂功是动力

我们班的同学熊明炯、韩可兴、陈克疆、白德柱、陈教厚、陈霞珍、朱定瑜、滕立范、吴道圣、唐圣谟、周利国、张运鸿、俞洪秦（已故）、韦学槐、张双桂、刘昌光、殷立德、白汉生、俞洪年、曹操斌、朱履新、夏佩珍、周美富、胡德文、胡荣清、龚炳炎（已故）、张全亮、张庆丰、张才春、徐宗智、吴惟艺等同学分赴冶金系统的设计院或企业工作，他们为钢铁和有色工业做大、做强、做精立下了汗马功劳；周学奎、柴兴仁、郭建魁、金毅民、周锡麟、卢培元等分配在军工、煤炭和其他系统，他们也都做出了巨大的贡献。我们个个都成了高工、老总、专家或领导。

罗田机床厂老总胡荣清，画得一手好工程画，写得一手漂亮的仿宋字；黄石机床厂老总周锡麟在校时就是学习的尖子，尤其在解决数学难题上有一手；一冶老总张双桂一生都是为建设武钢呕心沥血，伴随着武钢的发展而成长，20 世纪 70 年代，手指就掉进了制氧机里，90 年代，在德国开箱验收设备时，不幸为国捐躯，英灵永远留在异国他乡；劳动模范、享受国务院特殊津贴的一冶经理韦学槐是冶建战线领导的榜样，他一心扑在工作上，积累了指挥现代化施工的经验，还干过不少援外工程，近年来，老当益壮的他还学会了计算机技术和外语；当年班里人人称赞的“小保管”张庆丰，从本钢干到了辽宁省标准局，现在来到北京国家方圆标志委员会，继续发热发光；机装班当年最小的张昆，一辈子把心血洒在大戈壁滩的酒钢，他经常一身油泥、一身汗水工作在现场，年逾六旬，又带着千锤百炼的身心与技艺，工作在异国他乡。

四、摇功摇出的“万金油”

1954 年 8 月 13 日，我分配到重工业部钢铁局地质处搞机械动力工作。我们经常出差到野外大山上的钻探现场。山上都是小伙子，也没有厕所，同行的小伙子见我整天不敢喝水嘴唇干裂，就关切地说:“小殷，我在远处给你放哨。这山上到处没有厕所，也到处都是厕所。”一次，住宿在招待所里，我竟梦见找到了厕所，高兴得差一点尿床。过了几个月，处长对我说:“以后你得一个人下现场闯闯，不能总是当别人的尾巴。”于是，我把一沓出差费分别藏在内衣兜里，历经近三个月，跑遍了分散在湖南和江西的十几个地质勘探队。经常起早贪黑带着干粮、水壶，跋山涉水，走几十里、甚至上百里路。夜晚，住宿在小客栈存放器物的小阁楼里，听到楼下喝酒、划拳的声音，连气都不敢出，怕出意外。但是，一旦爬上了高山，体验那“一览众小山”的激情，总是情不自禁地唱起:“是那山谷的风，吹动我们的旗……”一时间，山鸣谷应，《勘探队员之歌》久久在空中回荡，真使人心旷神怡。是高工的政治思想教育使我懂得越是艰苦的地方越是要去的道理；是高工的摇功使我能为勘探设备的操作、维修、保养和安全运转出一把力；是高工的体育锻炼给我健康的体魄，使我在高山峻岭面前，奋力攀登、勇往直前。

为了进一步做好工作，担负起更重的担子，我除了认真向老同志学习外，还抓紧时间，上夜大学俄语，系统学习大学的各门课程。不到两年，正当我干得起劲的时候，局里调我去编《地质与勘探》和《矿山技术》杂志。我虽然过去没有干过文字工作，却也要硬着头皮好好干。我们在主编的带领下，经常挑灯夜战，干得热火朝天。在这几年里，最使我难忘的是 1959 年五四青年节，我在中南海紫光阁见到了伟大领袖毛主席和其他中央首长。当敬爱的周总理带我跳舞的时候，他亲切地问我:“你做什么工作？工作中有什么困难？”我如实向周总理汇报了自己一直想到工厂干实实在在的技术工作，而不愿在机关里干虚的工作。周总理就教导我说："年轻人首先要树立正确的思想，长身体、长知识，要干一行爱一行。在哪里工作，就在哪里发热发光。"后来，我就全力以赴地投入杂志的编辑工作。1960 年夏，我调到《冶金报》当编辑。尽管努力学习新闻业务、读名著、背诗歌，精心编了两三个月的稿子，结果全都被"枪毙"。后来，我瞒着自己已几个月的身孕，壮着胆子向总编要报道任务，深入工厂采访。此后，我写的报道也能见报了。我决心向穆青学习，写出好文章来。"文化大革命"期间《冶金报》停刊。我的"单纯技术观点"抬头，觉得应该把在学校学习的东西用上，1969 年，我要求调到设计院搞设计。在贵州遵义现场，边学习、边设计、边参加施工劳动，经常加班加点，任务急的时候甚至通宵达旦地工作，体重减少了近 20 斤。经过现场两三年的锻炼，我已经能独当一面地完成设计任务了。当我高兴又掌握了一门技术的时候，设计院又调我当马列六本书理论学习辅导员。之后，冶金部又把我调回去搞了 20 年的设备工作。退休后的这 10 年，开始搞资产评估，曾先后被几个中国会计师事务所和 1 个外国会计师事务所聘请，评估了十几个重点企业、逾百个项目、逾百亿元的机器设备。1997 年 10 月，我到《冶金财会》杂志担任责任编辑，至今已出版一百多期，一百多万册。

回顾 1954 年 8 月 13 日，我成为一名勘探机械的技术员伊始，在高工擂功精神的激励下，我用火一样的青春，踏遍神州大地，让钻探机的隆隆声响，唤醒祖国的万岭千山，为祖国寻找地下宝藏。人生苦短，一晃就到了 2006 年 8 月 13 日，我已经迈进了古稀之年，离开学校也有 52 年。但高工擂功的那种执着和敬业精神仍然激励着我，"老骥伏枥，志在千里"，自己一定努力跟上时代前进的步伐，奋勇攀登。

作者简介：殷德庵，1954 年秋高工机械科毕业，先后在冶金部地质局、冶金部地矿司、冶金报社、北京钢铁设计总院遵义铁合金厂、北京钢铁设计总院宣传部、冶金部设备公司、中国有色金属工业总公司装备局、冶金财会杂志社工作。

我爱母校武昌高工

高法廉

她坐落在武昌西卷棚“唯楚有材”大牌楼的对面，其原址是武昌府贡院，校内有座奎光楼，是读书人一定要顶礼膜拜的，在后面是大厅，高大、肃穆，那些经过乡试、县试，直至府试而后中举的人，定是欣喜若狂、情不自禁的了。张之洞兴改革，办学堂，武昌高工也是他的业绩之一。

我们在解放后，进入武昌高级工业学校，免交食宿及学杂等费用，贫困学生还可申请困难补助，为国家输送各种工业建设人才。我最热爱的老师盛才华授课时面带微笑，自编教材，对苏联高尔捷耶夫的《纺织学》著作之缪谈进行修改，深入浅出之教学方法至今难忘；姜怀老师在黑板上演绎纺织数理统计，一气呵成，令人惊叹；还有罗本初老师讲电工学，用左手定则和右手定则形象记忆电动机与发电机，使我至今难忘，老师们孜孜不倦的教学，培养我们学习兴趣和基础知识，以及自学能力，并营造了浓厚的学习氛围，同学们清晨琅琅读书声，酷日炎夏秉灯夜读，致使人才辈出，我们的老师有的已经作古，而当学生的如今也进入古稀之年了，回想他们，一股崇敬之心油然而起，他们的神态永远留在心中。

同学们毕业了，工作后我知道有不少同学已经成为某方面的权威，著书立说者有之，发明创造者有之，建功立业者有之。刘景明同学在江西纺织印染厂受中纺部之托承接研制全国第一台特异喷气织机，取得巨大成功，得部定专家组组长盛老师和全国专家一致赞誉；李太享同学在天津纺院任针织系主任，著书立说是全国针织专业上的权威；肖汉滨同学自学英、日外语，以及有机化学、弹性力学、逻辑线路等并著书《祖克浆纱机的原理及使用》，在全国各省宣讲，已成为这方面的权威；胡国柱同学致力于世界语研究，已是全国世界语学会理事。土木科郑光华同学是武汉市城建委副主任，徐铁生同学是葛化厂长、梁方义同学是东华大学纪委书记，武汉纺织局书记乃熊昌发同学，高选鼎同学是湖北省纺机公司总经理，郭齐礼同学是湖北省科委负责人之一等等，还有许多同学都是教授、高级工程师、企业家、总工程师，在事业上创新改革，撰写论文、专著，活跃在学术界谈经论道，不一一论述。

在母校百年之际缅怀往事，历历在目，备感亲切，许久不动笔的我又有了冲动，怀念我们的母校“武昌高工”，怀念我们的师尊永远都是我的老师，怀念我们的同学在不同的岗位、不同的层次都取得优异成绩和科技成果，由衷地感到兴奋，感到自豪。

2005 年春节

作者简介：高法廉，1951～1954 年就读于武昌高工纺织科。

一个甲子的回眸与祝愿

李裕荣

时光荏苒，岁月如歌。犹如万里长江，直奔眼底；百年母校，注到心头。

伴随百年母校，我们走过了六十个春秋。遥想当年，我们披着薄明的晨曦在绿茵场上操练，迎着灿烂的朝阳在东院朝读，踏看绚丽的晚霞去西院自习；追忆昔日，我们聆听李教授的《理论电工》使人启迪入门，汪毅教授的《电机学》叫人茅塞顿开，宋迎斌教授的《电力拖动》令人心旷神怡；更有蔡指导员教我们修身养性，做人做事，树立正确的人生观。

尽管我们离开母校已有一个甲子，但母校对我们孜孜不倦地教诲，谆谆善育地传道授业解惑，至今依然历历在目，记忆犹新！母子般的情谊难以忘怀！

值此，母校——武汉科技大学庆百年盛典之际，献上我们已过古稀之年的游子美好的祝福！喜做贺寿诗："寿星寿辰舞蹁跹，寿山寿海庆盛典。寿仁寿德传亘古，寿桃寿李长精神。"祈祝母校繁荣昌盛，多出人才，多出名家，多出大家，多出成果。

作者简介：李裕荣，武汉钢铁学院58级校友。

我工作的几段往事的回忆

——献给武汉科技大学120周年华诞

张公威

春华秋实，武汉科技大学这棵古木参天、枝繁叶茂、旺盛高大而绿叶成荫的大树已是硕果满枝。一批中国工程院院士、专家学者、党政领导、国有大型钢铁企业的董事长和总经理在树丛中熠熠生辉，分外耀眼。历经百余年的风雨与磨砺，巍巍武汉科技大学已被誉为“冶金高层次人才的摇篮”。在这个满怀希望、憧憬未来，引学子们无比自豪的时刻，我们即将迎来武汉科技大学120周年华诞。我作为武科大65届1970年毕业的学子，心系母校，怀着与母校风雨同舟、休戚与共和一份朴实而真挚的感情，回忆我1970年11月从母校毕业，参加工作37年中的几段往事，将从中得到的感悟书写出来，作为一份薄薄的礼物，奉献给武汉科技大学120周年华诞。

1970年11月13日我从上海乘火车来到山城重庆，到冶金部第十八冶金建设公司（以下简称十八冶）报到后分配在三公司机修科当电工。3个月后我和电工班的师傅们作为十八冶先头队伍来到重庆市綦江区朝贵州方向一百余公里的麻柳滩工地，在这里，十八冶为重庆钢铁公司建设烧结车间和磁选车间，利用当地的铁矿资源为重庆钢铁公司的高炉生产和输送精矿粉。当时工地没有任何电力，照明是用煤油灯。我们的首要任务是架设一条从大鱼沱经小鱼沱到麻柳滩的一万伏高压线。这条高压线架设于人迹罕至的崇山峻岭之中，要翻越三个山头。我人生第一次身负重荷、上山爬坡、日晒雨淋、风餐露宿的工作历程从此开始。在深山老林中，我和师傅们在无任何机械帮助下，凭借我们的体力和课堂上学到的力学知识将一根根12米以上的高压电线杆以单根或双根门形竖立起来。每天我和师傅们背着沉重的、要安装于高压电线杆上的金具翻山越岭至高压电线杆脚下，不顾全身已汗流浃背，立马拴好保险带，挂上踩板，攀登电线杆。初次攀登，我是生手，既费力速度又慢，爬到杆顶已筋疲力尽。多少次的磨难与锻炼，我终于练就攀登电线杆身手轻捷，熟能生巧。古人说：“苦其心志，劳其筋骨，饿其体肤，空乏其身。”在这里我都有了亲身体验。这种在深山丛林中的重体力劳动，我们只能带干粮——两只馒头。到中午时，人从电线杆上下来，已是又饿又渴，这种干馒头确实咽不下去，拖着疲惫的身躯，在山林中到处找，好不容易找到一户农家，得到的是农家屋檐下流入门口石臼中的雨水。这是我一生中第一次喝到这样的水，可以说终生难忘。接下来终生难忘的事还有，就是当我和一位师傅在电线杆上作业时，我的手指头被 8 号粗铁丝锋利的断头深深刺破，鲜血一下子涌出来，半只线手套被染红。人们说十指连心，我就是这样的。当时我一边紧按手指头止血，一边想办法如何下电线杆。但是我眼前已开始冒金星，接着是一片黑暗，我已看不见东西。我只能双手紧抱电线杆头上的铁横担，双脚踏稳踩板，头部搁在电线杆上，豆大的冷汗沁出脑门，顺着脸颊流水般地不断淌下去。大约一个时辰过去，我才渐渐恢复正常。

在这两个月的架线、通电作业过程中，毫不夸张地说，我每天都会流血流汗。一个刚走出校门、没有实践经验的我，现在正接受实践的严酷锻炼，接受血与火的考验，我终于挺过了这一关！

在麻柳滩、小鱼沱五年的野外工作，我干过外线、内线，大型设备如日本 40 立方米空压机、120 千瓦抽水泵设备、直径 1.6 米的提升卷扬机等设备的安装与调试，修理过各种类型，包括 75 千瓦的电动机和 100 千伏安的变压器等等。通过这些历练，我积累了大量的电气实践经验，夯实了理论基础知识，为我今后更好的工作奠定了坚实的基础。

苏联作家奥斯特洛夫斯基在《钢铁是怎样炼成的》这本书中说过：钢是在烈火里燃烧、高度冷却中炼成的，因此它很坚固。

如果说我在麻柳滩工地上经受了烈火的燃烧，那么 1988 年我在重庆钢铁公司一百万吨铁系统技术改造工程中又经历了一次，也是终生难忘的“高度冷却”的锤炼。

1988 年 7 月，重钢百万吨铁系统技改工程进入了紧张的攻坚战。我在二公司机动科担任副科长，负责生产。二公司担负着重钢“高炉、焦化、烧结”工程中高炉战区工程，这是整个重钢技改工程的主战场。我们机动科配合公司的整体施工方案，利用现有施工机械设备，自行设计、制造并安装了一个大型机械化半自动化的混凝土搅拌站。我们生产的混凝土要充分、及时地供给高炉基础，四个热风炉基础，三个施工平台上的大型、大体积、重力式挡土墙和大型构筑物，如烧结矿槽、鼓风机房等。按照公司指挥部的要求，我在混凝土搅拌站正组织一次重要施工节点上的混凝土输送。当时的搅拌站内人欢马叫，机器轰鸣。后仓，装载机轰鸣着在上骨料；前仓，翻斗汽车喇叭声声在接混凝土料，工人们喊着劳动的号子，扛着百多斤重的冰块投入约一层楼高的水箱，七台大型搅拌机飞速地运转着。整个搅拌站显得那样紧张而不失祥和，忙碌而有秩序，机器声、号子声演奏出了和谐的劳动乐章。正当我有条不紊地指挥生产时，只听得配电房传出“啪”的一声巨大的“跳闸”声，紧接着所有机器停转，站内一片寂静。我意识到问题严重，立即追问怎么回事，并迅速冲向配电房。这时配电房内已是一片乌烟瘴气，打开所有配电屏，一股浓烈的焦煳气味迎面扑来。我还没有看清什么，立刻感到这不仅仅是问题严重，而是遭到了灭顶之灾啊。在这个节骨眼上，出这样大的事故，不仅我、机动科、二公司，甚至于十八冶都不好交代啊！我站在这几块低压配电屏前，呆若木鸡，顿时感觉一股冰凉的冷水从头浇到脚跟，这是一种真正的“高度冷却”！这是我从未有过的一种恐惧感。至今，那场景还深深地印在我脑海中。毕竟我在十八冶经历了各种场面，经受了众多的磨炼和考验。我尽量镇静下来，仔细地观察配电屏各部位，我发现，屏内所有密密麻麻的、排列规整的控制线路没有遭到破坏，各式交流接触器和中间继电器是完好的。再一闻，焦煳气味来自一块配电屏下方主回路接线端子板，再仔细察看和分析，接线端子板是黑色的电木制作而成。由于搅拌站用电负荷大，主回路电流大，引起接线端子发热，这个热度随着时间的增加，促使电木炭化，逐渐成为一个“半导体”，炭化到一定程度，它就成为导体，造成主回路380伏线间电压短路，从而产生巨大的短路电流。好在我们的主控开关、1500安的自动空气开关的过电流继电器及时动作，促使空气开关跳闸断电，避免了事故进一步扩大，是一种对控制系统有效及时的保护。找出问题症结，我当机立断切除电木接线端子板，主回路采取直接联通，然后再遥测主回路系统和控制系统的绝缘值，情况反映出来一切正常。时间不允许我多想，我也不可能有时间考虑合闸后还会在哪些地方发生意外事故，我当机立断决定并亲自将1500安的自动空气开关合闸。在“啪”的一声响亮的合闸声中，搅拌站恢复了供电，我心中一块巨石终于落地。随着搅拌机的轰鸣声、汽车的喇叭声，一车接一车合格的混凝土又从二公司搅拌站输送到高炉施工现场。而搅拌站刚才发生的惊险一幕，也在二公司高炉现场快节奏的施工浪潮中无声地消失了。

我回忆这两段工作经历，说明我们这一代武科大学子牢记母校“厚德博学，崇实去浮”的优良传统，发扬实干作风。我们是在斗争中和艰苦考验中锻炼出来的，这种传统和作风，造就了我们这批学子不畏艰难困苦、顽强拼搏、敢打硬仗、勇往直前、不断追求卓越、追求事业上的成功和工作中的尽善尽美的人格素养。

我要感恩十八冶二公司，她让我在工作的风口浪尖上得到理想与价值的体现。在二公司，我领导和指挥了第三军医大学西南医院烧伤大楼、重庆钢铁公司水厂、凯旋路电梯井、重庆建设厂雅马哈车间、重庆嘉陵厂木壳车间、重庆新华印刷厂胶印车间、重庆南坪汽车站等项目的机电安装工程；重庆高压开关厂SF_6断路器车间及综合大楼工程、重庆特殊钢厂钢材库技改工程；参与了安居水电站、重钢百万吨铁系统、重钢两座50吨转炉、重钢大型轧厂节能技术改造、重庆大都会广场、重庆奥克国际贸易中心工程（万豪大酒店）等工程建设。在二公司机动科，我们自行设计并自力更生地建造了两跨中型厂房，在厂房内自主改造、安装了两台分别为10吨与15吨的轿式行车，给全体员工创造了一个文明、舒适、整洁、安全的工作环境，进而加强了公司机械设备的管理与维修，为公司创造了更多的“红旗”设备，同时也为公司承建的各类工程项目提供了大量可靠的施工机具。在我领导下，机动科大力发展基础工程施工和钢结构工程施工；为机动科制定了一整套规章制度和生产工艺流程，促进机动科不断向现代管理制度企业迈进。我们通过改革，团结拼搏，不仅实现了一个机械设备供给后勤保障单位，在每年完成本单位应完成的任务外，还取得了实现数百万元的产值和向公司上交数十万元利润的骄人业绩。

我还要感恩十八冶的姚晋川董事长给了我一个舞台，在他的领导和指引下，让我去实现自己的人生价值。

在科技质量处，在姚董事长和其他各位领导支持与帮助下，我们作为一个职能部门，针对公司的科技进步、质量管理体系建设、贯彻质量方针、实施品牌战略，进行了开创性的工作。在质量方针和品牌战略的指引下，为公司在工程项目创奖上获得了历史性的成就，它们包括：中国建筑工程鲁班奖（国家优质工程奖）、詹天佑土木工程大奖（国家最高科技创新奖）、中国钢结构金奖、全国优秀焊接工程一等奖、全国用户满意建筑工程、全国工程建设质量管理优秀企业等大奖。与此同时，我也经公司推荐、姚董事长批准，先后荣获“全国工程建设质量管理先进工作者”和“中国冶金科工集团科技管理先进工作者”的称号。在中国共产党成立八十周年时，被公司评为优秀共产党员。

我在十八冶勤勤恳恳、踏踏实实工作37年。2006年8月10日我将满60岁。8月初姚董事长对我说：你要工作到8月31日。十八冶当时正在实施“三标一体化”（质量管理体系、职业健康安全管理体系、环境管理体系）认证前的准备工作，我也将8月份的工作安排满了。因为我决不会因即将退休而怠慢自己的工作。12年过去了，至今我仍清楚地记得2006年8月31日这一天我在十八冶是如何度过的。这天上午同事们到齐后我召集大家开会，了解、布置“三标一体化”下一步工作，要求有关人员做好准备，陪同公司主要领导出席外事活动。会后，我去姚董事长办公室，汇报四川三峡认证有限公司董事长兼总经理傅世乾（原四川省质量管理厅厅长）一行上午10：00左右将到我公司了解公司“三标一体化”认证工作并进行指导的事宜。我请公司最高管理者能接见傅世乾一行，我与科技质量处相关人员陪同出席并做汇报。姚董事长对我说，今天上午他要出席重庆市大渡口区人大重要会议，将安排田贵祥总经理出面接见。上午10点钟不到，傅世乾董事长一行来到十八冶，由田总出面在姚董事长专用会议室接见并会谈。我与科技质量处黄亚萍副处长、周建兰科长等陪同出席并由我汇报相关工作。我记得，傅董事长在会谈中对十八冶“三标一体化”认证准备工作表示认可，并认为公司通过认证是有希望的。另外他也提出了公司下一步应该努力的方向。下午2点钟左右片区及办公大楼停电，公司决定全体员工3点钟下班，同时通勤车准时开出。快到3点时我下楼来到底楼楼梯口，正好碰到姚董事长回公司，我趁机向他汇报了上午会议的情况。特别说明，傅董事长肯定了公司的工作，认为公司通过“三标一体化”认证是很有希望的。我同时向姚董事长道别说，明天我不来上班了。

当我提着我的工作手提包，怀着轻松的心情走向通勤车时，我感到自己好像一个小学生放学回家一样，我已经完成了我在这个单位应做的一切工作！通勤车的车轮开始转动起来，我一生为之奋斗、献身的十八冶及象征着十八冶精神的办公大楼在身后渐渐远去。而我对十八冶的怀念和回忆从此开始。多少年来，当我回忆往事的时候，回忆起我工作的最后一天的情景，我内心充满踏实感。我不会因在十八冶虚度年华而悔恨，也不致因碌碌无为而羞愧。

回忆我一生工作成长的经历，我深深地感受到：人生的航船从武汉科技大学起锚，理想的翅膀从这里张开。我要感恩武汉科技大学，感恩各位领导和老师对我的教育、培养和鼓励。武汉科技大学的优良传统“厚德博学，崇实去浮”将永远伴随我、激励我一辈子！

在武汉科技大学迎来120周年华诞之际，我庆贺母校，庆贺您120年来的辉煌和荣光；我祝福母校，祝福您的明天会更美好！

千言万语汇成一句心里话：“武汉科技大学，我热爱您！”

写于2017年10月10日

作者简介： 张公威，武汉钢铁学院工业企业电气化自动化专业电（65）16班，中国十八冶原科技质量处处长、教授级高级工程师。

我的教学、科研与写作的故事

秦裕瑗

一、早年的教学工作

1950 年我毕业于上海大同大学数学系，经老师杨武之教授介绍来同济大学数学系任助教。经院系调整，1956 ~ 1972 年在武汉测绘学院工作，在教学上为测量专业服务，推行了用向量分析方法讨论微分几何问题。50 年代时，人们认为数学发展中心是泛函分析，我曾攻读它多年。由于它的内容十分抽象，曾遭到不少理论脱离实际的指摘。

1977 年大学恢复招生。湖北省决定同时举办数学、物理、化学、力学等七门基础课的师资培训班。在省教育厅论证办学的师资条件时，有学校感到为难，举例说，数学系的泛函分析课就没有任课教师。会上我自告奋勇，承担这门课程的讲授任务。1980 年，我同时给中国地质大学数学师资班和武汉建材学院数学师资班三四年级讲授泛函分析课，有的学生对泛函分析十分感兴趣。一天武汉建材学院的数学师资班毕业生蒋春澜带了礼品来我家拜年。他那时已经是河北师范大学校长，谈了两件事：一是从建材学院数学师资班毕业后，他和同学一起考进了吉林大学攻读泛函分析的硕士、博士学位。据说他当时的导师江泽坚教授很惊讶，问他们在大学里的启蒙老师是谁，怎么会在那个年代，能把你们引导入这么抽象的数学分支中来？另外一件事，他们两人毕业后工作十分勤奋，一个成果已经编入大学泛函分析的课本内容，×××已经是加拿大多伦多大学泛函分析教授。

顺带还说一件事。我在测量专业讲授高等数学、微分几何和泛函分析还是努力的。他们在大学读书时听过我讲的这些课，而在当时我就已经感到是那些学得很优秀的年轻人中，后来有六位学生钟万勰、许厚泽、宁津生、陈俊勇、刘金楠、张祖勋等得到院士称号。

老师不同于从事别的职业的工作者。他们总是企盼他的学生超过自己。哪个老师会妒忌他自己的学生呢？我们总说，教师是一种令人尊敬的职业。我想一个重要的原因，就在一个教师能够听到他的学生做出如此成绩，总会为他们的成绩十分骄傲庆幸的。

二、离散动态规划的故事

1972 年我从武汉测绘学院调来武汉钢铁学院。1974 年“火烧三层楼”的日子里，我从数学教研室被调到采矿工程教研室。主任汪英标老师和我一次正式谈话，讲了在采矿工程专业中有三个问题可能用数学方法来解决，其中一个是沿最短路运输矿石的问题。

关心最短路问题成了我做学术研究工作的一个转折点。

1978 年 11 月，中国数学会第二次代表大会在成都召开，我第一次正式向学者们交流有关动态规划的研究成果。至今，我的科研生涯与写作工作经历了整整四十年。时间跨度几乎与改革开放至今的一样。

至此，知道了它是动态规划的一个基本问题。读了劳贵的入门文章《动态规划简介》多遍，印象是，它的基础，Bellman 最优化原理，很难理解；而它的求解数字题的递推公式十分繁琐，缺乏数学美。向周围同事请教，有的人表示，干脆不理最优化原理，无根据地用递推公式求解某些数字题。看来，这是一门难学的学问。

这个递推公式与线性代数的矩阵十分相像。多次想到，能否建立另外一种矩阵？果真如此，还要在概念上，从正无穷大 $+\infty$ 引出“零元素”。当时没有勇气做出这个离经叛道的事。经过一年探讨，我终于下了这个决心，设计出一种类似于线性代数的矩阵，叫作摹矩阵，得到了在多阶段有向图中求解最短路问题的代数方法。一经向同行亮相，反应是正面的。吴学谋就讲“这是好东西”。后来知道，当时欧洲也有学者开始用这种工具研究别的问题，直到 1990 年法国学者才宣布摹矩阵相关的代数学正式成立。

有同行学者支持，我更积极地发掘它的应用，获得多个有意义的应用。我还在动态规划中建立了一个原理，叫作嘉量原理，绕过 Bellman 最优化原理和递推公式。

那一阵我接连发表了近十篇论文。

我所做的工作只是给动态规划的计算部分提供了方法和应用。对它的基础，最优化原理和递推公式之间的关系，总感到含糊不清。那时我已经近六十岁，有老年人的思想包袱。自己学不懂的东西，问人又怕丢丑。最后想通了：一次丢丑，终身弄明白。

一次问吴学谋，为什么 Bellman 最优化原理和递推公式总是读不明白。他看了我给他的复写材料。不久就回复说：“按这个复写的材料（直接译自原书原文，译文可靠），您本来就不该读懂的。作者自己并没有说清楚两者之间的关系。”

学习一个学问迟迟不能学懂，可能有三种原因。一是读者自己学习不够努力。其次是转写资料的作者没有写清楚或译文不准确。最后一种是这个问题本身在学术上还没有真正研究清楚。

吴的答复没有正面解决问题，但是它鼓励我进一步探索。这里有一个思路问题。几十年来，国内外学者不时讨论这个问题，用各种反例指摘它的不是。我也参与其中。Bellman 本人的辩解并不令人满意。但是说完了反例，并不能从根本上解决问题。

后来我才意识到，学术上单靠指摘，不会得到好的结果。我开始换了一个思路，对原理发问。原理究竟说了些什么，没有说什么，如何补救？研究的结果，自以为真的前进了一步，弄清了两者之间的逻辑关系。

新结果放在面前近两年。一天，在做别的工作时，突然发现，在嘉量原理的基础上可以给动态规划整理成一个公理系统。眼前一亮，面前展现了一片晴朗的天地。

吴学谋和覃国光对我所建立的次优原理并不满意，我们一起合作，不仅建立首 N 阶优化原理，还得到代数的求解方法。

五十年代 Bellman 提出动态规划时，他和有些学者就曾经尝试建立公理系统而未成。

几经犹豫，我下决心，按照自己的思路，改编所写的讲义工作，花了一年左右时间，在新的框架中，克服诸多困难，得到了新的结果。终于完成了书稿。

在我看来，动态规划已经是一门既有公理系统，又有代数工具的应用数学分支。

从教几十年，我教课、担任行政工作之外，还花很多时间进修业务，做科学研究。“文革”前我出版了 4 本半从德文翻译成中文的《高等数学》教材，加上接受高等教育出版社委托，编审了一些德文数学译稿，总共大约有 100 万字的篇幅；还翻译了 20 万字的俄文泛函分析文摘。这四十年中，我完成了三部专著，两本中文的，一本英文的；完成了一本教材《运筹学简明教程》的第 1 版与第 2 版（普通高等教育“十一五”国家级规划教材），两本科普读物，翻译了两本德文数学书，还发表了四十篇论文。除了十多年前发表的三篇外，在这 14 本书中，有 4 本是合作完成的，其余全都独立完成。随着多次参加国内的学术会议和国际学术会议，在 1985 到 1990 年间我先后访问了欧美 7 个国家，在 14 所大学或会议上曾经交流自己的学术成果，并得到相应学者的支持和帮助。

每篇文章、每本新书出版时，我总是一次又一次地面临同行学者的批评指正。“文革”期间，我读到恩格斯在《反杜林论》中的名言：“不要以为我们纠正前人的错误那么多。要知道，我们的后人将来纠正我们的错误要比我们纠正前人的多得多。”五六十年来，我始终记取这一教导。这是科学技术发展的历史辩证唯物观。我会以平静感激的心态正确对待学术批评。

三、一组定理的故事

一天，突然想到，摹矩阵既是一个有用的计算工具，也应该在推理过程中起到应有的作用。这一十分简单的想法让我工作了半年多，把当时所知道的近十个著名算法用摹矩阵一一代数地加以证明。1981 年发表了文章《论最优路算法》铅印在 16 开本上共 31 页。而后的二十多年中，这篇论文伴随着我，我也一直在呵护着它。

当时，我的文章主要刊登在吴学谋主编的学术期刊《科学探索》。记得送审这篇文章时，给编辑部写了一封信说，这稿子有点像教材，又那么长，如果不合适，就不发表吧。编辑部复信说，这样的稿子怎么能不支持?

1985 年我出国访问两次。先去美国参加美国数学会的暑期学术会议，后去捷克斯洛伐克访问布拉格大学和莎菲力卡大学，并参加东欧的一个最优化会议。我问美国的会议主席、加拿大籍 Ivan Rival 教授，怎么知道我这个人的。原来是出国人员提供一批国人的学术信息，他选中了我。我做了报告后，会议主席走上讲台握手，认为他们都不知道我做的工作。我同样问捷克邀我去的主人 Peter Botkovice，他说《科学探索》上的这篇文章在美国《数学评论》有摘要和评论。他追踪这评论，在荷兰某个图书馆查到我的中文论文，他凭着文中的符号公式，花了半天时间，弄清我和他是小同行。他也是以摹矩阵为工具研究另一个问题，从而建立了学术联系。在捷克斯洛伐克会议上做报告后，波兰的一位博士积极和我几次讨论了我们共同关心的工作。由他出面组织，邀我 1987 年访问中欧四个国家，即波兰、捷克斯洛伐克、东德和奥地利。

这篇文章当然纳入了所写的讲义《嘉量原理》之中。这本讲义给多所大学的研究生作为运筹学专题的课本。初始讲授时，我自以为得意。讲了几次，新鲜感淡去了。再一个个地讲算法的证明，对类似性感到厌倦。这时，我意识到，背后该有一种思想统管着它们。几经反复，真的做出一个统管的办法。我对此提出了一个基本方法，而自己又很不放心。1987 年暑假在兰州将召开全国图论第五届会议，因为我准备出国，不能去兰州了。一天天气十分炎热，我去华中师范大学向毛经中教授请教，他没有见过所提的办法，我请他在兰州会议上请教有关的学者。毛回来对我讲，这个思路可以放心大胆讲。

这次去中欧的第一站是奥地利，做的第一个报告就是上述的新想法。主持会议的 Burkard 教授听完后，第一句评语就是“毫无疑问，这是新的”。

第二站，在波兰访问六个星期，做了六场报告。最后一次报告讲 Bellman 最优化原理。那天到会学者很多。坐在第一排中间的 Garzing 院士听我讲到该原理和递推公式之间的关系“既不充分又不必要时”，他甚是惊讶。报告结束，他邀我去他的办公室喝咖啡，他说，他听过很多关于这个问题的报告，这是第一次听人这么讲。

第三站是东德，访问了马克思的母校——东柏林洪堡大学三个星期。最优化教研室主任谈到他是布拉格大学教授，在柏林兼职，周一至周四在布拉格，周五至周六在柏林。他告诉我，本来这是自动化教研室，一次东欧社会主义国家教学科研质量调查结果，认为这个教研室发表了不少论文和书籍，但是在学科中始终没有形成几个重要概念，决定改变教研室的学术研究方向为最优化，教研室主任改为 No。我做了一次报告，主任向听众介绍时，第一句话是:“我们很荣幸，在伟大数学家维尔斯特拉斯教授的办公室接待中国同志，听取他的演讲。”

1988 年 Burkard 教授来访我校时，我已经把上次在奥地利所讲的方法写进了英文专著稿，《Optimum Path Problems in Networks》成为一章，并请他提意见。第二天晚上，他征求我意见，接着再征求我校卢寿慈院长的意见，能否在下一年即 1989 年秋季，去他的 Graz 技术大学数学研究所工作一学期，三项任务之一就是开讲一门课，周学时为 4，讲授我所写的英文书稿。结果，1989 年秋，经他建议，由奥地利国家科学部发文邀请我去任该校的客座教授一学期。我按规定乘火车从满洲里出国，经莫斯科、华沙、维也纳到达格拉茨，顺利完成任职任务，用英文讲授课程。结束时，学生反映，动态规划并不像所传那样艰难，应该说这里有我的工作成绩。

因为有的学者得知我在奥地利工作，先后邀我前去访问西德和加拿大，因为时间无法安排，未能访问法国。在国外工作又延长了半年，再访问捷克斯洛伐克萨菲力克大学时主人在办公室接待我，有一个“小节目”：他说 1985 年我访问他的学校，在一个活动黑板上用粉笔、用中文写了“愿中捷友谊长存”的字样，还完整保存，打开一起观看，实在令我意外之至。主人现在已是我们研究共同领域的西欧领军人物。

结果，我们夫妇俩一起绕地球一圈，经上海回国，这次访问中在 7 所大学做演讲。接着，中英文书稿在 1991 年相继在国内出版。

2003 年又把该中文书稿这一章从系统上做了较大的调整，进一步增加了自己的研究成果。这次行将出版的专著定稿前不久，又发现了新的更加简明的方法，不能改动了。2007 年在宁波的学术会议上做了交流。将在撰写中的专著另立系统进行论述了。

我有一个小小的讨论班。他们建议我按新书的第四章的内容系统地做几次报告。我回答说可以，只是要换一个思路。虽然新书还没有拿到手，这部分的编写思路，对我来说已经有新的思路把事情说得更清楚。

四、邻点法的故事

1990年回国后，认为自己所得到的研究成果已经做了交流，努力完成英文专著并出版了，我也该轻松一番了。

可是，事情并不一定按常理来发展。

1992年，一个期刊编辑部让我审读林诒勋教授写的一篇论文。写得很好，顺利写了推荐发表的评语。但是我自己久久不能平静。短短万字的论文确实言之未尽。它触动了我的神经，展开了一片天地。我越想越多，越感到美妙。为了从基础上重新认识组合最优化这门数学分支，我设计了三个问题，初步尝试，前景似乎良好。如果顺利，估计要有五年时间才可能完成。一天散步时，我要妻子付赛珍老师支持我这份工作说："如果现在不上手，今后五年如果身体还很好，那时我会后悔的。"妻子欣然答应支持我的设想。

1994年在上海的一个组合最优化学术会议上提出了这个新方法邻点法的报告。根据我工作笔记的记载，报告后有八位教授发言，相当好评。但是有一位中科院研究员对我说，"您讲的方法，对我来说，还不算数。因为用您的方法做出的题目都是大家用传统方法也可以做出的，您还要用这个方法把传统方法做不出的题目做出来，才能算数。"我对他最为感激，他提醒了我，应该如何追求学问。我不断地考查这个方法在运筹学中的一个个问题能起什么作用。真的，我又解决了好几个新的题目。

1996年我癌症开刀后不到两个月，去合肥，在中国科学院参加一个国际会议，我做了邻点法报告后下来，匈牙利一位院士立刻追问我，这个方法他们怎么不知道。我告诉他我总感到还没有成熟到发表的时候。

2000年在高等教育出版社和德国Springer出版社联合出版了教材《运筹学简明教程》。2006年出第二版，书中的动态规划部分按我提出的摹矩阵法写，组合最优化部分，采用邻点法的思路，不写抽象的数学表达形式，同样得到了基本定理，建立了各个问题的求解方法，使得当年我学习时很是困难的部分得到了简明统一的方法。我总梦想，用邻点法和动态规划的思路统管全书，将来会发展成与微积分平行那样的运筹学新编。

上海科技出版社出版了《优化与决策》丛书，我受主编胡毓达教授邀约，写了一本科普书稿。它实质上是关于离散动态规划的应用方法的介绍。书中不讲艰难命题——最优化原理，不讲普通大学生生疏的求解方法——递推公式，直接从赋权无回路有向图（包括多阶段有向图）的最优路问题入手，以摹矩阵为工具，讲解了近十个在微观经济学中的应用，包括轧钢节能方法在内。这样的办法最终能否被接受，将需要期待同行学者们认同。

五、完成书稿《初等组合最优化论》

在我这一生中，记不清从何时开始，养成了一个习惯。头脑里总放着某些时间上的计划，很少有时间上的脱空，无事可做而感到无聊。在每个寒暑假到来之前两周，学生开始温课迎考，而我不需要备课讲课。这时，我就已经开始充分运用假期，积极地开始读书和科研。所以我的寒假和暑假总是比规定的假日各多两星期。多年中，自我规定一个寒假出一篇一万字的论文。我总得首先完成出版社的任务，一旦完工，就按自己的计划进入下一个任务。有时也有大声宣布，自己给自己放假三到四天。我自问，假期给教师做什么用的？

从 90 年代起，就开始探讨组合最优化是一门什么学问？考虑到论域、可行域、最优解以及数域都是集合，各自可以建立最优化原理，得到相应的求解问题的多种方法，得到极优代数系统和邻点法，得到一个总体框架。

按照组合最优化问题的定义把常义的集合为论域，讨论了拟阵优化问题；让决策为元素，策略为可行集，讨论离散型动态规划；让 m 维向量为元素的集合，在 n 个 m 维向量所组成的论域上，讨论了线性规划，用邻点法直接得到改进单纯型法和整数线性规划：再让 n 个 m 维方阵为论域，讨论了排序论中的流水作业优化问题。我们还讨论了图论中的多个基本优化问题。近 20 年的探索建立成一个系统。曾经请学者审读，反应并不一致。在过誉之词外，有的学者评为一本新的运筹学的教科书，也有学者把它作为专著来推荐。最终由科学出版社于 2016 年接受出版。我想我和第二作者邓旭东一起更应尽心地把书编好，让读者更容易审读。

2016 年 11 月，科学出版社让我和邓旭东一起通读书稿《初等组合最优化论》的清样一稿，计划分上下两卷共 400 页的篇幅。尽管我肺癌做射波刀放疗不足两个月，我夜以继日地花了一个月时间读完清样一稿的任务。交给邓旭东时，我就已气喘病发作，急诊住进协和医院治疗。

六、几点体会

我感到，我们年纪大些的教师，如果身体好，学术兴趣尚未衰退，还是可以做许多客观条件合适、主观能力所及的工作。我们同样能够从中享受到学术上的乐趣，这也是安度晚年的一种方式。歌德说过，做工作感到乐趣，人生就是天堂，学术工作需要同行学者之间的相互支持，吸取他人的见解和思考同行提醒是十分重要的。我总是全程参加学术会议，会上我总是有自己的学术报告。会前做好准备，会后做好笔记。有些问题长期没有搞清楚，想好准备请教的对象，准备好所需请教问题或者交流的题目，做到有的放矢。要充分利用这一学术上的访亲问友的好场所。

科研工作需要创新，但是孤立点出创新之处，往往只是一个点子，一旦说穿，似乎并没有多大的了不起。像我的《初等组合最优化论》，能说是创新的思想只不过三个：

一是不能使用常义的矩阵，能不能把它改一改，成为摹矩阵？

二是摹矩阵既然是计算的工具，也该是一个推理的工具。

三是导数的思想在连续型问题中起到那么伟大的作用，如何模仿它建立相应概念，让它在离散型问题中起作用。

点子要在合适的时候，对合适的题目、向合适的人提出来，以此为契机，经过学术上的常规论述计算，才会做成许多新的成绩来。

做学问既需要集中精力猛攻，更需要文火慢熬，甚至冷它一阵子。一气呵成固然值得高兴，坚持不懈可能更为可贵。还有，科研做了一段工作，自以为做成了，往往后来发现，事情其实才刚刚开始。

科研需要反复思考，把过去学习的资料，把自己发表了的文章和草稿重新阅读思考，是十分有益的活动，这叫作温故而知新。

一个大一点的项目，头绪会比较多，研究写作的过程中出现干扰、做不下去都是正常的事。这时，把事情切块分段，这样容易放得下，更容易拿得起。要做必要的学术笔记，把想到的思路，听到的相关信息，及时记录备查是异常重要的事情。做学术报告时，许多火花型的见解一说而过，事后往往很难抓回来，是十分遗憾的事。所以，尽量争取有录音（录像）更好。

人间有不少成语箴言，被人不加深入思索地引用，作为座右铭，终身信奉。结果是幸运还是遗憾，与他日后的理解有密切关系。有的老人常说“生不带来，死不带走”，这是真的吗？房产现金带不走，多少前辈学者的有很深的造诣见解，人走了，全都带走了。

我们这些知识分子还常不经意地说“科学无国界”。真是这样的吗？我的经验，学科中，抓住一个看似十分简单的关键想法，甚至可以开展工作一年半载，开垦出一片场地，做出许多的成绩。不时听到人们提问，为什么中国人得不到诺贝尔奖。不是在讲，获奖人今年美国有几个，日本有几个，这不是国界？

不说这种大奖了，比这低几个层次的成果也在大量流失。发表一篇文章，总有这样那样的观点，轻率地浅论即止。一张张的纸片型的论文，抛出了多少点子？有一点成绩，赶不及地要外国人承认，什么 SCI 之类，无偿白送给沉着冷静的人，让人家出成果，叫作学术浮动。为什么当年的竞赛辉煌一下子就消失了？赶走一个教练，也就是取消一种训练思想的实践。成功那么艰难，否定太容易了，但是太令人遗憾。不是要闭关守旧，而是说“学无国界，无门派”这个命题需要严肃研究。至少改成“科学与国界的关系需要认真清醒地对待”。

今天是武汉科技大学建校120周年大庆之日。我谨致以衷心的祝贺。我在70岁退休前，认真不懈地完成了学校规定的各项教学任务和教学行政工作。我在武汉钢铁学院工作退休直至今日这四十多年中，在学术研究上始终没有中断过，为离散动态规划和组合最优化这两个组合数学分支创建了公理系统，使整个数学学科的统一性的梦想前进了一步。

建国以来的社会实践让我感受到“中国人民从此站起来了”的自豪感。国家所创造的学术上的宽松环境让我享受到做学问的乐趣。四次出国访问，参加几十次的国内外的学术会议，交流学术工作成果。感谢学校各位领导给我十分良好的物质、精神支持。我感谢所有从学术上支持我的同行学者。我还深深感谢持续诊治我从20岁起几十年的肺结核病、二十多年两种癌症的医生护士们。我周身所用的各种先进的药物、技术和装置都是相关学者对社会的贡献。我能活到这么久，我必须在自己的专业上始终努力工作，争取多做出一点成绩，回报社会。我更感谢妻子付赛珍老师和两个女儿，她们几十年如一日地护理我的身体，支持我的学术工作。

今天，上述的客观条件都在变得更好，而自己的健康状况还没有进入快速衰退过程。我有理由相信，不仅能够亲眼看到正在三读清样的著作《初等组合最优化论》纸质书本，听到读者的批评指正，我还要与邓旭东一起，在这本著作的基础上向往写成那本应该尽早诞生的教材《运筹学简明教程·第三版》。

作者简介：秦裕瑗，1924年出生，江苏扬州人，1950年上海同济大学毕业，长期在学校从事教学科研工作，我国著名运筹学专家，被列入《世界数学家名册》。

李亚伟：不满足书本的学习

陈浩洲

李亚伟，现任材冶学院院长，博士生导师。1985 年至 1992 年在武汉钢铁学院（武汉科技大学前身）耐火材料专业学习，获工学学士和工学硕士学位，后在武汉理工大学获博士学位。

29 年前，李亚伟独自一人从江苏常州出发，坐了近 18 个小时的火车，来到武汉钢铁学院求学。由于行李还没到，武汉夏天天气闷热，蚊子又很多，辅导员王玺堂给他拿来了凉席，并亲自为他点上蚊香，这一幕令李亚伟至今难忘。

他向记者介绍自己的大学时代：“我当时担任学生会生活部长和班级生活委员，平时活动很多，学习也很忙，但我从没有放松学习。”

刚从高中紧张的学习生活中解放出来，但他却把时间抓得特别紧，每天很早起床晨读，下课坚持去图书馆自习，每晚直到寝室熄灯，才把书本放下。他说：“只有大学阶段不断积累，今后的发展之路才能走得更远。”

课余时间，他如饥似渴地阅读各种书籍，《平凡的世界》《人性的弱点》等名著，他都读过，尼采的哲学和汪国真的诗歌，他也很喜欢，很多书他通读了几遍，“搞工科的人，也应该适当读一些社科领域的书，这对今后的工作大有裨益。”

李亚伟回忆，当时大学的课外生活远没有现在的丰富，校园讲座不是很多，周末如果有时间，和三五个好友去和平剧院看电影，这称得上是他大学时代印象最深刻的娱乐活动了。计算机也很少见，操作系统更是陈旧。

随着信息时代的到来，大学生的业余生活变丰富了，但诱惑也随之而来。李亚伟神色凝重地说：“现在有些学生整天待在寝室玩网络游戏，有的更是因此荒废了学业，这在我们那个年代是难以想象的。学习是学生的第一要务。”他认为，虽然大学和高中相比，学习方法有很大不同，但要想把学习搞好，端正学习态度最重要。

因本科课程较多，李亚伟在研究生阶段才有机会进实验室，跟着导师做实验、写论文。他说：“大学生不能满足于学习书本上的东西，要多动手，特别是实验做出来的结果要能自己解释出来。”

现在学校为学生提供了很多平台，本科生都有机会做实验做项目。他认为，在大学阶段应积极参与到实验中去，培养动手能力。结合近期学校开展的大学生科技创新立项，他鼓励大学生们积极申报，利用好学校的科研平台，培养自己的科学素养和创新能力。

针对新生，李亚伟建议，刚进校就要对自己的职业生涯有一个规划，树立切实可行的目标，虽然现在的计划可能并不清晰，但这可以逐步完善。还要学会适应和创造环境，远离父母了，培养自理能力也非常重要，生活中离不开交流与沟通，待在自己的小天地里是不行的，要多和老师同学交流，积极融入集体和社会。

最后，他说:“希望同学们先成人后成才，努力成长为合格，甚至优秀的大学生!”

（原载于《武汉科技大学报》493 期）

关于三校合并组建武汉冶金科技大学的回顾

方思清

今年下半年10月26日是武汉科技大学建校120周年纪念日。从1898年清末湖广总督张之洞创办湖北工艺学堂，到今天誉满国内外的武汉科技大学，穿越三个世纪，历时两个甲子，历经清王朝、中华民国，进入新中国。一路艰辛，筚路蓝缕，薪火传承，有许多值得回顾的重大历史事项。1995年武汉钢院、武汉建专，武汉医专三校合并组建武汉冶金科技大学，应该是学校120年征程途中的一座里程碑，值得回顾追溯。

当年我在武汉钢铁学院院长办公室工作，作为一名工作人员，有幸经历三校合并暨组建新校的全过程。虽时过二十多年，尚记忆犹新。

一、三校合并组建新大学的筹划

新中国建立之初，高等教育管理体制参照苏联模式，教育部（当时为高教部）直属一批综合性大学，系国家重点大学；国务院各部委直属一些专业性的高校；省市直属一些地方高校。当年钢铁工业是国家发展重点，史称“以钢为纲”“钢铁元帅”，人才需求量大，所以冶金部直属的高校比较多，戏称“家大口阔”。九十年代初，冶金部所属高校有东北工学院（现东北大学）、北京钢院（现北京科技大学）、西安冶院（现西安建筑科技大学）、鞍山钢院（现辽宁科技大学）、包头钢院（现内蒙古科技大学）、马鞍山钢院（现安徽工业大学）、武汉钢院（现武汉科技大学）等多所本科高校，以及武汉建专、武汉医专、长春高专、本溪高专等多所专科学校。武汉的三所冶金高校都隶属冶金部，人、财、物包括建筑项目、招生计划、专业设置等都由冶金部审批。

党的十一届三中全会以后，国家拨乱反正，以经济建设为中心，高等教育迎来大发展的高潮。各高校都在寻求机遇，争取条件，加快建设发展。武汉三校亦积极行动，加快建设，取得了很好的成绩。武汉钢院相继建成8个硕士点，增加了一批本科专业，教师队伍迅速壮大，取得了一些有影响的科研成果。武汉建专、武汉医专也取得了很好的建设成绩。受当时管理体制所限，三所学校的进一步发展面临许多实际困难，最突出的问题有两个方面：一是三所学校的学科专业都比较单一，办学规模比较小，发展空间受到限制。当时武汉钢院设置有22个本科专业及专业方向和4个专科专业，大部分是为冶金工业服务的工科专业。管理工程、市场营销专业刚刚创办，会计学、英语专业还是专科。在校学生6248人（其中普通本专科4175人，成人教育2073人），硕士研究生113人；武汉建专设置有12个建筑类专科专业，在校学生2329人（成教114人）；武汉医专设置有4个医疗、医护专科专业，在校学生1860人（成教150人）。三校都迫切希望开拓发展空间。第二是办学经费非常困难。由于国家经济困难，教育投入不足，冶金高等教育有限的经费要倾向北京钢院、东北工学院等部属重点高校，其他冶金高校的投入严重短缺。比如武汉钢院的基建费，多的年度一百几十万元，一般年度几十万元，个别年度甚至没有基建费。武汉建专、武汉医专的年度基建费更少。办学经费不足严重制约三所学校的发展。面对发展的大好形势和学校的实际困难，三所学校的领导都在积极寻求突破口，以求加快建设发展。

1992年10月，党的第十四次全国代表大会胜利召开。十四大确立了社会主义市场经济体制改革的目标，制定了加快社会主义改革开放和现代化建设的大政方针，对教育改革提出了新的目标和要求。十四大以后，国家改革开放和现代化建设进入大发展的新阶段，教育改革掀起新高潮。

根据十四大进一步解放思想，把握有利时机，加快改革开放和现代化建设步伐的精神，冶金部教育司领导提出了深化冶金教育管理体制改革的新思路，其中包括武汉三所冶金高校合并，以武汉钢院为核心组建一所新的大学构想。

1992年10月底，时任冶金部教育司崔宝璐司长分别向三所学校领导通报了三校合并组建新大学的构想，并提出合并的原则意见，要求三校认真研讨协商，拟定实施方案。三校领导积极拥护，当即组成由三校领导带队的调研小组，到武汉大学、中国地质大学、武汉水运工程学院等高校学习考察。经学习考察，大家都感觉到十四大以后各高校动作很快，改革开放的步子大，感触很深。时任武汉钢院党委书记丁永昌、院长任德麟邀请三校领导班子成员多次深入研讨协商。大家一致认为，将三所各具专业特色的高校合并组建一所规模比较大、专业覆盖面比较广的大学，有利于冶金高校合理布局，有望建设成南方冶金高级人才培养基地；有利于优势互补，形成综合优势，增强整体实力，提高办学水平；有利于整合教育资源，提高管理效能和办学效益。三校一致同意并支持教育司的这项管理体制改革重大举措。

1992年11月初，三校联名向冶金部教育司呈报了《关于武汉钢铁学院、武汉建筑高等专科学校、武汉冶金医学专科学校三校合并的建议和意见》以及三校合并组建新大学的初步方案，建议新学校校名为“武汉科技大学”。

1993年2月，国家颁发了《中国教育改革和发展纲要》，确定了当前和今后一段时期教育事业改革和发展的总体目标、发展战略和指导方针。同时召开全国教育工作会议，深入贯彻十四大精神，落实《纲要》战略部署。冶金部随即召开全国冶金教育工作会议，推进冶金高校管理体制改革。武汉三校合并组建新大学作为冶金高校管理体制改革试点，进入正式运作。

冶金部教育司领导对三校合并非常重视。崔宝璐司长多次听取报告，要求三校领导做好教职工思想工作，顺利推进，平稳过渡。三校领导高度重视，一方面组成三校相关同志参加的工作专班，反复研讨拟订合并方案；一方面深入教职工听取意见，做宣传解释工作。

三校合并在教职工中引起了强烈反响，各种意见不尽相同，众说纷纭。总的说来，大家拥护和支持这项改革措施，也有这样那样的顾虑和担忧。武汉钢院有的教师担心三校合并不是强强联合，对今后的发展不利；武汉建专、武汉医专有教师担心因长期在专科学校工作，缺少科研成果，合并之后评职称受影响；一些干部则担心合并以后没有工作岗位；还有合并以后的福利待遇、上下班的交通问题等等。三校领导做了大量细致的思想工作。武汉钢院丁永昌书记、任德麟院长还专程到两所专科学校，向干部、教职工宣讲合并的重要意义和实施方案，稳定教职工情绪。经三校的努力工作，教职工充分认识到合并暨建新大学的重要意义，情绪稳定，盼望“武汉科技大学”尽早揭牌。

1994 年 11 月 16 日，三校正式联名向冶金工业部人事教育司呈报了《关于冶金部在汉三所高校合并组建一所大学的请示》(武钢院〔1994〕131 号）以及《关于三校合并的论证报告》。《报告》从有利于冶金高校合理布局，有利于增强为地方建设服务功能，有利于提高办学效益，有利于提高办学水平和对外交流几个方面进行了充分论证，并提出了合并的实施方案。

1994 年底，国家教委派出以清华大学李传信教授（清华大学原党委书记）为组长的专家组来武汉，对三校办学情况进行实地考察评估。专家组对三校办学成绩给予充分肯定。

1995 年 4 月 5 日，国家教委批准冶金工业部关于三校合并组建一所大学的请示，颁发了《关于同意冶金工业部所属武汉三校合并组建武汉冶金科技大学的通知》(教计〔1995〕71 号)。《通知》明确武汉冶金科技大学实行冶金工业部和湖北省人民政府双重领导，以冶金工业部为主的管理体制。要求冶金工业部进一步加强对学校的领导，加大投资力度，加快校园规划建设，及时总结合并过程中出现的问题，使之尽快成为一个有机的办学实体，为我国冶金工业的发展和地方经济建设做出应有的贡献。

1995 年 5 月 4 日，冶金工业部颁发了《冶金部关于组建武汉冶金科技大学的通知》(冶人〔1995〕203 号)，决定三校合并组成武汉冶金科技大学。至此，三校合并进入实施阶段。

关于合并后新学校校名，有一些变动。三校联名申请报告中拟定为“武汉科技大学”，冶金部呈报国家教委的审批报告拟定也是“武汉科技大学”。1993 年初，冶金部行文湖北省人民政府，征求对三校合并的意见。湖北省人民政府复函冶金部，同意三校合并，建议新学校校名为“武汉冶金科技大学”，以突出行业特色。当时，武汉水运工程学院、武汉河运专科学校也在运作两校合并，校名为“武汉交通科技大学”，武汉测绘学院升级为“武汉测绘科技大学”。国家教委采纳省政府意见，批准校名为“武汉冶金科技大学”。

1998 年，国家高等教育管理体制进一步深入，冶金部所属高校除北京科技大学、东北大学外全都下放地方，我校下放湖北省，成为省部共建高校。时任党委书记尤泽贵、校长汪厚植及时抓住机遇，向省政府申请校名改为“武汉科技大学”。经省政府同意并报教育部批准，1999 年改名“武汉科技大学”。

1995 年 5 月，我受学校领导委派，到北京师范大学请著名书法家启功教授书写校名。当时启功先生年事已高，欣然同意，为我校书写了“武汉冶金科技大学”校名（当年武汉测绘科技大学的校名也是启功先生书写的）。1999 年学校改名“武汉科技大学”，校名采用鲁迅先生的字体。校训“厚德博学，崇实去浮”，选自东晋时期书法大家王羲之的书法作品。

二、武汉冶金科技大学的组建

1995 年 5 月 4 日，冶金部关于三校合并组建武汉冶金科技大学的批文下达后，即进入实际运作，工作很繁忙。5 月上旬，冶金部人事教育司崔宝璐司长、徐文海副司长等领导来汉，指导合并组建工作。5 月 13 日，在武汉医专附属医院教学楼阶梯大教室召开三校科级以上干部和全体教授大会，徐文海副司长传达了国家教委和冶金部关于撤三校建制，组建武汉冶金科技大学的决定。同时宣布武汉冶金科技大学党政临时领导小组成员名单，由临时领导小组主持工作。临时领导小组由三校现任副厅级以上干部组成，武汉钢院丁永昌书记任组长、任德麟院长任副组长。会上，冶金部人教司司长崔宝璐做重要讲话。他首先通报了全国高校特别是冶金高校管理体制改革的情况。他介绍，自 1994 年李岚清副总理主持召开了全国高等学校管理体制改革大会以后，各地积极开展这方面的工作，进展迅速。冶金部领导认识明确，态度坚决，积极筹划和推进冶金高校管理体制改革，已有两所高校与地方共建，五所高校实现合并，两所高校进入 211 工程。三校合并组建武汉冶金科技大学，既是学校发展的需要，也是行业的需要。从全国高校发展来看，一所规模小、学科单一、专业面覆盖面窄的学校在社会竞争能力、自我发展能力、社会服务能力等方面都会受到很大的限制。作为冶金部，在一个城市设置三所高校，分散管理、效益低，而且不利于学校发展。三校合并组建一所大学顺理成章，不仅增强学校综合实力，合理配置教育资源，而且使冶金高校布局更为合理。目前冶金高校大部分在北方，作为雄踞华中、俯视西南和华南的武汉冶金科技大学将有更广阔的发展前景。

崔司长详谈了冶金部关于武汉冶金科技大学的组建意见。他说，武汉冶金科技大学简称“武科大”，组建工作坚决按国家教委批示和冶金部的指示进行，实行一套班子、一支管理队伍、一套管理机构，统一领导、统一规划，把新大学办成一所实力比较强的大学，成为一个有机的办学实体。武科大实行党委领导下的校长负责制，校院两级管理，根据工作需要，设立若干党群和行政处室。对于干部安排，要搞五湖四海，有利于工作，有利于调动积极性。原三校的干部按工作能力和原级别妥善安排。武科大的组建工作大致分三个阶段：第一阶段是用三四天时间召开相关会议，与省教委、省政府沟通情况，确定学校的组织机构；第二阶段用两三周时间由临时领导小组确定学校院系设置和干部安排，五月底或六月初宣布；第三阶段，六月上旬举行武科大成立庆祝大会，届时冶金部和湖北省领导参加揭牌庆典。崔司长要求，三校全体干部和教职工都要正确认识国家教委和冶金部关于三校合并组建武科大的重要意义，把握机遇，把合并组建工作做好。要自觉维护团结，有利于团结，高举团结大旗，高唱团结歌。党员干部要做表率，特别是在合并组建初期，在机构调整和干部安排时经得起考验。任何单位和个人不得借合并调整之机私分公款公物，违者视情节予以处分。崔司长希望三校上下一致配合，平稳顺利地完成组建工作，让武科大尽早进入正常运转，健康成长，发展壮大，成为冶金高校在江南的重要基地。

会后，在临时领导小组的主持下，机构设置、院系调整、干部安排等工作紧张有序进行。三校教职工表现了很高的政治觉悟和大局观念，服从安排，合并组建工作进度顺利，六月初基本到位。

原武汉建专为武汉冶金科技大学洪山校区，原武汉医专为武汉冶金科技大学医学校区。教学单位采取院系并存，设5院：冶金学院、材料工程学院、建筑工程学院（原武汉建专建筑类专业）、医学院（原武汉医专医护类专业）、成人教育学院；9系：化工系、机械系、自动化系、社科系、管理工程系、工商学系、汽车系、管理工程二系、机械二系；5部：基础科学部、基础科学二部、社会科学二部、基础医学部、体育课部；1馆：图书馆（含2个分馆）。党群和行政管理机构按照统一领导、集中管理的原则设置24个职能处室。为了加强洪山校区和医学校区的管理，设立洪山校区党政办公室、医学校区党政办公室，作为校本部派出机构，行使综合管理职能。

干部安排工作比较麻烦，原有三套职能班子合并成一套班子，岗位少人员多，不好处理。临时领导小组反复研究，采取“板凳加长”的过渡办法，即党政职能机构适当安排多一些副职，待正常运转一段时间以后，再适当调整。按照这个思路，原三校的干部得以妥善安排。广大干部觉悟比较高，安排顺利，没有出现异常情况。财务管理问题也比较复杂，原三校教职工福利待遇不尽相同，一时难以统一。经研讨协商，临时领导小组决定，暂不统一，三个校区按大学的财务政策独立运行，有关教职工福利政策继续执行，时机成熟再统一。这个政策运行了几年时间，直到尤泽贵书记、汪厚植校长主政时，学校进行管理体制改革，才完全统一。

1995 年 6 月 9 日，冶金部人教司副司长徐文海代表冶金部党组宣布武汉冶金科技大学党政领导任职文件。中共武汉冶金科技大学委员会常委由丁永昌、任德麟、魏需巧、杨杰、冯秀清、尤泽贵、谷士强、孙利生、刘幼卿同志组成；丁永昌任党委书记，魏需巧、杨杰任副书记，冯秀清任纪委书记。任德麟任校长，尤泽贵、谷士强、孙利生、刘幼卿任副校长。

随后，武汉冶金科技大学党政公章正式启用，分别以 001 号、002 号文件公布院系调整、机构设置、干部安排。6 月上旬，合并组建工作基本完成。

据当年综合统计，武汉冶金科技大学校园面积 890 亩，校舍建筑面积 33 万平方米，固定资产原值 1.237 亿元；专任教师 992 人，其中教授 47 人，副教授 273 人；设置有 42 个专业及专业方向，8 个硕士点，3 个学科与外校合作培养博士研究生；在校学生 8100 余人，包括成教学院办学规模已达到 11000 人。综合办学实力比较强，为进一步发展提供了比较好的基础。

有一件事，我认为应做特别介绍：1992 年筹划三校合并时，武汉建专党委书记是雷汉德，校长为杨俊，两位领导为合并暨组建做了大量有效的工作。1995 年 4 月，在新大学揭牌前夕，雷汉德书记因病不幸去世，令人惋惜。杨俊校长 1994 年 10 月卸任，回西安冶院（西安建筑科技大学）工作，孙利生同志接任武汉建专校长。

三、武汉冶金科技大学成立暨揭牌庆典

1995 年 6 月 22 日，阳光明媚，风和气爽，校园张灯结彩，鲜花争艳，近万名师生员工和八方宾客齐集青山校本部田径运动场，参加武汉冶金科技大学成立暨揭牌庆祝大会，共同迎接一所新大学的诞生。

冶金部副部长徐大铨，湖北省委常委、省纪委书记丁凤英，武汉市副市长李昌禄，冶金部人教司司长崔宝璐，湖北省高工委书记余凤盛，湖北省教委副主任袁继凤，原武钢党委书记黄墨滨，武钢集团总经理刘本仁，湖北省人大秘书长刘学伦，中科院院士裘法祖等领导在主席台就座。在主席台就座的还有冶金部有关司局领导，省、市、区有关领导，全国冶金企事业单位和冶金高校、在汉高校等前来祝贺的领导。学校还专程邀请原三校的老领导柳林、尹北岑、路璠、赵仕文、李若农、汪文儒、刘若峰、李泉炬、杨俊等出席庆祝大会。

大会由校党委书记丁永昌主持，崔宝璐司长宣读冶金部批准武汉冶金科技大学成立文件，徐大铨副部长和丁凤英书记共同揭开“武汉冶金科技大学”校牌上的红绸。众多媒体记者争相拍照，记录这一庄重的历史时刻。随后鲜艳的校旗冉冉升起、五彩缤纷的彩球飞向天空，现场欢声雷动。

任德麟校长作题为《在新的征途上，共建新的辉煌》讲话。他首先代表学校师生员工热烈欢迎领导和来宾，接着介绍学校的基本情况和发展前景。他说，武汉冶金科技大学的成立是冶金高等教育管理体制改革的一项重大举措，对我们来说是重大的发展机遇。我们一定坚持以邓小平同志中国特色社会主义理论为指导，坚持社会主义办学方向，团结务实，艰苦奋斗，不懈努力，把武汉冶金科技大学办成国内一流大学，为国家培养更多更优秀的人才。

徐大铨副部长、丁凤英书记分别做重要讲话，对武汉冶金科技大学成立表示祝贺，同时希望学校加快发展，为冶金工业和地方经济建设做更大的贡献。

武钢集团总经理刘本仁、澳大利亚墨尔本皇家理工学院校长代表约翰·沙利文等做大会致辞，对武汉冶金科技大学成立表示衷心祝贺。

武汉冶金科技大学的成立引起政界和学界的重视和关注。全国政协副主席费孝通，湖北省委书记蒋祝平、省长贾志杰，冶金部部长刘淇、副部长徐大铨，武汉市市长赵宝江，原国家教委主任何东昌，原国家经委副主任袁宝华等领导题词祝贺。学界多位知名大家、院士题词祝贺，有国际数学大师陈省身院士、中国工程院副院长师昌绪院士、数学大师李国平院士、同济医科大学名誉院长裘法祖院士、著名冶金工业专家柯俊院士、魏寿昆院士、肖纪美院士、高庆狮院士等。

国家教委，湖北省委、省政府，冶金部等领导机关，武钢集团、鞍钢集团、宝钢集团、一冶、十五冶、广钢、湘钢、重钢等大型企业，北京科技大学、东北大学等冶金高校和武汉大学、华中理工大学等兄弟院校来电来文祝贺。

广大校友纷纷来电祝贺，河南省时任常务副省长范钦臣、甘肃省时任副省长郭琨、武汉市时任副市长孙志刚等校友专门发来贺电。

当晚，武汉乐团应邀在田径运动场举办大型交响音乐会，在雄壮悠扬的乐曲声中，揭牌庆典落下帷幕，武汉冶金科技大学展开历史的第一篇章。

武汉冶金科技大学的诞生令广大师生欢欣鼓舞，对学校前景充满信心。1995年6月20日，《武汉冶金科大报》创刊号刊登了多篇庆祝文章，代表大家的心声。自动化系教授赵述江写道:“欲穷千里目，更上一层楼。武科大的成立标志着我校办学水平上了一个新台阶，有了质的飞跃。必须不懈努力拼搏，才能办成名副其实的知名大学，可谓任重而道远。”建工学院杨锡琪教授写道:“武科大成立为各专业的发展提供了更广阔的空间。我们要抓住机遇，开拓进取，以优异的成绩迎接新世纪的到来。愿武科大成为长江之畔的一颗明珠，闪烁着灿烂的光芒。”医学院李桂元老师说:“冶金医专升级为医学院这个梦我们做了多年。今天武科大成立，冶金医专成为医学院，梦想成为现实。武科大是一个更大的舞台，也是一片沃土，必将结满丰硕的果实，开满绚丽的鲜花。”广大学生则以自创的各种方式庆祝，大家反映:“这一段时间，校园最火的是印有武科大校名的文化衫，穿在身上感到高兴和自豪。”

一些老领导、老教师以吟诗作赋表示庆祝。八十高龄的武汉钢院老院长路璠以一首七律表达庆贺：育秀培材近百年，支援工业着先鞭。西棚应运开新业，东郭良猷弃旧篇。技革齐飞巨炉侧，层楼更上大江边。从今矢志攻高地，富国兴邦段铁肩。机械系杨文华教授以一首蝶恋花表达喜庆：江南三卉柄一枝，新蕊吐芳，不等春来日。毕竟流水长溯清史，桃李天下已多时。砥柱中流怀壮志，三楚雄才，亘古树一帜。更邀得群贤毕至，铸一代钢铁战士。

四、武汉冶金科技大学组建的感想

虽然是23年前的陈年旧事，回忆起来依然浮想联翩，感慨万千。纵观学校120年的发展历史，旧中国的51年历经坎坷，举步维艰，乃国运不济。新中国的69年，国运昌盛，一路走来，步步高升，69年间经历了三次合并提升。第一次是1953年，新中国初建，百废待兴，国家即整合教育资源，发展高等教育，培养建设人才。当时的中南工业部决定将武汉的汉阳高工、湖南的柳州工校、江西萍乡煤炭工校三校合并，组建武昌钢校。校址先在武昌城内“西卷棚”，后迁洪山石牌岭。学校由中专升级为高专，进入高等教育系列。第二次是1958年，国家“以钢为纲”，大力发展钢铁工业，急需钢铁专业人才。当时的国家重工业部决定将武昌钢校与武钢工人大学合并，组建武汉钢铁学院。同时，校园由石牌岭搬迁到青山任家路现址。学校由专科升级为本科。第三次，即1995年，冶金部报国家教委批准，将三校合并组建武汉冶金科技大学，学校综合实力得以提升，进入国内知名大学行列。这三次合并组建新校，是学校发展历史上的三座里程碑，意义重大。新中国建立以来，学校由小到大，由弱到强，今天的武科大已成为誉满中外的知名大学，有了翻天覆地的变化。归根到底，学校的发展是与国家的发展紧密相连的。然而，这三个时间节点的时任领导及时抓住历史机遇，广大教职工艰苦奋斗，赢得了学校的发展，功不可没。今天，在庆祝建校120周年的时候，我们应该记住这些为学校发展做出历史贡献的前辈。

1995年以后高等教育管理体制改革不断深入，全国许多高校合并重组，少数部委所属高校归属教育部，其他的下放地方成为省属高校，逐步形成今天中央和地方政府两级管理的高等教育格局。事过二十多年，社会对这次高校管理体制改革充分肯定，认为是贯彻落实党的十四大科教兴国战略的重要举措，为建设教育大国，实施高等教育大众化奠定了良好基础。但也有一些不同的声音。就三校合并组建武科大来说，的确是一次难得的历史机遇。按照冶金部建设南方冶金高等教育基地的整体布局，武科大的建设发展得到冶金部的重视，在学科专业建设、申报新专业、申报硕士点和博士点、对外交流合作等许多方面给予了重点支持，促进了学校的建设发展。当年三校时任校领导和广大教职工及时把握机遇，为武科大谱写了壮丽的历史开篇。

三校合并组建一所新大学，打破三个多年形成的摊子，组成一个新的办学实体，涉及许多方面，关系到广大教职工的切身利益，矛盾和问题很多。实现顺利合并平稳过渡，并不容易。以丁永昌书记、任德麟校长牵头的临时领导小组做了大量细致深入的工作，听取各方面意见，采取“先合并后调整，先统一再细化”的合并方案是非常适当的。比如教学单位院系并存，将武汉建专所属专业编制为建工学院，武汉医专所属专业编制为医学院，既满足了原两校教师的愿望，又利于这两类专业的发展。三校合并，干部安排非常重要，人数多，岗位少，容易引发矛盾，临时领导小组采取“板凳加长”的措施，先到位，再调整，大家情绪稳定，安排顺利。再比如，关系教职工切身利益的福利待遇问题，原三校内部政策不相同，临时领导小组采取学校大政策统一，各校区暂时独立运行，适当时再融合的方式处理，充分照顾了原三校教职工的切身利益，避免产生矛盾。

武汉冶金科技大学的组建工作得到冶金部和国家教委的充分肯定。1996 年暑期，任德麟校长应邀出席国家教委在北戴河召开的全国高等教育管理体制改革研讨会，和与会代表一起受到时任国务院李鹏总理的接见。

五、后　　记

建校 120 周年之际，学校征集回忆文稿，再现当年历史，以作纪念。三校合并组建武汉冶金科技大学已事过二十多年，当时我作为工作人员参与一些具体工作，对高层的筹划决策不甚了解，回忆难免有偏差，敬请批评指正。

作者简介：方思清，原武汉科技大学党办主任。

对母校不变的牵挂

吴春平

前几日一大学同学来京出差，约在京的同学小聚。席间大家回忆以前在母校天真无邪的日子，聊聊近几年的各自状况，甚是愉悦——为各自的成长和母校的变化。

我们这一届是1999年进入武科大的，到明年刚好毕业十周年。十年在人的生命中仿佛足够短，短到在我们同学的脸上甚至都没能刻下丝毫的印记，大家年轻的容颜如同十年前；十年又仿佛足够长，长到不经意间那个我们当年有无数不满意的母校已经凤凰涅槃、脱胎换骨。

1999年秋天，父亲坐轮船沿长江上溯送我上学。那时的我心情如同一路随行的雨，阴沉烦闷，对专业的不满、对学校的不满自拿到通知书时，高中班主任老师淡淡的那句“学校还可以，专业嘛……”已然开始。

在船上慢慢悠悠23个小时后终于到了陌生的大武汉，下得岸来，第一次坐公交，用蹩脚的普通话问路，然而说到“武汉科技大学”却没人知道，父亲急中生智说：“就是建设一路的那个大学。”那人才恍然大悟：“哦，就是钢院啊！”然后指点我们坐502路公交从武汉关到建设一路。

下车后见到的武汉科技大学是一番破旧模样：窄小低矮的校门上挂着显然是从启功体“武汉冶金科技大学”中间去掉“冶金”两个字后的木牌牌，新校名甚至连字体都来不及变化。沿学校围墙挨着和平大道和建设一路的三个方向是一溜的小门面房，是学校建了租给商户的，热闹非凡，但也混乱不堪，与我心中的象牙白塔圣洁的大学相去甚远。

入学典礼第一堂课，记得是当时的校党委副书记杨杰老师讲的，讲了很多很多，但我只记得两点：一、杨书记说今天我只讲30分钟，讲完了看看表说，我讲了29分钟多一点，还好，没有超时；二、杨书记说，大家要摒弃专业思想，特别是采矿工程专业（爆破方向），我看就很好嘛，大家不要有思想包袱，要好好学习，多学点真本事。

对学校是不满意的，对专业是不满意的，当然，也对学校女生太少有相当的不满意；唯一满意的是在入学前不久才建好的几栋6人间新宿舍，那也是整个青山校区仅有的能体现大学的新建筑。四年大学，仿佛就是在这样的不满和郁闷中不知不觉度过。然而学校的变化却在我们的苦闷和牢骚中不知不觉地开始了：

先是学校的门面房没有多久就被拆除，建了通透式围墙，沿围墙还种了藤蔓植物，到大学毕业时已经红红绿绿，让我们多了些拍照留念的去处。2003 年毕业时，整天咣当咣当打桩施工的 21 层主楼也终于建好了，主楼前的广场、新校门、大门两侧的走廊、羽毛球场、篮球场、塑胶跑道、小树林、雕塑、春华餐厅、开水房和澡堂都相继建好。主楼已然成了青山区的标志性建筑，有两次坐轮船回家和返校，在江面上还能清晰地看到。再后来我们做金工实习的校办工厂外迁、校内小水塔拆除建成新的实验楼，在学生宿舍楼办公的各个学院也都慢慢地有了自己的办公楼……

新校区的建设是在 2003 年前后启动的，那一年我刚好考上硕士研究生。大约 2005 年，我的导师钟冬望教授安排我去新校区理学院二楼做动光弹实验，正赶上第一届新生军训。9 月的黄家湖光秃秃的连一棵树都没有，太阳仍然毒辣，可怜那届新生在到处是工地的硬水泥路上军训，男生女生个个晒得跟古天乐似的，只能偶尔在楼底下找片庇荫稍做休息。一直等到我做完实验离开武科大，黄家湖晴天一身土，雨天一身泥的场景是新校区留给我的最后形象。

离开学校后，时常看看学校的新闻，看看学校的照片，慢慢地发现：黄家湖的树多了起来，草地、小景也逐渐入得画面。有一年回母校，大学同学张光权雨夜开车载我沿黄家湖校区转了一圈，一栋栋建筑新颖别致，一棵棵树木郁郁葱葱，内湖外湖交相呼应，飞鸟小桥移步换景，美不胜收，已然不是旧时模样。

梅贻琦先生说“大学者，有大师之谓，非有大楼之谓也”，纪宝成先生则言“大师、大楼、大气，一个都不能少。”以前提到母校，往往被人误认为是同城的另一所理工院校，想到的是老钢院。从事科研工作后，比较关注的是母校软实力的提升。从武汉钢铁学院、武汉冶金科技大学到武汉科技大学，从钢铁强校到综合性大学的过渡，母校一步步充实、一步步壮大。

2010 年的时候，我的大学毕业论文指导老师叶义成教授来京联系我们，说是在为母校的矿业工程一级学科博士点努力。我们这些在京的学生自然是不遗余力。记得我们刚入校的时候，整个学校才几个硕士点，更别说博士点了。读研究生的时候也一直因为矿业工程学科没有博士点，感觉说话都比别人矮三分，矿业工程一级学科博士点的申报成功圆了母校几代老师的梦。现在母校有 5 个博士后科研流动站、7 个一级学科博士点、30 个二级学科博士点、20 个一级学科硕士学位点和 104 个二级学科硕士点；还有 1 所三级甲等直属附属医院、4 所非直属附属医院。其实力在全国同等高校中也不多见。与此同时，我也时常在各种学术会议、访谈、文献等处逐渐发现母校李楠教授、张一敏教授、董登新教授等老师的身影，大师气势渐显。

母校十年间的变化还在于对学生、对校友的重视。2012 年上半年，孔建益校长亲自带队，在湖北大厦举行北京校友会聚会，让我们这些在北京的同学、校友第一次在武汉之外感受到母校的关怀，倍感亲切。听说各地的校友会也都陆陆续续建立起来，时常与母校互动，组织得很好。

近十年间的发展，大师、大楼、大气，母校重新又找回了自信。明年就是我们采矿工程专业（爆破方向）99 级毕业十周年了，热心的同学现在已经在策划着明年适当的时候来个十年聚会。到那时，看望恩师、同学叙旧、游览母校，那一定又是一番新滋味……

（原载于《武汉科技大学报》548 期）

作者简介：吴春平，1999～2006 年就读于武汉科技大学，先后获采矿工程专业学士学位和硕士学位。在校期间曾做过学生记者，读研期间创办阿豆工作室。2006～2010 年就读于北京科技大学，获工程力学专业博士学位。毕业后进入北京矿冶研究总院从事采矿及爆破相关的研究与开发工作。

崇实去浮
——母校给我的底色

闫永廉

工作使然吧，已经很久不写这种有温度的文字，所以从师友处接到撰写本文的任务时，内心是忐忑的。恐怕自己在匆忙生活和烦冗俗事挤压下早已干瘪的笔触不能够为母校华诞增光添彩，有负大家信任；但是终于还是觉得时值母校120周年华诞这样有意义的日子，作为受她甘霖润泽的儿女，如能撰文追忆那段如歌岁月，倾吐满腔思念之情，权当一份微薄贺礼献上，是一件非常荣幸而又有意义的事！于是，勉为其难，欣然命笔。

最近，北京经常阴天。这使我想起了大学时的阴雨天。那时，大家总说这样的阴天最适合睡觉，于是会在昏暗的阴雨天聚睡于寝室，夜以继日。现在，虽然遇到这样的天气，有时仍会跟熟人这么开玩笑。但话还是这样说，觉却不那样睡了，再不像大学时的阴雨天睡得那么酣畅。其实，现在的我们，在工作和家庭的双重压力下往往疲惫不堪，比以往任何时候都渴望休息，之所以无法酣睡多半是焦虑和浮躁在作祟，而大学时代的“酣眠”正是得益于当时的质朴与充实。可以这样说，在我有限的人生阅历中，大学时代是我度过最充实的岁月，一如武汉这座城市的朴实和人情味，也如我们校训所言“崇实去浮”。母校给予我很多，而最令我怀想和感念的是这个“实”，一份踏实和充实。

一、专业学习之实

谈到大学，给人的第一印象至少是宽大优美的校园和高大辉煌的校舍，我所属的02级算是幸运的，我们入学之际正值校本部主楼落成使用，至少经过长途跋涉来报到的我们，走下公交车时有一座崭新的大楼映入眼帘，稍稍满足了对于大学的第一观感需求。但是，顺着深入的路线，主楼广场周围的楼群第一梯队一过，再往里走就有点“原形毕露”的味道了……更不用说我们后来陆续经历的掩映在居民区当中的袖珍的红钢城校区、徐家棚校区、涂家岭附院校区了。在开辟黄家湖新校区之前，我们的母校确实不以大而著称。不过，建一路十来分钟可以转一圈的校园、红钢城绕满爬山虎的实验楼和大教室、涂家岭可以隔空喊话的男女生宿舍……都成了我们心中最美的建筑。

而我还要说的是，大学关键还应在于学，而武科大，尤其是医学院的学风之正，却足以领一代风骚。记得当时，至少在武汉，大家开玩笑称我们为“考研基地”，而我们也确非浪得虚名。一方面，从平日学习的刻苦认真程度可见一斑，就拿我们医学院来说，医学课程杂、课本厚、学时多是出了名的，砖头厚的《内科学》《外科学》常常令其他学科的同学叹为观止，大家除了课程排得相当满，课后还有紧锣密鼓的晨读和晚自习，甚至出现过意外停电后，整栋教学楼点蜡烛上自习的动人场景，我们开玩笑说“颇有高三遗风”，这在“严入宽出”的中国大学校园是较为罕见的。另一方面，同学们考取研究生继续深造的比例更是活的见证，在知识爆炸、本科教育通识化的今天，本科教育后继续学习的必要性越来越大，母校用她不算宽大的校园为我们指引了相对确定的方向，用她不算簇新的校舍为我们屏退了尘世的喧嚣浮华，使我们能够心无旁骛的踏实钻研。进入社会的我们会发现，在普遍浮躁的今天，勤恳专注，这反倒是最为可贵的品质。

正是在这种氛围的浸润下，我完成了本科所有学科的学习，并攻读了双学位，又顺利走完了自己的复习考研之路。

二、社团工作之实

校本部小树林，地方虽不大，树木也不多，但她在武科大人精神世界里，从一开始就占据了像她在校园里一样的心脏位置！在作为“火炉”的武汉，一片树林是弥足珍贵的，再加上地处校园中心，以及绿树浓荫给人的天然的浪漫气息，这里成为各种社团活动的集散地。海报、宣传板满目皆是，尤其是新生入学之际，科大人没有几个不是在这里的某个或某几个“摊点”前洗礼过的。平日上下课时这里人流汹涌、摩肩接踵，周末节假这里人声鼎沸，色彩绚烂，这个校园所有的画意诗情、壮怀激烈都要在这里晒晒，多少个青春的梦想在这里发芽。

这里也是我的社团生活和学生工作的起点，入学后，就着自己软笔书法的爱好，加入了“书画社”和校学生会宣传部。“书画社”作为纯“民间团体”，组织是相对松散，活动也是比较自由，没留下太深印象，而宣传部相对具有一定的职责和纪律，为了配合重大活动需要出宣传板报等。在电脑排版、电子喷绘技术普及的今天几乎是没法想象的，仅仅是十几年前，我们校园宣传板报的制作方法基本还是原始的在木板上贴纸、晾干，然后用油彩手绘、手写，看着自己幼稚的“作品”张挂在校园被大家观看，心中出现了最初的突破自我的兴奋，期间也有过几次在雨前抢救“板子”的经历，记忆格外深刻。随着完成任务的累积，渐渐感受到了学生工作的价值所在，第二学期开始，我被选为班级的宣传委员，最有意义的一件工作应该是办班报，题目叫“年华”，我还不知天高地厚地写了创刊词，曾因为稿件的采纳问题，几个“编辑”会争得面红耳赤，也曾经因为不扩版而力排众议，最终，我们的班报不是创办最早的，也不是版面最多的，但却是坚持时间最长的。大三时作为班里第一批预备党员顺利转正，按照党总支统一安排，我以党小组组长身份，与班长、团支书共同对班级工作负责，通过推优、贫困补助发放等工作的开展，更能照顾同学们的不同诉求，更能体察大家不同的难处。之后赶上院学生会改组，又进入了宣传部，并继任部长一职，虽然机构很精简，但是对一方面工作负有了责任。大四除了继续在学院里服务，又担任了班长，借用行政机关流行的话“上面千条线，底下一根针”，班长这个基层学生工作者，是所有学生工作落实的关键，单从量上来说，在此期间，我做了多于以往任何时期的工作，从发展党员、推优、组织文娱活动等日常工作一直到最后为大家办理离校手续、领取毕业证、学位证、毕业聚餐等等，真正体会了为大家办事的忙活，以及为大家办事的喜悦，期间较有新意的一件工作是在实习出发之前组织了“励志立志”主题班会，通过互写互读理想，激发同学们最后一年求职、考研的斗志。并且，至今我仍为我们班级留级人数少、考研比例高而自豪。

我所经历的社团生活和学生工作远不算卓著，更缺乏亮点，基本是为大家做一些基础的服务，但是获得了师友的认可，这就给我以后的工作生活一个指引，让我更愿意为他人着想，更愿意想办法解决问题，更愿意去做一些实事。

三、体认生活之实

都说大学校园是象牙塔，象牙塔里能够摈却世俗、深究学问，但象牙塔里有时也会惯出不接地气、不切实际的坏毛病。而我们较为特殊的大学生活却丰富了我们对于校园及社会生活的体认，拓展了我们认识和思考世界的宽度。一方面，由于院校合并的历史原因和医学教学设施分布原因，我们在校 5 年，连同实习地点在内，共在 6 个地点学习和住宿；另一方面，则是医学院校的特点，本科教育的最后一年要在医院参加临床实习，同学们会分布在全国各地的多个实习医院，参加实际临床工作以巩固和运用书本知识。

说起我们大学时代的“搬家”，既有无奈也有自豪。俗话说:“搬四次家相当于遭一次火灾!”确实如此，搬家收纳之际，恨不能所有东西全部丢弃，一身轻松，如非生活必备之物、价值昂贵之物或者实属心爱之物，均难逃一扔了之的厄运。所以无奈之下，平日对于不是十分必需之物，一般不敢轻易添置，不免少了一些生活的情趣风雅。即使如此，毕竟吃穿住行，一应装备，总不免若干大包小包，尤其是女同学，那时宿舍楼普遍没有电梯，每次搬家也是对众男生体力的大考验。武汉多雨，有几次搬家正逢雨天，看着敞篷大卡车运送的行李在雨中无遮无挡，也会生出一丝“屋漏偏逢连阴雨”的小凄凉。我们 02 级本科生应该是搬家最多的一届，我们自信自己比大多数的武汉居民居住过的地方都多，由于分校区面积往往较小，我们常与居民区犬牙交错，这也让我们接触到了武汉人的市井生活，感受到武汉这种城市的温度。也正是这样的考验，让我们这些身处他乡的学子，在课业之外，多了一份自理、自立和自律。

临床实习对于医学生是意义重大而记忆深刻的，医学作为一门实践性、应用性极强的学科，不经过临床实习，光靠书本知识、理论推演是无法救死扶伤的；同时，临床实习也是同学们第一次以实习医生的身份直面活生生的患者，知识上的挑战和心理上的冲击会给人留下很深的印象。所以医学本科生要进行时间和深度远超其他学科的为期一年的临床实习。在这一年中，同学们要远离熟悉的老师和同学，脱离校园环境，以一个准医务人员的身份面对患者、面对医疗工作，这是一次医学知识的大练兵，也是一次提前了解医疗行业和社会生活的绝佳机遇。

而这种看似“颠沛流离”的求学生涯，也让我们师生增加了建立更加深厚情谊的机会。由于要不停地更换学习和住宿地点，老师们除了关心学习之外，还要投入更多的精力操劳同学们的生活、安全状况，帮助解决生活困难，排除安全隐患；由于搬家和外出实习，同学们要不断地打散重组，增加了不同班级同学相处的机会，才使得我们02级这么庞大的一个年级能形成一个具有凝聚力的集体。

想起母校、想起老师、想起同学，有太多太多往事涌上心头，无限感慨，不能尽述！今天仅就这一主题，择要忆取。

我感恩母校，因为她成全了我的青春、增长了我的知识、奠定了我的底色，指引了我的方向；我祝福母校，愿她以更加卓越的姿态、更加豪迈的步伐，迈向世界，迈向未来！

在此，以毕业时我为学校撰写的送别条幅结尾：“桃李芬芳，感恩师谆谆教诲如春风化雨；梅兰馥郁，惜同窗拳拳厚谊似高山流水。”

作者简介：闫永廉，武汉科技大学医学院临床专业2007届毕业生，现就职于北京东城区人民法院。

谨以此文献给母校120周年校庆

刘德凤

前一段时间接到大学同学张涛的微信，说许辉老师组织校友给母校校庆写点回忆录，想让我也写点东西，我当时不假思索就答应了，觉得很高兴可以参与校庆活动，但后来真的打算落实时，几次提笔又几次放下，实在无从下手，觉得自己也没做出什么成绩，何谈回忆录，于是开始后悔为什么当时答应老张，为什么不想一想再回复。

踌躇中打开回忆，想起2002年自己一个人拖着行李来到了武汉科技大学，2007年毕业，期间五年，经历上学、入党、运动会、足球、双学位、见习、实习、考研等，许多事情好像就在昨日，老师教诲犹在耳边，同学情谊犹在眼前，由衷感谢母校五年培育，感谢老师们的细心教导。想到这，索性心一横，既然给母校献礼，虽然礼物可能有轻重，但心意一样，所以权以此文给母校120周年校庆献礼。

记忆中，当天从汉口坐车经过长江二桥来到校本部——青山区建设一路，一进门就是崭新、宏伟的主楼，接着带着行李到体育馆报道，辅导员帮忙注册、分班，于是我成了02级临床医学3班的一员，和其他五个同学入住在同样崭新的学五舍。于是第一年的大学生活就在新鲜、兴奋中展开了，一方面是对大学学习、生活方式的新鲜感，另一方面是脱离了父母的兴奋感。大一主要是完成公共基础课，像马哲、毛概、计算机、英语和医学入门课等，空余时间相对多些，于是课余还参加学生工作。第一个活动就是校运动会，组织同学集体训练，自己也能参与其中，还取得了名次。现在想来，这段经历应该是独立组织活动能力积累的开始，也是这段训练让我明白人是可以突破自己的。于是记忆中，大一就是在不同的教学楼上课和不同的自习室备考，以及与同学们在操场上挥洒汗水和在大武汉游览中度过的。因此这一年的记忆既有考试的焦虑，也有校运会医学院第一名的喜悦，既有蛇山、龟山、东湖、汉口步行街的美丽风景，也有浓浓的热干面的香味。

由于是临床医学的学生，因此第二年我们搬到了医学院的所在——红钢城，这是一个一根火柴绕三圈的“小地方”。虽然小，但是确实五脏俱全，行政楼、教室、自习室、解剖楼、食堂、操场和宿舍楼，甚至还有一个漂亮的小假山。大二开始，临床专业的繁重学业开始凸显出来，厚厚的专业书，在屋可以当枕，出门可以防身，频繁的上课和考试，这些占据了我一大部分大二生活。校园虽然小，但出宿舍就能锻炼，就能上课，就能吃饭，我想我也一定很喜欢充实，因为这一年，我开始往返本部修法律的双学位，给一个住在江边的小女孩义务家教，也是在这一年的 4 月 1 日，我入了党。这段时间的充实生活对于我的锻炼也是很大的，多年后当我同时面对多项工作时，除了感觉压力之外，还感到了充实。所以也一定是这种充实的生活冲淡了我对校园大小、学校排名的困扰，否则为什么一回忆起这些，我想到的都是母校的好。因此这一年的记忆是校区旁边的好又多小超市，也是晚上北边的夜市；是往返本部的自行车，也是两份家教的夜路；是解剖尸体的福尔马林味，也是可以举办学院晚会的食堂的饭香味；是和同学们一起江边组织活动的开心，也是和大家一起定期出版班报的笑声。

我敢说，无论哪一级、哪一个专业，我们一定是搬家搬得最多的，因为这一年，我们又搬家了，而且之后还有。大三那年我们搬到徐家棚的院区，这其实是个大地方，有一个大大的操场，于是我们在楼上教室上课、自习、考试，在楼下操场跑步、踢球、背英语。记得有一位院士曾经说过，如果想走得快，那么要一个人走；但是如果想走得远，那么要一群人走。所以足球赋予我的，不只是挥汗和进球的快乐，也是互相的信任和支持。这一年的记忆是操场上丢了点球而憾失的第一名，也是学习手术室洗手的刷子和床头练习打结的线。

大四，再一次搬家到附属医院，开始有医院的老师给我们授课，我们也是一边上课一边见习。这一年的记忆是变得具体的医学，于是我们在医院的小会议室上课，在医院的各个科室见习，在医院新设的计算机室上网，在新的食堂打饭，在宿舍围着看美剧，也在楼下和段老师谈心。于是这一年的记忆既是白天医院看到的某种疾病、某个患者，也是我手里的红宝书；是拎着饭缸排队“领饭”，也是饭后楼下的排球和围观的同学。

大五，要实习了，再次搬家，不同班的同学们组成一个个实习小队，奔赴一个个实习医院，在那里我们将开始把文本的医学开始转化行动的医学。我和十名同学分到武警医院，我们也再次搬回徐家棚院区。开始在医院跟着老师管理病人，上手术，查房和换药。由于临床越是深入，就越是觉得还需要继续不断学习，于是也是在这一年考研的念头开始由简单的想想变为实际行动。这段学习的经历让我一方面在工作与考研之中选择了考研，另一方面在深入临床和评价自身后，放弃了双学位专业，决定继续攀爬医学山峰，而考研过程中形成的对目标的坚持，是我这辈子都受用的收获。于是这一年的记忆既是医院写的病历和值的夜班，也是徐家棚自习室里堆积成山的考研书籍和夜晚操场上跑步的身影；是有时冒出的想要放弃的念头，也是后来坚持复习到考研成功的喜悦。

2007 年，实习结束后，再次搬家，搬到最新、最大的校区——黄家湖，也正是这最后的一次搬家，让我们有机会体会、享受了美丽的校区。期间我还去看望了班主任夏志雄老师，向老师汇报了自己这一年的情况，一回想，这已经过去十多年了，但夏老师的谆谆教诲和殷殷嘱托依然清晰，感觉就像刚刚才跟我说过。临毕业了，这段时间的记忆是美丽的校园，也是亲密的同学情，是一次次的送别的不舍，也是即将踏入不同方向的踌躇满怀。

2010 年北医毕业后我就开始在临床工作，现在算来，已经从武科大毕业十一年了，这次趁着校庆献礼整理回忆，忽然发现，今年武科大校庆 120 周年，恰逢北大也是 120 周年校庆，感觉也许是巧合，但觉得冥冥中一定也有某种联系，所以从黄家湖到未名湖，改变的是我的地理位置，不变的是我对母校的感谢、感激，感谢武科大的五年给予了我了解世界的眼睛，感激武科大训练了我独立飞翔的翅膀，因此从武科大毕业后，我像刚离巢会飞的小鸟，开始独自冲向天空，开始直面风雨，虽然飞得不高，但请母校放心，我会一直坚持，用武科大给予我的眼睛和翅膀。

作者简介：刘德风，武汉科技大学医学院 2007 届毕业生，现就职于北京大学第三医院。

在武科大学医的日子

孙树学

我是2002级医学院临床医学专业校友孙树学，2007年本科毕业，一晃都毕业11年了。在校庆120周年之际，首先祝母校生日快乐！回首大学时光，在武科大学医的日子仍然历历在目，那是五年非常难忘的岁月。

医学院2002级是直接到青山本部（现在好像黄家湖是主校区了）而不是医学院（原红钢城校区）报到的，所以入学伊始我们并没有之前几届学长面对医学院校园环境的失落甚至引发退学的情况。看到新建成的气派的主楼，作为新生我们更多的是憧憬和期待。虽然我们这一届在青山校区仅度过一年的校园时光，但现在看来在综合性大学的校园生活、学习对学生的潜移默化的影响是至关重要的！在这一年里，我们在小树林的报刊栏下，聚怡、学筵、春华餐厅的电视前一起关注和讨论非典疫情、伊拉克战争、总理新闻发布会、神州载人飞船发射——每到激动之处，常常是群情激昂，更有慷慨陈词者，真是家事国事天下事，事事关心；在这一年里，我们参加了学校的各种社团，校学生会、演讲与口才协会、曲艺协会、书法协会等不一而足——每个人都学有所好，切磋提高，乐此不疲；在这一年里，我们不时去听一些跨专业的讲座，从国际时政到音乐鉴赏——虽然跨度太大听得一知半解，但个个都兴趣盎然，每次都意犹未尽；在这一年里，我们结交了不少其他学院的朋友，有材冶的、机械的、文法的，甚至还有相邻的武汉理工大学余家头校区的——还因此成就了不少跨学院、跨学校的良缘，真是长江东流去，缘分挡不住！

从大二开始，我们2002级医学生就开始了“颠沛流离”、一年一个校区的生活——大二红钢城校区、大三徐家棚校区、大四附属医院、大五实习医院。所以在大学的后面几年里，搬家、上课、考试是贯穿始终的主旋律。

红钢城校区是以前医学院主校区，但那是一个很小的院子，只有一栋教学楼、一栋实验楼、一栋标本陈列和自习教室楼、一个小餐厅、一栋宿舍楼——女生一侧，男生一侧，中间连接处是自习室——而且每栋楼都不超过6层，楼间距不超过30米！就是在那样一个小院子里，我们开始接触解剖学、生理学、病理学、病理生理学、药理学等医学专业基础课，开始动手参与到人体解剖、动物模型和分子生物学实验操作中，开始学习医学统计学、流行病学等医学研究工具方法，从而正式构建系统的医学专业知识体系。

徐家棚校区位于青山区徐东，校园也不大，在那里的学习方式主要是四个班一起在仅有的几个阶梯教室上大课，主要是内外妇儿、眼耳鼻喉等临床专业课，还有就是到教学医院临床见习。有了前期专业基础课的功底，加上临床课程大家更有兴趣，反而觉得学习考试的压力小了一些。学习专业课的一个有趣情景是，老师讲到哪个病，每个人都对着诊断标准一一往自己身上套，好像自己就是这个疾病的患者，引得好一阵担心。由于内科学、外科学教材都超过1000页，每天大家都抱着大部头出入教室和宿舍，也算是一景。

2004年，武汉铁路医院转制划归武汉科技大学，成为医学院直属附属医院，2002级临床1～4班在2005年被安排到附属医院学习一年，我们学习奋斗的地方又到了武昌丁字桥。在附属医院，我们穿上白大衣去病房见习，脱了白大衣到医院大会议室上课，然后到宿舍楼的小教室自习，俨然一副半工半读的样子。在附属医院的一年，我们还见证了学校面向全国招聘附属医院新一任院长的产生过程。

学医注定是辛苦的，这是一个需要终身学习的专业和职业，而专业基础尤其重要。大学前四年，我们平均每学期9门课、上课超过440学时，考试更是如影随形，有的课程半个学期上完课就考试，所以当别的专业同学在准备考试周的时候，医学生基本是在准备考试月、考试季。鉴于此，红钢城解剖室楼上的小教室、宿舍楼之间的自习室、徐家棚教学楼里的阶梯教室、丁字桥宿舍楼上的小教室都留下了同学们上课和自习的身影，一年四季寒来暑往从未间断，不管平时还是考前基本天天如常，每天直到管理员老师关灯同学们才肯罢休——下诊断的话，多数都是“学习不能自拔综合征”患者。更有甚者，我和很多同学还辅修了管理学院的第二学位，大二、大三两年每个周末还要回到青山校区上双学位课程。今天遍布全国各省市的医学校友，不管是在北京、上海、广州顶级三甲医院做手术、写标书，还是在基层的区县医院出门诊、写病历，应该都会怀念和感激那个辗转于局促的校区，在冬冷夏热的自习室里埋头苦读的自己——我们的大学是充实的，我们的医学功底是扎实的！

学医的人都是乐观的，不管如何频繁搬家、学习压力如何大，医学院的同学们都把课余的生活安排得丰富多彩。学院在红钢城校区几栋楼之间的空地上开设了篮球场、羽毛球场，还摆放了水泥板做的乒乓球台，大家足不出院倒也能玩得风生水起。学院还创造性地在食堂的一头搭了一个简单的舞台，安装了灯光和音响，每到元旦、春节或毕业季，食堂就秒变礼堂，餐椅就成了观众席的座椅，在团委学生会的组织下，在那个小舞台上上演过迎新、欢送毕业生、话剧、摇滚等形式多样的晚会，大家都充满了乐观向上的心态。在徐家棚校区一街之隔，刚开业的当时武汉最大的一站式购物中心Shopping Mall成了同学们课余逛街、聚会、打牙祭的根据地，KTV廉价的闲时包房成了大家放松减压的好去处，去金逸影院看场电影则成了考试之后难得的自我犒劳。在专业学习最紧张的岁月里，同学们苦中作乐、生活倒也精彩。由于几个医学校区都不大，又经常集体上大课、一起搞活动，整个学院俨然成了一个热闹的大家庭，全年级 600 余人，到后来有近一半的同学互相认识，这一点在移动网络和线上社交活跃的现在是很难做到的。

2006 年夏天大四结束后，同学们组成实习队分赴全国各地医院实习。由于我们这一届招生规模很大，所以实习医院分布于湖北、河南、安徽、山东、内蒙古、广东、上海等多个省市，很多校友毕业后留在了实习医院，真是校友遍布全国。我被安排到了解放军 161 医院实习，在部队军事化管理的医院中，我们实习队一边实习，一边准备考研，度过了紧张又充满希望的一年。我们同一实习宿舍的四个同学，一位同学跨专业考上北大法学院、我跨专业考上华中科技大学同济医学院卫生管理专业、一位同学考上同济医学院骨科专业，还有一位同学回到家乡工作。按照现在网上流行的说法，我们差不多算得上考研学霸宿舍了，尤其是还有两个跨专业的。

2007 年 5 月，同学们从实习医院返校，回到刚刚投入使用的黄家湖校区，所以我们算得上黄家湖校区第一届毕业生了。那时的图书馆还没建成，还没有逸夫楼，主楼也还没冠名恒大楼。大家在那个炎热的夏天，在一个陌生又充满生机的校园里，诉说着各自的打算和不舍。毕业当年，2002 级有约 160 名同学考上研究生，其中北大、复旦、同济、湘雅、武大等学校占了相当大的比例，还有不少同学第二年继续奋战一年，也考上理想的学校和专业。

回首大学五年，我们可以自豪地说，医学院 2002 级用实际行动践行了“厚德博学，崇实去浮”的校训！自大一我们一次次出入青山校区大门时，刻在校门背后的校训即已入眼、入脑、入心，并内化为我们五年学习和实践的行动。就我个人而言，研究生毕业后进入首都医科大学附属北京友谊医院管理部门，先后在医保办、改革与绩效办、信息中心和质量管理办公室工作，无论在哪个部门，无论是作为职员还是部门负责人，我始终坚持“厚德博学，崇实去浮”的校训，在工作中兢兢业业、任劳任怨。今天，我们毕业 10 年以后，我相信不只是我，广大的医学院校友们也一定在遵循着厚德、博学、崇实、去浮的信念，因为那不仅是对医学生，更是对医务工作者永恒的要求——讲医德、重医术、崇尚科学、脚踏实地。

再次祝母校 120 周年生日快乐！愿武科大的明天更精彩，我们将以实际行动为学校增光添彩！

作者简介：孙树学，武汉科技大学医学院临产专业 2007 届毕业生，现就职于北京友谊医院。

梦已成真

梅海兵

2004 年 4 月 17 日，黄家湖校区平场开工，武汉科技大学历史上最宏大的建设工程就此展开。

2005 年 9 月 7 日，近 5000 名老生顺利搬到黄家湖校区，同舟共济，共同见证武科大历史性转变。

2005 年 9 月 10 日，近 5000 名新生从全国各地聚首黄家湖畔，谱写人生新的篇章。

今天的黄家湖校区与十年前相比，可谓翻天覆地，但当年的建设过程，有多少鲜为人知的画面？黄家湖校区建设留下了多少人的汗水和足迹？

校报编辑部采访了当年在黄家湖校区建设指挥部工作的三名同志。他们的讲述，让我们感受到了当年建设的热火朝天，感受到了当年建设的酸甜苦辣。

刘景华：在一片杂草中建起一座校园

“正在建设的交通管理艺术学院教学实验楼以前是一片橘子林，美丽的沁湖其实是两个鱼塘连起来的，校园里其他的地方基本上都是村民的庄稼地……”10 月 13 日上午，在交通管理艺术学院教学实验楼建设项目部，刘景华回忆起 12 年前初来黄家湖的情景，内心感慨万千。

2003 年 10 月，黄家湖校区开始建围墙，在基建处工作的刘景华被派到建设现场。一纸“调令”，让刘景华见证了黄家湖校区一期二期工程建设的点点滴滴，也让刘景华对黄家湖校区有比别人更深的感情。

“第一次看到黄家湖校区时，感觉太荒凉了，整个规划区域像在丘陵地带，中间低两边高，地势最低的位置在现在主教学楼后面。”刘景华说，“由于地已经征了，橘林、鱼塘、坟地都没人管，到处杂草丛生。”

2004 年 8 月，黄家湖校区建设一期开工建设，南区学生宿舍、南区学生食堂、主教学楼、计算机学院楼、文法学院楼、外国语学院楼、城建学院楼、艺术学院楼、理学院楼、医学院楼等几乎同时开工。“建设高峰期，整个工地有近 3000 名工人在紧张施工，每天都是热火朝天，指挥部工作人员也跟着‘连轴转’。”

工期紧、任务重是压力的一个方面，但更多的压力来自当地的村民。

有一次，村民拉了几卡车石头堵住校门。指挥部急了，紧急联系当地区政府、街道办、派出所才得以平息。“黄家湖校区建设期间，光校门就被堵了五六次，门一堵，所有的建筑材料运不进来，工程必须停工，一天损失就是几十万。”

建设高峰期，每天有上百车的混凝土运往工地，并且大多数是晚上。晚上通宵加班对于刘景华和工程组的其他同事来说是家常便饭。“这些混凝土我们每天要抽查，混凝土不合格，就影响工程建设质量。”

20 多万平方米的建筑同时开工，出出进进运建筑材料的车子一辆接着一辆，整个工地每天都是灰蒙蒙的，“路上的灰有上十公分厚，雨天一身泥，晴天一身灰，工作条件非常恶劣，但大家都克服过来了。”

主教学楼工地办公室在现在的主教室楼和理学院楼之间的马路上，2004 年 11 月的一天，突然刮起一阵大风，把工地办公室的屋顶给吹翻了，屋子里被砸得乱七八糟。幸好那时办公室没人，否则后果不堪设想。

2007 年，黄家湖校区二期工程基本完工，刘景华才离开建设指挥部。“在指挥部的四年，我们最怕冬天和夏天，那个时候指挥部没有空调，冬天基本靠捂，夏天基本靠抗，好在年轻，身体好，能经受得住。”

李琼：每一栋建筑就像自己的一个孩子

2003 年初，黄家湖校区建设指挥部成立，李琼是第一批加入指挥部的成员。

“那时候，黄家湖校区很‘原生态’。”提起初到黄家湖校区的感觉，李琼并没有用“荒凉”来形容，“鱼塘里有野鸭、野鸡在飞，橘子林、庄稼也长得很好，空气也很好。指挥部的男同志还经常下鱼塘去摸鱼。”

不过，李琼眼里的这种“原生态”很快随着黄家湖校区围墙的开建，慢慢消失了。

指挥部租住在当地一间民房，位于校门与白沙洲大道之间的绿化带上，指挥部的同志吃住都在这间三层楼的民房。“用的水来自村民家的一口水井，水已经被污染，吃饭喝水都有很大味道，村民自己都不吃。”

“有次特别惊险，大家都在指挥部吃饭，突然一辆运石头的大卡车冲着指挥部开了过来，快撞上指挥部的时候才停下来，原来，司机为了躲让别的车，盘子打急了，要是撞上指挥部，估计一屋子人都要受伤。”

在指挥部工作的几年里，这样的意外对于李琼来说真不少。有一次，当地十几个村民拿着棍子，把指挥部团团围住，指挥部两名工作人员被打得头破血流，村民还把受伤的工作人员关在屋子里，“满脸都是血”。

“感觉在指挥部工作都有生命危险，不过，一旦忙碌起来，这种提心吊胆的感觉很快就消失了。”李琼所在的技术组主要是联系设计院，不仅要跑工地，还经常跑校外的设计单位。有时因为一个设计方面的小问题，李琼和技术组的其他工作人员要在学校、政府管理部门、建筑工地和设计单位之间反复跑手续。

李琼说，刚到黄家湖时，没有水没有电，交通也不方便，但大家工作热情非常高、心非常齐。“当时技术组组长是孙辉，他带着大家替学校把好建筑的技术关，可能是当时年轻吧，工作再累，休息一晚上就好了。”

李琼印象最深的是2005年1月，当时很多建筑已经建设完工。她就跟着验收单位不停在各个建筑里转。那个冬天特别冷，还经常下雨。一下雨，整个工地就是个烂泥塘，穿着雨靴在工地上走，深一脚浅一脚。

在指挥部期间，李琼说自己是超负荷运转，每天不停地在施工方、设计方、监理方之间协调。“当时大家的口头禅是‘女人当男人用，男人当牲口用’，不过，每个人都非常拼命，就是为了把工程建好。”

现在，李琼去黄家湖校区很少，但每次去，感觉都很亲切，这里的每一栋建筑的设计、验收她都亲身经历过，“每一栋房子就像自己的一个孩子，看着她们从图纸变成实物，到耸立在校园里，自豪感便油然而生。”

吴义国：每一项工作精确到每一个小时

2003年10月，开始建设围墙；2004年4月，开始场地平整；2004年7月，开工校内市政工程；2004年9月，5万多平米的主教学楼开工；2005年1月，最晚动工的学生宿舍和校医院开工；2005年9月，首批学生入驻。

这是黄家湖校区建设大的推进表，在指挥部的很多同志眼里，有个小的推进表更让大家记忆深刻。“新生报到前的一周，所有的收尾工作进入倒计时，具体精确到每一个小时要完成哪些工作。”吴义国介绍说。

2004年4月，吴义国抽调到建设指挥部文档后勤保卫组，负责文字工作。“刚来黄家湖时，放眼望去是一片荒凉的丘陵地带，废弃的鱼塘稻田杂草丛生，由于下过雨，随处是大大小小的水坑，根本无法走进去。”

当年，近5000名新生是9月10日报到，文法学院、计算机学院、外语学院、理学院等学院近5000名高年级学生是9月7日搬往黄家湖。所有的工作都必须以此为时间结点，落实到位，不容有半点闪失。

“当时，一期建筑都已经完工，剩下的都是扫尾工作，不过，与20多万方的建筑工程相比，剩下很多工作虽然事不大，但如果没有完成，就会影响学生入驻，就是大事了。”学生寝室床铺的安装就是这样的。

10000多名学生入驻黄家湖校区，至少需要五六千张床铺，而南区学生宿舍竣工日期是9月1日。这些床铺从搬运到安装，既费时又费力，还必须全部靠人工，必须在一周之内全部完成，当时的压力可想而知。

外面的公司把床铺送来了，可到宿舍的路还没有修好，公司负责人都急哭了——几千张床要搬到每一个宿舍，搬到宿舍后还要一张一张组装，这都需要大量时间，而学校的要求是新生报到前要全部安装到位。

学校紧急施工，半夜，路通了，公司连夜安排工人把每一张床送到宿舍。可床铺的组装工作量更大，指挥部当时甚至有人建议，让学校的教职工去帮忙组装。最后，还是公司从外面请人，几天几夜加班装好。

从校门口到学校广场之间有条沥青混凝土路，这是当时进出学校的要道，路面接近1000平米。9月7日晚10点封路，8日凌晨4点完工。从封路到通车仅仅只有六个小时，一夜之间的神奇变化让师生惊呆了。

十三栋学生宿舍的供水供电、室内床具安装，五千米的电缆施工、电信施工，也都在一个星期之内完成。

“每天都像打仗一样，每个人都像敢死队员。”吴义国介绍说，“那段时间，各种汇报总结材料比较多，除了负责文字工作外，哪里有事我就出现在哪里。每个人都像打了鸡血一样，不知道累，工作不分你我。”

（原载于《武汉科技大学报》493期）

师生情谊

怀念校长朱树馨　感谢母校培育恩

——风雨人生的回顾

何国忠

校长朱树馨先生，字木君，湖北京山人，早年留学日本、英国，学攻电机工程，后曾赴德考察，耳微失聪。

先生为人正直慷慨，乐施好善，平易近人，喜好研究。在巴东，亲制日晷，测定当地实际时辰。不求名利高官，志在办学育人。三十年代时，武汉大学欲聘其为教授，而其选择开办汉口市立职业学校。学校设有高级商科、工科。先生亲兼微积分学授课。

1938 年，武汉会战前夕，为了不让门生留在沦陷区作亡国奴，全力奔波，终于使全校学子在日本铁蹄踏入武汉之前，全部平安转移到了鄂西。

其时，当局创建了一所湖北省立联合中等以上学校（简称湖北联中），下设工业、师范等分校 20 余所，选址在鄂西山区为主的安全地带。学校与汉阳高工等校合并，成立高工分校。初期选址在巴东县城对岸的东渡口。首任校长王典昭（原汉阳高工校长）。未久，改由留苏曾任工兵团长的李元杰接任。未及半年，李又离职。当局决定由原汉口市职校校长朱树馨接任。当时，条件极差，邻近战区，学生大多来自沦陷区，思想很不稳定。实乃“受任于败军之际，奉命于危难之间”，先生为了培育后人，义不容辞，毅然受命。

1940 年，沙宜失守，巴东已非安全之地，当局决定将学校迁至省外、战区所辖之四川彭水。1941 年学校有部分“所谓思想不纯分子”遭到逮捕，同时，朱光祖老师的妻儿被绑架杀害。当地土绅土匪勾结，闹得学校难安，先生痛心之余，决定辞去校长一职，由教导主任胡玉瑞升任接替。

新中国成立后，先生曾在湖北省文史馆工作，时仍关心新鲜事物研究，如粮食亩产数万斤等问题。

三十年代是我的青少年时代，同时，也正是日本铁蹄践踏祖国大地的屈辱年代。1931 年，我初到汉口，适逢全市沦为泽国，从此，“战争”和“水”与我结下了缘。

1939 年冬，我在巴东高工毕业后，与客居武汉的家失去了联系，成了一个无家可归的难民，与我同命运的共有 5 个同学。朱校长看在眼里，记在心里。千想方，万想法，力图为我们找条出路。动用公款是绝不可能的，最后决定私人解囊，每人给银洋 10 元，作为路费、生活费，另以学校名义，向省府推荐，参与当时的用人考试。这样，我们方于1940年春节那天，搭上施巴公路汽车，到了战时省会恩施。

随后，我被录用为建设厅实习员。踏上了人生的第一站。

不久，当局以宜昌至襄阳公路破坏严重，决定派工程师舒文翰到荆门组建工程处施工补修，以维军运，我以见习工程员名义，随同前往钟祥工段负责，又因宜城工段无人，故亦交我兼管。

这里正是枣宜会战前沿，敌我双方处于隔河对峙状态，偶尔有二三敌机低空扫射，当地群众，习以为常。由于信息互无沟通，战事实况，我们全不知晓，我到宜城工段时，目睹对岸难民欲渡河过来，而船只早为两岸扣留，没有船渡，终以中流水深，只好无奈返回原地，情况十分悲惨。

一天傍晚，我段正在抢修乐乡关大桥，工兵忽然来到，告知“敌人已离此不远了，这桥马上要炸毁”。我段人员乃即撤往荆门。次晨，我与舒工正在一大树下译电码发报，向厅请示撤退。9架敌机飞临上空投下炸弹多枚，我俩依赖的大树另一侧被炸掉一大片，险遭罹难。当晚，全处人员立即徒步向宜昌转移，当我们抵达三斗坪时，闻敌人已入宜昌市区了。

事后方知，由于著名抗日将领张自忠将军已于5月16日在阵前殉国，敌人随即向宜昌入侵，沿途几无抵抗。

张自忠（1890~1940年），字荩忱，山东临清人。1931年“九一八”事变后，以抗击日寇闻名于世。“七七事变”后，率部南下，驻防湖北宜城孔家湾，任第五战区三十三集团军总司令。1940年5月16日，亲率七十四师和军部特务营东渡襄河，在南瓜店附近重创日军，与敌搏杀，最后身中七弹，弥留之际留下最后一句话:“我力战而死，自问对国家、对民族、对长官，可告无愧，良心平安。”随即拔剑自戕。一代名将，壮烈殉国，是抗战中唯一殉国在战场的上将。1939年，张自忠曾致电时驻宜昌的湖北省政府严立三代主席，倡议修复古长渠，1942年，省府为纪念他，曾改长渠为荩忱渠。

经过一番周折，我又返回到了厅里，参与全省水利管理工作。当时政力所及者，已只有鄂西各县的农田水利，堤防已全部沦为敌占区。

1945年，为了反攻宜昌，当局决定从巴东绿葱坡至长阳资坵，修建一条战时公路，技术人员由省水利系统抽调。工程处设在巴东野山关，由水利工程处长吴时霖兼处长，我亦在抽调人员之列，分工负责紧靠野山关南侧的第四分段施工。施工班子刚及成立，民工即已到达。为此，正规测量已来不及，“定线”只得全部采用“目测”，原则是“抢时间，施工易”。

同年8月15日，我段开工地段尚未及半，突接工程处电话:“日本投降了!”这一突然到来的消息，使全段人员欢喜若狂，有人把衣帽忘情地抛向空中，有人嚎啕大哭，有人大喊大叫。那种狂喜，那种悲恸，不是受尽苦难，不是经历生死磨炼、艰辛备尝的人是无法领会的。

“剑外忽传收蓟北，初闻涕泪满衣裳。”

朝思暮想的胜利来到了，亿万人民终于用自己的信念和鲜血，把历经长达八年苦难岁月的沉船，拉到了重新建设的新生码头，改写了我国抗击外来侵略的历史轨迹，第一次从“战败国”改为了“战胜国”。我当时也沉浸在欢乐和憧憬中。

今年是中国人民抗战胜利暨世界人民反法西斯战争胜利60周年。当年无条件投降的日本，又在力图否定当时东京国际法庭对战犯的判决，不正视历史，不认罪。国人已深切关注，庄严声明:“牢记历史，不忘过去。珍爱和平，开创未来。”

胜利的突然到来，战时公路的修建也就中止了。我两次参加修路都是半途而止，与“路”无缘。

回到恩施，已是一片复员武汉之声，我即被列为第一批。当年10月10日，我回到一别八年的武昌。其时街头尚有少数日本人，但已很守规矩了。

我参加了少量工厂的接收，都是军队接收后的第二次。在接收汉阳炼油厂时，由一位留守的日籍技术员接谈，因我不懂日语，但对方的中文很好，全部采用笔谈，一切都很顺利。

省府全面复员后，我仍是参加全省水利管理工作，但重点移转到堤防的岁修和防汛。

1949年春，旧政权已临土崩瓦解，街头一片混乱。有钱有势的人早已逃之夭夭，湖北省政府频频易主，一片“应变”“裁员”“遣散”之声，成为议论焦点。机关大门已是手持机枪的军人守护，人员开始实行“准出不准进”。就在这个时候，我因身无任何背景，被列入了第一批遣散名单。当时，面对大局全无了解，在妻儿缠身下，只好整装先回老家暂解生活之危。

武汉、长沙解放不久，溃军连续从我家门口向安化一带溃逃。一天晚上，突然来了一支队伍，既不敲门又不入户。天明后才了解是解放军，谈话十分和蔼。我的家乡就这样和平解放了。

随后他们知道了我是从武汉回来的搞技术工作的，即告知了武汉解放后的情况，并说：武汉正在登记旧的技术人员，劝我马上回武汉，一定可以找到工作。于是我立即回到武汉，来到了湖北省人民政府水利局登记，又会到了原江汉工程局的多位旧识。经过他们的介绍，局长任士舜即派我和旧识李德劭工程师同往黄冈分局，从此我参加了革命工作，时间已经是1950年初了。

1952年中央决定兴建荆江分洪工程，动员了30万人参加，技术方面由长江水利委员会负责，人员来自四面八方。其时，正值“三反”运动，任局长把我从运动中调出，随同大伙，同往太平口北闸（又称进洪闸）工地，分工在器材处长陆孝崙手下的前线供应组负责。所有工地人员统由指挥部全面调配，安排去哪个岗位即往哪个岗位报到，参加 24 小时轮班工作。我这个组就有不穿军装的解放军营连干部多人，虽然原不相识但很合作。当时只知埋头工作，也无假日，除了工作还是工作。中央和中南军政委员会核准的九十天工期，实际上从 4 月 5 日开工起至 6 月 20 日，只用了 75 天就完成了全部工程。水利部部长傅作义代表毛主席和中央人民政府来沙市，授予了毛主席亲笔书写的“为广大人民利益，争取荆江分洪工程的胜利”的锦旗，北闸指挥部也给全部参加的人员发给“光荣完工证”作为纪念。

北闸完工后，我即被调入中游工程局工务科，在科长瞿道宗领导下，参与江汉干堤的岁修和防汛工作。

1954 年，长江发生了特大洪水，中游局负责江汉干堤的防汛班子，在瞿科长领导下，全部移师武昌，与“省防总部”合署办公，并把水情班子扩大为水情科，由瞿道宗任科长。因为防汛如同作战，掌握了水雨情变化，也就是洞悉了“敌情”。

当时，这项工作还是一项年轻科学，网站少，预报期短，尚未公开使用，存有一定的保密性，只供内部参考。防汛部门得指定专人用密码与气象、水情部门联系，综合分析后，提供指挥长使用，布置下一步工作。我就分工负责此项任务。因瞿科长耳有一定程度的失聪，每逢会议讨论工作，我与瞿得同时参加，充当记录兼笔译人，沟通会议信息。

1955 年，江汉干堤全部划归由省统一管理后，我们也划归到了水利厅。我和瞿配合的这个班子，一直未变，直到 1968 年“文革”高潮，武汉军区司令员曾思玉抓防汛指挥时，由武汉军区派高级参谋刘奇与我们共同工作。每晚由他陪同，由省革委会派专车，一道前往洪山地下室曾（思玉）张（体学）两首长办公室，汇报当天情况，研究布置下一步工作。险情紧张时，也由刘奇一道陪同两位首长到附近重点地段进行实地检查。

八十年代，我已退休。全国兴起一股修“志”风，时任省水利局副局长涂建堂为了抢“活资料”，率领一行人来到我家，要我鼓起勇气，对国家献余热，参与湖北水利修志。具体负责搜集整理民国时期和解放初期史料，参与编写。这样我又回到水利厅搞了近 10 年，完成了《湖北省志·水利》《湖北水利志》《湖北水利大事记》三书的初稿付印成册。各书已于 2000 年前后相继由后之编辑室正式出版。

2004 年，应湖北省水利学会、武汉市水务局之约，纪念毛主席为武汉人民战胜了 1954 年洪水题词“庆贺武汉人民战胜了一九五四年洪水，还要准备战胜今后可能发生的同样严重的洪水。”50 周年，写了一篇题为《历史的记忆——1954 年抗洪胜利 50 周年的缅怀》的小文，刊登在纪念文集上，算是我在湖北水利界奋斗了几十年的“关门”执笔。

时光已过去了六十六年，当年校长朱树馨先生朴质的外表、谦和的语调、无私地解囊，令我“如沐春风，仰沾时雨”的师生情，永远没有忘记。没有先生的关怀，母校的培育，就没有我这几十年的风雨人生，也没有我的今天。

2006 年 2 月

作者简介：何国忠，湖南桃江（1952 年益阳县析置）人，1919 年 2 月生于湖南益阳，1931 年来到汉口，1939 年毕业于湖北联中巴东高工土木科，1940 年考入湖北省政府建设厅当实习员，后升技佐、技士。抗战胜利前，督修鄂西各县农田水利，复员武昌后专为督办江汉堤防，作为省府代表会同水利部、湖北善后救济分署、江门工程局审计处勘估、验收、考查战后第 1 次（也是旧政权最后 1 次）江汉堤防堵口复堤。解放后，仍操旧业，“三反”时，调往参加荆江分洪北闸施工。完工后，调入长江中游局参与江汉干堤复修与防汛。1955 年干堤划归省管入水利厅，业务未变。1980 年退休后，聘为《水利志》编修成员 10 年。

怀念徐善同校长

刘心地

在校园通讯中，得知徐校长在“文化大革命”中受迫害后不久去世，我心中特别特别难受，也能深深体会到当时您难受的处境！徐校长真可怜更可惜！徐校长温沉善良，是一位很受学生敬仰的长者。

记得在1949年武汉解放时，徐校长在学校找我谈了两次话：

第一次，徐校长很高兴地对我说：“刘心地，湖北省人民政府成立，需要一名字写得好的学生去任文书工作，学校考虑你去为宜。”我以我要继续上学为名谢绝了……

第二次，徐校长又面带笑容找我谈话：“湖北省人民广播电台成立，在我们学校要一名广播员，经与音乐老师商量，决定你去为宜。”我又以我想继续求知求学为名谢绝了！

徐校长并未因此发我的脾气，非常温和地说：“我们这个学校是一个贫寒学校，政府向我校要学生去培养就职是对我们学校的信任，你要求继续上学也不是坏事……”徐校长毫无不满情绪批评我，一次再次找我谈，那温沉善良的表情时刻出现在我的眼前，我含着热泪怀念您，我也很后悔当时为什么不听您的话，要是听了您的话，那就不是今天的我了！

我怀念校长，敬祝您在九泉之下安眠！徐校长，在世的学生仍为此怀念您，您该多么自慰自豪呀！

2006年7月20日于北京

作者简介：刘心地，1929年出生，湖北汉阳人，1950年初毕业于武昌高工缝纫科，旋即在湖北省革命大学参军到东北军区政治文化教员训练大队学习，任过教员、审计等职，1954年在机关、学校、医院任过秘书、会计，1986年退休。

缅怀谢迪元和陈家瑛两位老师

方柏生

湖北高工——这是一个令人难以忘却的名字，每当提起她，我就会忽然间回忆出那已久的故事，情不自禁涌动出一股深切的相思之情，一种难以表述的怀旧情景，思绪常常把我带进那早已逝去的青春年代……一双双充满向往的眼神，一张张动人的面庞，其间人物的神情与喜怒哀乐，一下子就呈现在眼前，记忆深处的情节串联了起来，一会儿朦胧，一会儿清晰。隔着悠悠岁月的河流，逝去的时光已是隔岸的风景，恍若梦境，享受的记忆中往往也透着陌生，然而每当我想起谢迪元和陈家瑛两位恩师，其生动的形象和音容笑貌依然清晰在目。

谢迪元老先生教授我们班的是《金工工作法》这门课。他中等身材，衣着朴素，常年穿着一套洗褪了色的黑中山装，冬天外套一件黑色粗短大衣，头戴黑鸭舌帽，鼻梁上架一副玳瑁镜架的圆形镜片眼镜。他为人忠厚，虽说他自己一眼有疾，看书吃力，却仍认真授课，细致讲解，不厌其烦，关爱学生，堪称为人师表。同学们对他都非常爱戴、尊敬。

谢老先生在母校执教多年，早已桃李满天下。许多工矿企业，都有他的学生在重要部门任职。1951 年，谢老先生带领我们去一些工厂参观学习，这些学长都非常尊敬谢老先生，因而对我们这些学弟特别关照，提供了许多方便，一些要害部门，像裕华纱厂的发电车间、华中钢铁公司轧钢车间的 640 匹传动室，都引导我们详细参观，使我们受益匪浅。谢老先生的为人也为我们树立了良好的榜样。他的教诲为我们同学日后的建功立业奠定了坚实的基础。

陈家瑛先生教我们的是《应用力学》和《工厂安全》两门课。那时先生约年届不惑，风华正茂。然衣着也很朴素，与谢老师一套黑中山装不同，先生爱穿一身深蓝色服装，比较多的时候，穿的是蓝长袍，有时也着蓝色对襟上装。虽说衣服洗褪了色，但翻转来的袖口却显得洁白如新整洁异常，除了刚落上的粉笔灰之外，几乎可谓一尘不染。先生个子中等偏高，肤色稍黑，头顶梳个小分头发式。他记忆力特强，讲课只带三两支粉笔，从来不带书本，但却能把每节课的内容讲得有条不紊。他教学提纲挈领，声调抑扬顿挫，颇善于调动同学们的注意力，课堂鸦雀无声。先生在讲授《工厂安全》课时，关于一周中逐日事故概率分析，给我们留下了深深的印象，为我们在工厂生产管理中，注重安全工作提供了莫大的帮助。先生知识渊博对科学技术知识归纳分析能力极强，1951 年他在全校一次科学技术演讲时，就曾经预言长江流域可能存在石油储藏，如今四川、重庆、江汉平原都开发出了油气田；他还预言科学技术发展了，能精确控制转炉炼钢的“终吹点”时，转炉将取代平炉。现在转炉果然取代了平炉。先生举止洒脱，言谈幽默。他早年也是谢老师的学生，他讲的关于“谢老师要‘尺’”的笑话，曾引得我们开怀大笑。可见他们师生关系的亲密无间。先生生前嘱咐丧事简办，堪称高风亮节，尤其值得我辈学子效法。

如今两位恩师都已先后作古，这篇迟到的短文，只好作为对恩师的泉下之祭了。

作者简介：方柏生，1933 年出生，浙江慈溪人，1953 年毕业于武昌高工机械科。先后在湖北省农具制造厂和第一机械工业部设计总局第三设计分局担任助理技术员、见习技术员和技术员等职；第三设计分局建制撤销后，调建国机械厂和红华实业总公司，先后担任技术员、工程师和高级经济师等职。曾参与我国十几个重要工厂的选址、设计、基建和生产管理等各个阶段的有关部分工作，1993 年底退休。

徐竹虚先生讲的笑话

杨开文

徐竹虚先生20世纪50年代在武昌高工任数学教师，教授我们班《解析几何》和《微积分》。先生讲课风趣幽默，将枯燥的数学课讲得生动有趣，课间常常讲些故事、笑话，调整我们听课的情绪。这里将先生讲过的几则笑语录出，以怀念先生！

一、龙王寿诞

龙王寿诞，水族都想为龙王祝寿，可是数量太大，必须控制，于是设一磅秤在龙宫门口，凡体重低于一磅者无拜寿资格。有一小龟称体重，一磅稍欠一点，不准入内，只得垂头而返。路遇一泥鳅，也要去龙宫拜寿，龟对泥鳅说明称体重之事，泥鳅心生一计，说："让我缠在你的脖子上，重量就够了。"于是就照计行事，一称重量，正好一磅。但掌秤官认出小龟，刚才重量不够，如何一会功夫就够一磅了呢？于是仔细检查，发现了泥鳅，便问这是怎么回事？小龟回答："这是我穿西装打的领带！"

二、考女婿

某翁有两个女婿，大女婿是一名大学生，小女婿乃一农民，翁偏心喜大厌小。一日宴请大女婿，饭后到花园，见一鹅仰首鸣叫。翁问："这鹅为何发音如此洪亮？"大女婿："这属声学，鹅颈长，声带长，故发音洪亮。"翁连连点头称赞。二人行至石榴树下，翁问："这石榴为何半边青半边红？"大女婿："这属光学，受到阳光紫外线照射，就呈红色，未受阳光照射，乃草青色。"翁连连点头，边走边摸着自己的脸问："我的眉毛为何这么长？"大女婿："古云'眉长寿高'，属生理学。"翁十分得意，连连点头称是。

次日，以剩下饭菜招待小女婿，饭后也同往花园。翁也指鹅以昨日问题问小女婿，小女婿答曰："这是生成的。"翁以大女婿之言告之，小女婿反驳曰："青蛙的颈子那么短，其发音不亚于鹅！"翁哑然，又以石榴皮色问题问之。小女婿仍说是生成的。翁又以大女婿之言教之，小女婿又反驳道："西瓜外皮色青，内新鲜红，如何解释?”翁无言以对，随后又说到眉毛，小女婿仍说是生成的。翁讲：“眉长寿高”，小女婿再次反驳:“千年的乌龟可没有眉毛!”翁心知挨了骂，叹息了一声:“你真算个歪才!”

三、学 体 育

某大学生到一餐厅点来饭菜，饱餐一顿后对老板说:“我身无分文，无钱付账，但我有满腹学问，可当你先生，看你想学哪一门?”又一连说可以教语文、数学、物理、化学等等。可是老板连连摇头:“都不学！你有学问，却无钱付账，学了何用?”大学生一本正经地又说:“哦，还有一门体育，要不学，就可惜了!”老板还在犹豫时，大学生弯下腰去说:“快跟我学，各就各位，预备——跑!”不等老板反应过来，便一跃而起，一溜烟逃脱了，一边气喘吁吁，一边感慨叹息：“只有体育还能换碗饭吃!”

四、“诗”医

某世医擅长治痔病，挂写有“医痔”二字的招牌于门上，“痔”字写得龙飞凤舞，倒有些像“诗”字，于是有好事之徒拿诗来请他医治，医生也就将错就错医起诗来。第一首诗是唐诗“床前明月光，疑是地上霜。举头望明月，低头思故乡。”医生讲这诗应吃泻药，当改成“明月光，地上霜，看明月，思故乡。”

有人拿四喜诗一首:“久旱逢甘雨，他乡遇故知，洞房花烛夜，金榜题名时。”来求医，医生说此诗当用补药，因为“久旱”有多久?“他乡”远不远?“洞房”人人要进，“金榜题名”不是特别难，所以当增字成:“十年久旱逢甘雨，千里他乡遇故知，和尚洞房花烛夜，道士金榜题名时。”

又有人拿唐诗“清明时节雨纷纷，路上行人欲断魂。借问酒家何处有?牧童遥指杏花村。”来问，医生说此诗当减字，因为“清明”与“时节”重复，“行人”必在“路上”，“何处”必定要“借问”，答问者是否“牧童”也不重要，可写成:“清明雨纷纷，行人欲断魂。酒家何处有?遥指杏花村。”

又一自以为是者以所做诗句来问，医生拿过一看，如坠五里云中，原来写的是:“厅堂挂景春，兽奔破古盆。况妻跌梯骂，内妹吹笙生。”实在看不懂，要作者自己解释。作者神气活现地讲:“第一句说客厅挂了一幅春天风景画；第二句是有只猫乱跑，打破了一只旧瓦盆；第三句是二哥的妻子上楼梯摔倒了，气得破口大骂；末了一句是自己的妻（内人）妹学习吹笙，还不熟练。”医生听了，肚子也笑痛了，告诉来人:“这诗我医不了，不过，应该给你一张痔疮膏药，将嘴巴贴住，别再乱放屁了。”

作者简介：杨开文，武昌高工1950级机械科毕业，后在长沙退休。

怀念徐子欣校长

周德星

徐子欣校长是湖北高工最后一位校长，其年龄当时（1952 年）约 40 岁左右，老伴为在职师级干部，女儿也随之转入本校学习，一家三口是人们所称的学校唯一的党小组。徐子欣校长待人和蔼可亲，关心老师同学，工作细致。

曾记得 1952 年春夏之交，正值学校开展老师思想改造运动，校长指派我作为学生干部，会同省教育厅的一名王同志赴北京国家教育部，接回了赴京反映情况的原教务处杜履和主任，也使我第一次鸟瞰到祖国辽阔的华北大平原，雄伟壮丽的北京天安门，屹立在世界民族之林的中华民族，这些作为伟大的精神，一直激励着我奋勇向前。

作者简介：周德星，1932 年出生，湖北监利人，1953 年 1 月毕业于武昌高工化工科，被分配在湖北省工业厅工作，同年调至沙市电厂从事技术工作。1955 年加入中国共产党，历任团总支书记、团市委委员、化学化工学会副理事长、市政协委员、政协化工组长；工作上任技术员、工程师、化验室主任、中心试验室主任、市化工研究所书记、高级工程师，直至退休。

忆 高 工

唐 廉

1952 年 8 月，我和十余名实验中学同学考入高工机械科，后来我们竟成了高工招生的最后一期学生。记得当时校长是徐子欣女士，还有许多老师的形象仍留在脑海中。1953 年院校调整，我们机械科并入武昌钢校，迁往石牌岭新校园。

我 1955 年武昌钢校毕业，先后在鞍山、天津参加工业建设，最后调回武汉工作。

在人生旅途中，西卷棚校园里给我留下两件难忘的事，现追记以纪念高工建校百年，勾起同窗美好的回忆。

一

李葆阳老师真是一位妈妈般的老师。

李老师是我们的班主任，她对我们严格要求，时时关心每一个孩子。有一天，她发现我几天都不过早（吃早饭），她买了早点送到我手中，问饥问寒，我感动得泪流满面，终生都没忘记这件事。可叹李老师已不在世，无法相见。谨以此文缅怀李老师，再表感激之情。

二

郑以南老师是一位倍受学生敬爱的老师。

郑老师当时教我们工作法·铸造工艺，之后还教过抽水通风。他讲课生动易懂，内容梳理清晰、简要易记。后来在我工作中获益匪浅，不时用到某篇某章，要用之处一翻就找到了。

2000 年 10 月 14 日，高工校友聚会武汉科技大学，席间我见到了敬爱的、高龄康健的郑老师。当时已过 45 年，我心情激动，赶快凑向前问好，并告诉他教我们的课都在工作中用上了。他高兴地点点头笑笑。他的学生太多了，我猜想，他已辨不清我是谁了。

这次师生相会，续写了浓浓的师生情。每每回想起来真是令人难以忘怀。如今，我们都已是70多岁高龄的人了，往事的回忆总是那样的频繁，又是那样的刻骨铭心。

写于2005年3月28日

作者简介：唐廉，1955年武昌钢校机械科毕业。

在攀登的路上

——记我国积分几何承前启后的数学家任德麟

岳　风

积分几何涉及到数学学科的诸多核心领域，包括数论、偏微分方程等，它在材料的数字图像分析、核物理和医学中有广泛应用，是数学的一个重要分支。

我国前辈数学家陈省身、吴大任、严志达等对该学科有着杰出贡献，但是自上世纪五十年代以后国内几乎再未产生过较好的积分几何研究成果。直到任德麟的研究工作出现，以及后续对人才的培养，才结束了该学科在我国后继乏人的断层状况，使中国数学家在国际积分几何与几何概率领域继续占有一席之地。

一

任德麟，1934 年 12 月 28 日出生于江苏省兴化市。1953 年毕业于江苏省扬州中学。1953 年至 1957 年就读于武汉大学数学系。当时正处于全面学习苏联时期，教学安排基本上仿照莫斯科大学数学系的教学计划，教材是刚从俄文翻译过来的，具有相当的深度和广度；另外，当时武汉大学数学系给本科生授课的有一批优秀的教师。这就为培养合格的数学工作者提供了良好的客观条件。任德麟在整个大学学习期间，学习勤奋，成绩优异。当时考试成绩采用五分制，即优秀、良好、及格和不及格等几个等级。任德麟每门课程的成绩都是优秀，按学校当时的规定在他的毕业证书上加盖了红色印章——“成绩优等”。

进入大学四年级，任德麟师从李国平院士学习函数论，但对几何学仍然保持着特别的兴趣。在一次交谈中，李老师向任德麟介绍了积分几何这门学科，着重提到陈省身、吴大任、严志达等人的工作，并且说，可惜现在没有人继续这个领域工作，如果你有兴趣不妨向这方面发展。

任德麟大学毕业后在高校从事教学工作，尽管当时教学任务十分繁重，但他一直坚持业余进修，包括始终不放弃对积分几何的学习。当时能找到的唯一的积分几何著作是桑塔洛（L. A. Santalo）的《积分几何引论》(*Introduction to Integral Geometry*，1953）的俄文译本（1955）。任德麟发奋精读此书，写了三大本笔记。1976 年桑塔洛的巨著《积分几何与几何概率》问世，他更是如饥似渴地进行钻研。桑氏这本具有百科全书风格的著作总结了截止到当时的积分几何所有重要成果，同时列举了许多尚未解决的难题。经过多年的研习，任德麟已经熟练掌握了积分几何的基本理论和基本方法，并具备了迎接未知领域挑战的能力。

二

含于凸域定长线段的运动测度（即包含测度）问题，是积分几何长期未解决的问题之一，也是桑塔洛的书中重点关注的一个问题。任德麟引入一些新概念，完美地解决了这一问题。写成《广义支持函数及其应用》(*The generalized support function and its applications*）一文。文章辗转送到吴文俊院士手中，受到吴先生的赏识，推荐给1980年在北京召开的微分几何与微分方程讨论会（简称双微会议)。这是改革开放后首次在国内举办的高水平国际学术会议，由中国科学院、北京大学、复旦大学共同主办。关于任德麟的这篇论文，在中国科学院《国际学术交流资料》第3期（1981年5月5日）有如下一段记载:“在遴选论文和确定代表中，不拘一格选拔优秀论文，特别在中青年中选拔有真才实学者。武汉钢铁学院任德麟的论文，在审稿会快要结束时，才由个人推荐给会议，吴文俊同志发现论文确实不错，推荐给会议。中外数学家们都认为他的论文很有意义。”

在建立了二维空间包含测度普遍公式之后，很快找到了它的应用，包括复杂网格的Buffon型几何概率问题，以及几何概率问题中的统计独立性问题。接着还推导出n维欧氏空间中包含测度公式。

与此同时，任德麟把下一个攻克的目标指向弦幂积分不等式问题。弦幂积分是凸体的重要不变量，与凸体的诸多性质有深刻联系，寻求关于弦幂积分的不等式是积分几何早期最重要的课题之一，积分几何创始人布拉施克（W. Blaschke）建立了2维情形的弦幂积分不等式。多年以后，吴大任解决了3维情形。至于n维情形，一直是空白，原因是n维情形比2维和3维情形要复杂得多。任德麟经过顽强努力，建立了任意n维欧氏空间中弦幂积分不等式。这是一个终极性的结果。谷超豪院士称赞任德麟的此项成果是“很好的创造性成果”，并邀请任德麟在第二次双微会议上做45分钟报告。这一成果居国际同领域研究领先地位。

任德麟关于积分几何的系列工作受到前辈数学家的关注和嘉许。吴大任写道:“近几年内任德麟获得了许多创造性成果，例如欧氏和非欧氏空间中凸体内定长线段运动测度公式，弦幂积分不等式到En的推广，以及蒲丰投针问题的推广等。”(见《中国大百科全书·数学卷》“积分几何”条目)

国际数学大师陈省身教授对于在国内进一步开展积分几何研究寄予殷切希望，他鼓励任德麟写一本介绍积分几何的书，陈先生认真审阅了全部书稿并为该书作序。陈省身教授写道:“任教授此书不袭前人，有许多独特的贡献。举其著者，有Buffon问题的推广，一域包含另一域的条件，积分几何的应用等等。任教授的书条理明晰，是一本最好的入门的书。”应该说，这本《积分几何学引论》

（上海科学技术出版社，1988 年）是在陈省身教授的亲切关怀与指导下完成的。到目前为止，此书仍是在国内出版的唯一一本系统介绍齐性空间积分几何的专著。国内多所大学几何方向研究生选用此书作为教材或参考书。

以此书为基础，补充了许多新内容，写成的《Topics in Integral Geometry》，入选 World Scientific 出版社的纯粹数学丛书，于 1994 年出版。这本书在国外有一定影响，拥有较高的引用频率。R. Schneider 与 W. Weil 在他们的书中推荐的重要积分几何著作共 9 本，任德麟这本书是其中之一（见 *Stochastic and Integral Geometry*，Springer，2008）。

值得特别一提的是任德麟近年完成的一项重要课题——关于随机弦与随机距离的研究。他利用一些新概念将问题的讨论上升到新的理论高度。无论是从研究方法还是从所得结果来看，都是对现有同类研究的一种超越。他得到了随机弦分布和随机距离概率密度的普遍表达式，并且分别导出随机弦的矩和随机距离的矩所满足的等周型不等式，此项成果发表在美国著名刊物《应用数学进展》(Advances in Applied Mathematics，2014，58：1 ~ 20)。该刊审稿意见称：这是该领域一项里程碑式的成果。

三

任德麟于 1980 年由讲师破格晋升教授。从 1984 年起指导硕士研究生。1990 年国务院学位委员会批准任德麟为基础数学博士生导师（学位办〔1990〕054 号文）。从那时起，他同时招收硕士生和博士生。

任德麟认为，研究生的导师对于学生的成长毫无疑问有十分重要的作用，但决定性的因素是研究生自身的学术品格和努力程度。任德麟给我们讲了一些具体的例子。

平面上一个区域包含另一个区域的条件是积分几何的一个经典问题。著名数学家 Hadwiger 研究过这个问题，得到平面区域包含的一个充分条件。任德麟在给研究生讲这一问题时着重介绍了他自己推导出的区域包含条件。任德麟推导出的这个条件，几何意义更清晰直观，形式上更整齐对称。听课的研究生对此表现出非常浓厚的兴趣。这时任德麟提出：对于 3 维及 3 维以上的空间此问题迄今尚未解决，在座各位是否可试一试？过了一些日子，学生张高勇得到 3 维空间区域包含的一个充分条件，经吴大任教授审稿推荐，发表于《数学年刊》。后来学生周家足对高维空间区域包含问题进行了深入系统的研究，写出一系列高水平论文。

任德麟曾经建议张高勇研究平面上多种凸区域的包含测度问题。解决这类问题需要高超的技巧，更需要细致和耐心，因为计算过程极其繁难。张高勇与另一同学合作完成了这项研究，得到预期的有价值的结果。也许正是在这个过程中，张高勇领悟了任德麟所提出的“广义支持函数”和“限弦函数”这两个概念的精髓，创造性地提出“弦投影函数”这一重要概念，并利用它证明了一个投影不等式。这个不等式如今已经以他的名字命名。这是张高勇早期工作的一个亮点。他后来又做了许多重要的工作。

在起步阶段给予启发引导和帮助，这是导师的职责所在，至于未来的发展主要取决于学生自身的机遇和努力。俗语说“师傅领进门，修行在个人”讲的就是这个道理。

雏凤清于老凤声，青出于蓝而胜于蓝。任德麟总是希望他的学生飞得更高更远。

任德麟认为作为一名自然科学工作者，应该努力做出有国际可比性的、为国内外同行认可的成绩。他认为他本人离这个要求还相差甚远，他只不过是在特定历史条件下起了一些承上启下的作用而已。但他感到聊以自慰的是他努力过、攀登过，而且一直在努力，一直在攀登的路上。

岁月催人老，奉献唤春回

——记沈士德教授退休奉献余热的事迹

童仕唐

沈士德教授是我的恩师，化工学院化工原理教研室德高望重的老教授。先生退休之前历任我校外事处长兼中澳中心主任、化工系主任等职。他为人低调，仍秉持着旧时知识分子的清高，对待名利高风亮节；为人师表，坚守教书育人这份对师职的执着；博览群书，知识面宽厚，学究气浓，尤其对化学工程专业的基础理论经纶满腹，在课堂上最有大师风范；为人乐善好施，平易近人，是年轻教师的伯乐。从读硕士研究生期间（1984～1987 年），我原本师从陶著教授，但当时化工系考虑要为《化工原理》培养新人，就将我分配到《化工原理》教研室并指定他具体指导我的研究论文。始于此，师生结缘，他与我亦师，亦友，亦同事，引领我一路前行，跨过 30 年岁月。即使在退休之后的 15 年中，他依旧视我徒孙如己出，尤其在我多次出国访学期间，帮助他们学会做学问，奉献退休余热。师恩如山，谨以此文表达我对恩师的敬意。

一、师恩如山

先生是一位学术严谨的教授，他指导研究生比较注重方法论。与国外教授指导研究生方法相似，对于课题只给出一个想法，放手让学生去做，从检索、查阅、调研、分析相关资料，制定具体研究方案，自行制作、购置、搭建、调试实验装置，建立分析、测试方法，遇到困难首先须自主解决，定期汇报研究工作进展。这种模式有利于培养分析、解决问题和独立从事研究工作能力，增强主观能动性和创新意识。沈先生授予的方法论，是我后来成就多项国家基金和教学研究课题的法宝，令我终身受用不尽。

早于 20 世纪 80 年代初，他被公派留学于加拿大多伦多大学，为我校 90 年代大批派出访学的骨干教师开拓了一块重要的根据地。他在留学期间所建立的合作关系，为我校于 90 年代初争取加拿大政府对外合作署国际高校合作资助项目（简称为 CIDA 项目）创造了有利条件。包括我自己，我校先后共派出 5 名骨干教师受益于该项目。他在北美大地上创建的这块根据地，40 余年后依旧是我校青年教师从事国际合作访学的据点，为我校《化学反应工程》国家级双语教学示范工程教师队伍的培养和双语教学方法的实施提供巨大的支持。近年来先后又有3位承担《化学反应工程》双语教学的青年骨干教师前往多伦多大学访学做合作研究，而加方有一位教授连续3年受聘来校帮助为本科生讲授《化学反应工程》课程，为我校《化学反应工程》双语教学师资骨干培养及教学计划落实起了关键作用。第一次出国是先生为我铺垫了一条路，从他的经验中，我悟出和老外打交道应以诚相待、互相交流、彼此尊重、言行一致和踏实自信，还应具备帮助解决难题和有创新思维的能力。懂了这个道理，我们很好地经营了与多伦多大学化学工程及应用化学系的合作关系长达30余年，权借“它山之石可以攻玉”，在科研和教学上实现了资源互补，相得益彰。

沈先生不仅在学术思想上影响了我们《化工原理》在职青老两代，在生活上对我们也给予莫大关怀。在先生的鼎力帮助下，在人事调动非常困难的年代把我爱人从异地调来学校，这是让我终身感恩的大事。此外沈先生家是非常传统的，尤其每年端午节都有吃粽子的习俗。每年这个时候都没忘记要送我粽子，有不同口味的，我老岳母最喜欢他家包的腊肉和咸蛋黄粽子。他还嗜好武打小说，为此我们还交流过金庸的《天龙八部》。作为闲聊的话题，我们还偶尔聊些关于圣经和相学的事，我们不像师徒，更像忘年之交。

二、学术影响

《化工原理》教研室的发展无处不留沈先生学术思想影响的痕迹。《化工原理》教研室为化学工程及相关学科开设最为重要的专业基础理论课程，其理论体系是“三传一反”，即所谓“动量、热量、质量传递及化学反应工程”。沈先生在完善化学工程学科体系的思路是比较传统的，主张科研工作也不能脱离化学工程“三传一反”的研究领域。在化学工程学科体系的课程建设中，身先士卒，投入了毕生精力，为开设《传递过程原理》《流体分子热力学》和《分离工程》等课程打下牢固的基础；在师资队伍建设中，为课程承前启后以老带新指导了一批新人，使化工原理教研室能继往开来，先后获得《化工原理》省级优质课程、省级精品课程和《化学反应工程》双语教学国家级示范工程等金色招牌。

三、发挥退休余热，寓乐其中

沈先生是好学之人，涉猎甚广。非常关注新书信息，每逢有相关化学工程学科新书面市，总会不惜重金第一时间买上两本与我们共同分享。退休十多年来，仍在教研室保留一席之位，朝八晚五，按时作息，来教研室看书、学习，不时为研究生或青年教师在科研或教学中的问题排忧解惑。他看书很认真，每年学习笔记达数10万字之多。对于交叉学科发展的新理论和新方法，总是不失时机地为青年教师加以点拨，助他们开启新的科研方向。

化学工程学科的科学研究，已经不再仅限于传统的“三传一反”范畴，以极其快速的方式向功能材料、环保、能源、生物、医药和信息等领域融合。知识更新很快，为屹立于学科发展的高度，更不能故步自封，须活到老学到老。为满足科研工作的需要，根据不同研究方向，必须涉猎广泛的知识背景。在过去的十几年中，李轩科、梁文懂和我等在出国访问或暂时离开学校的期间，沈先生都曾几度坐镇帐中，全权指导研究生及项目研究工作。李轩科教授是碳纳米管及碳纤维材料方向，梁文懂教授是光催化反应方向，而我是环境科学中的化学工程问题及多功能吸附材料方向。一位退休教授同时要关注不同研究方向，并且要为每个研究方向上承担不同课题研究的学生解决疑难，相信对他而言有莫大的挑战性。先生并未把这种挑战当成负担，而是主动从查阅大量的背景资料和专著着手，熟悉课题的研究方法，设身处地为学生排忧解惑，适时而恰到好处地提供解决问题的思路。他对学生特别好，有问必答，平易近人，赢得所有学生的敬爱。沈先生在退休后没有在家颐养天年，虽有满腹经纶，仍然学而不厌，诲人不倦。虽说岁月催人老，然而热衷奉献的人心里总是年轻的，因他寓乐其中。

沈先生学贯中西，仍孜孜不倦；乐善好施，以助人为乐；高风亮节，不以功高自居。他以平常心态，笑看风云变幻；以不老之心，继续发光发热。他的人生品格是我们后辈仿效之楷模，愿他永葆健康，长命百岁！

作者简介：童仕唐，武汉科技大学化学与化工学院教授、博士生导师。

矢志耐火见洞天

——记国家技术发明二等奖获得者李楠教授

梅海兵

五次荣获国家科技奖励，其中，国家技术发明二等奖1项，国家科技进步二等奖3项，国家科技进步三等奖1项；第三、五、七届国际烧结科学与工艺国际会议，第六、七、八、九届世界烧结圆桌会议国际委员会委员和第六届国际烧结科学学术及工艺会议组委会主席，先后被授予“杰出耐火人”“国际烧结科学学会特别奖”“全国优秀科技工作者”等荣誉称号……

这些耀眼的光环与荣誉都围绕在一个人身上，他就是我校材冶学院李楠教授。从教近半个世纪，李楠教授在耐火材料原料综合利用和深度开发、碳复合耐火材料、非氧化物复合耐火材料研究开发和推广应用，以及耐火材料与钢的相互作用等方面取得重大成果，为我国耐火材料技术进步及创新做出突出贡献，是我国在国际耐火材料领域的重要代表人物之一。

2013年1月18日，李楠教授又站上了国家科技奖励的领奖台。由他主持的项目《高品质耐火材料制备过程微结构控制技术与工业应用》荣获2012年度国家技术发明二等奖。

一

耐火材料广泛应用于钢铁、有色、水泥、玻璃、陶瓷、化工、机械、电力等各个领域的高温工业生产过程，是保证产业运行和技术发展必不可少的基础材料，只有配套应用优质耐火材料，窑炉新技术的高效、节能、低污染的优越性才能实现，新工艺流程才具有现实的使用价值。

因此，耐火材料对于现代高温技术不仅是消耗性的材料，也是实现高温新技术所必需的功能型材料，作为现代高温工业的基础材料，起着不可替代的重要作用。目前，我国耐火材料产量约占世界耐火材料产量的65%左右，但是，我国耐火材料基础理论研究相对滞后，功能、长寿、节能、环境友好型等高品质耐火材料比例仍较低，具有重大意义的原始创新较少。

现代高温工业生产过程要求提供能承受更高温、更强烈化学侵蚀、更为严重机械破坏及高效隔热等高品质耐火材料作为保证。《高品质耐火材料制备过程微结构控制技术与工业应用》项目着眼突破行业重大、共性、关键性技术，推动耐火材料科技进步，适应不断高温工业新要求。

高品质耐火材料是现代高温工业的基础材料，其功能为：保证高温流程稳定性与经济性；满足质量与品种的新需求；提高热效率，降低能耗。高品质耐火材料与高温生产的关系可以形象地用“好锅做好菜”来解释：好锅不怕任何菜和佐料的侵蚀，经久耐用；同时，好锅不含有毒有害物质，做出来的菜安全有保障，另外，好锅受热快，节省煤气，提高热效率，降低能耗。

以钢铁生产为例，在对钢材质量要求不高的情况下，人们追求的目标是耐火材料的长寿化与低消耗，对钢水与耐火材料的相互作用不够重视。随着行业发展与技术进步，对钢材性能要求日益苛刻，发明一种高品质耐火材料，解决耐火材料对钢水的污染成为洁净钢生产的关键。

二

从 1996 年其起，李楠教授开始了《高品质耐火材料制备过程微结构控制技术与工业应用》的研究。作为中国乃至全世界耐火材料研究领域的学术高地，武汉科技大学经过几十年的沉淀，集中了一批耐火材料方面具有世界影响力的专家，李楠教授带领他们，在该领域潜心研究。

作为学者，提高国家的科技实力是他一生追求的目标。李楠教授的项目所取得的具有自主知识产权的耐火材料微结构控制新技术，降低了耐火材料的生产成本，提高了耐火材料的综合性能，延长了耐火材料的使用寿命，为我国高温工业的自主创新和可持续发展做出了积极贡献。

利用项目技术开发生产的耐火材料，性能达到或超过国外进口同类产品水平，提高了我国耐火材料产品在国际市场上的竞争力。该项目还以企业为主体，充分发挥了高校科研优势，加强校企合作，促进科技成果的转化，为企业提高自主创新能力，成为技术创新的主体做出贡献。

十余年艰难困苦，玉汝于成，在李楠教授的主持下，新产品完全自主研发并工业化生产，在武钢、鹿泉等国内 30 余家大中型钢铁、水泥企业和 20 余家耐火材料企业大规模应用，近三年 11 家耐火材料生产企业新增产值达 30 余亿元，新增直接经济效益为 6 亿多元，促进了我国耐火材料行业技术跨越和产业结构优化，为我国高温工业的技术进步和节能减排做出积极贡献。

项目获授权国家发明专利 25 项，获湖北省技术发明一等奖 1 项、湖北省科技进步一等奖 1 项，制订国家标准 1 项。培养博士生 15 人，硕士生 22 人，发表学术论文 123 篇。中国耐火材料行业协会给出这样的评价：该项目开辟了耐火材料微结构研究新的领域，并实现产业化，促进了我国耐火材料生产与应用的总体技术水平提升，为耐火材料理论研究进一步奠定了技术基础，对我国高温工业的稳产顺行和节能减排具有重要的现实意义。

三

在武科大校园里，经常可以看到一个精神矍铄的老者，有时候一个人漫步在校园里，脚步匆忙；有时候和学生一起边走边谈，气氛融融。就是这个年过七旬、头发花白的老者，被学界誉为“耐火材料界的学术泰斗”。这位威严而慈祥的学者，不仅出成果、出人才，更出思想。

20 世纪 90 年代，李楠教授注意到，铝矾土是重要的耐火原材料，尽管我国是铝矾土资源大国，但铝矾土加工质量不高，深度不够，导致该材料处于“一等原料、二等加工、三等产品价格”的状态。而某发达大国从我国进口铝矾土，每吨仅几十元，经过加工，出口中国，每吨价格高达几万元，差价为上千倍。李楠发誓：一定要从根本上改变我国耐火材料的这种现状。

这种强烈的愿望使他萌发出一个思想，对我国丰富的铝矾土资源的深加工进行深入研究开发出高附加值的产品。他说服国家计委及冶金部的有关领导，先后下达了 4 项有关矾土的重大研究项目，并拨专项研究基金。在校领导的支持下，李楠带领一个攻关组，历经数年奋斗，终于用全天然原料合成莫来石，填补我国这一领域中的空白。他们将这项技术转让给湖南一企业，继而在河南等地推广使用，使原来仅十几元一吨的矾土升值为 2700 元一吨。

李楠不仅出思想，而且善于嫁接思想，让别人的思想为我所用，从而形成新的思想，开拓出一片新的领域。20 世纪 80 年代末期，世界不少发达国家都投巨资尝试研制以氮化物陶瓷替代钢材制作发动机，但未获得成功。李楠从大量资料中获悉，这种新型陶瓷以氧化物为主、热震稳定性好，抗钢渣侵蚀，这正是耐火材料追求的最宝贵的两大特征。于是，用氮化物做耐火材料的思想在他脑中形成。利用这一思想，他奔走呼吁，获得了上级资金支持。于是，他又率领攻关组奋力拼搏，取得了丰硕成果，在这一领域中步入世界先进行列。

诗词寄怀

高工校歌歌词

佚　名

前进，中国的青年，
挺战，中国的青年。
中国恰像暴风雨中的破船，
我们要识诚今日的危险，
用一切力量争取胜利的明天。
我们要以一挡十，百以挡千，
我们没有延后只有向前向前！
兴国的责任，就落在我们的两肩，
落在我们的两肩！

偶　　感

——欢庆母校百年寿诞

何国忠

（一）

母校肇始于晚清，
校寿今已百年整。
“中体、西用”立根本[①]，
工艺学堂是乳名。

（二）

民国初期改校名[②]，
初称“甲工”后高工[②]。
抗战八年迁巴蜀[③]，
胜利复员还旧称[④]。

（三）

解放唤醒神州人，
黄鹤舞迎解放军[⑤]。
五十年代“大跃进”，
钢院取代旧高工[⑥]。

（四）

科学发展日日新，
“科大”崛起新江城[⑦]。
古往今来今胜昔，
祝愿“科大”再跃进。

注：①“中体”“西用”乃指张之洞创办新式学堂，是在中学为体，西学为用思想指导下创建。

②民国初期，学堂改称学校，中等工业学堂改为甲种工业学校。三十年代，经教育部核准改名为汉阳高工。

③抗战时期，学校全部西迁，高工初迁巴东，再迁四川、湖北宣恩，并曾一再更名。

④胜利复员后，恢复汉阳高工旧名。

⑤武汉有黄鹤之乡传说，这里寓意代表武汉人民。

⑥1958 年“大跃进”时，大办钢铁，急需高级技术人员，在高工基础上创建了钢铁学院。

⑦1999 年，钢院在升格“冶金科大”后，再次定名为武汉科技大学。

回忆高工在宣恩大岩坝

王克武

一、向往高工

土家山寨数觉旗，独秀一枝学子黑。
有幸愿酬夏饮写，无边憧憬早神驰。
墨池告别诸师友，岩坝又逢众侣知。
欲问未来多少梦？故交波雁乐清时。

二、高工环境

几度沧桑几度伤，四迁绛帐避锋芒。
小关土沃宜播种，岩坝牢艰补失羊。
骏马扬蹄齐奋起，雄鹰展翅旅途长。
层峦叠嶂气温和，正是求知僻静乡。

三、校 本 部

立足杉园旗帜悬，建房教学落双肩。
师资协力传科技，设备增添启后贤。
能给青年决命运，可为学子定升迁。
生龙活虎满园秀，培育人才一片丹。

四、新建校舍

幢幢平楼建僻荒，无砖无瓦无泥墙。
精心设计坚如铁，结构简单应力强。
冬御寒严夏御暑，春防潮湿秋防凉。
莘莘学子无忧虑，书习琴棋着意忙。

五、师生情谊

落脚施宣似有缘，传知求技情相连。
一心倾注尽施与，全力接承费习研。
万卷教材供学子，千门科技启英贤。
泥泞上课皆春色，教学同攀步履艰。

六、文娱活动

学府扎根僻壤乡，山川突地露霞光。
琴声响处老生唱，棋类争时聚满场。
号角声声促作息，诵书朗朗遍山冈。
篮球场上常拼搏，话剧齐临大礼堂。

七、学生生活

嗷嗷待哺流亡生，衣食住行省应承。
无忧无虑无恐惧，有名有实有书声。
学生伙食学生管，当月收支当月清。
留有剩余蛋肉购，加餐一次众欢腾。

八、学生洗涤

迤逦群峰未足奇，潺潺玉液出山溪。
晨曦送走漱清口，傍晚迎来洗浊蹄。
盛夏晴明随意荡，严冬雨雪踹冰泥。
若逢周末青天日，树树高悬万国旗。

九、毕业合影

有缘千里聚黉旌，临近扬镳难舍情。
背景杏坛牵远念，着装校服系怀萦。
当年蕴藉风华茂，今日洒脱老寿星。
岁月沧桑体魄健，欣欣足以慰平生。

注：我等进入高工是1943年元月，约210名同学，都是联中各分校分来的。学校把我们分成两个土木工程班、一个机械班、一个应化班。当时学生流动量大，待到三年结束毕业时，我们土木工程班只剩下32人了（合影时一同学提前离校），机械、应化都不足20人了。我们都能坚持三年，临别时有一种难舍难分的心情，于是在小关请来摄影师，照了张“毕业合影”，正好那年学校给我们发了新棉衣，背景就是我们攻读三年的教室。现在看来感到非常亲切。

作者简介：王克武，1920年6月出生，湖北五峰人，1954年联中土木科毕业，解放后长期在武钢教育部门工作。

题赠民国三十二年冬湖北高工毕业同学

题词之一

右调浪淘沙

徐善同

健儿好身手，环球兢走，人力舟车落伍否？
空中铁马着先鞭，长风怒吼。
南针创谁首？举世山斗，秦城砖块随河柳。
留得人生宇宙观，博大悠久。

1943 年 12 月

题词之二

虞升堂

风澒洞洞剧艰辛，抵掌乾坤不让人。
学就珪璋初问世，节逢盘错好修身。
廿年揽辔元戎苦，万马联镳大业新。
无限功名期共奋，周行如矢莫迷津。

1943 年 12 月 7 日

题词之三

吴　骨

楩枬杞梓，楚实有之。
嬴秦兼并，楚实正之。
我思先民，心向往之。
滔滔江汉，孰其嗣之。
勗哉同学，企予望之。

题词之四

高恒久

工业盛衰，民族优劣。
维我中华，於兹尤切。
毕业诸君，俦非俊杰。
努力鹏飞，勿回勿折。
淑慎其身，成功秘诀。
辱承徽言，谨以志别。

题词之五

邓锐辅

一堂济济，三年土木。
沽哉沽哉，迁乔出谷。
水平尔心，经纬尔腹。
毋嫌鸡口，毋为鱼目。
以学以习，共勉共勗。
犄欤抗建，光明在瞩。

1943 年 12 月

注：徐善同当时任湖北高工教务主任，其余为老师。本题赠诗词五篇为旅台老学长廖绪寅提供。

寄语故人

刘子雍

我是1944年进入高工，都是抗日救亡年月，战斗惨烈，河山血雨，国土连年沦陷，每当送别同学，心情沉重，临别影忡中，恨重忧浓，相携沉默去留中。半壁河山肠断处，万里征蓬！

挥手泪朦胧，声咽时空，辛酸路口各西东。相顾海岸根已醒，共待重逢。1945年日寇投降，异年学校东迁，我随学校从鄂西小关到汉阳月湖堤改名汉阳高工，继续学习，年底结业，实习黄州，举目无亲，唯同学是依，互壮心志，处境日艰，忡忡寄语故人：

西辞巴楚过江城，夏雨春风一样昏。
隐忍积年成恨史，年华摇落枉风尘。
八年抗战春耕晚，二赋壁江士悟频。
敌世飘蓬羞少壮，黄州长醉吊青春。

再回首——寄语母校历届学友

刘子雍

西去峦林五十年，江南往事仍鸣冤。
新仇旧恨巴山路，血海硝烟楚水船。
高谷大岩伤恶梦，湖堤古汉怅残欢。
同窗今作银头客，黄鹤无声望眼穿。

作者简介：刘子雍，1923年出生，湖北咸丰人，1946年汉阳高工应化科毕业。

湖北高工建校百年回眸

郑志霄

高工百载不平凡，设置专科技术全。
培训学生能适应，连绵半世话渊源。
四五高工学业卒，适逢全国庆光复。
被分湖北省公路，北战南征搞建筑。
全国解放百废兴，建筑行业更需人。
设计施工同时进，适应时代新长征。
国家兴办一五六，援重调入二机部。
重学规划与总图，经手业务开新路。
一九五八“大跃进”，城市规划蓬勃兴。
重回鄂省建设厅，如鱼得水更喜人。
六十年代规划停，湖北三线建设兴。
雨后春笋新城镇，规划事业大复兴。
八十年代规划春，三线规划需力行。
各省规划同行者，纷纷来鄂传真经。
高工学识是源泉，社会发展总变迁。
必要随时精全炼，造就技艺适当前。
毕生事业小有成，兼职客座教授聘。
工作会员两资保，注册规划师特定。
高工造就业历程，经历跨越逾六旬。
专业技术尚未停，回首终生无憾恨。

作者简介： 郑志霄，1923 年出生，湖北钟祥人，1945 年联中高工土木科毕业，曾任湖北省城市规划设计研究院副院长、院主任工程师，国家建设部特许注册规划师、中国城市规划学会资深会员、湖北省土木建筑学会终身会员、湖北省城市规划设计研究院顾问总工。

校园记事白话组诗

魏长由

一、序　　语

不是绝句盗绝衣，四句入韵白话诗。
叙说当年老故事，同期校友应相知。

二、宣恩小关当年

抗日烽火势燎原，高工四迁落小关①。
流亡歌声悲且壮，校址奠基定杉园。
三吕将领失荆汉，楚塞穹边兴联中②。
不交学费包吃住，流离学子有归赏。
合作抗日顺民意，执政思维分异同。
容防限反方针后，有志青年有无中③。
万山深处多高峰，如炮林立指顽凶。
和尚将军长坐镇，护卫师生一片忠④。
校园环境别嚣尘，天气宜人赛昆明。
三伏季节无酷暑，雨后操场满屐痕⑤。
玉液合渣不滤渣，黄金苞米胜晚霞⑥。
一日三餐赖饱肚，营养丰富并不差。
善同护校费苦心，老师个个付辛勤⑦。
晨曦溪畔读英语，夜阑习作点油灯。

三、汉阳月湖堤畔话当年

八年抗战离乱苦，五次迁途学子辛。
我随学校回武汉，宣宜千里步行军。
抗日胜利第二年，学校奉命又东迁。
汉阳旧址非昔貌，马棚清扫复课先⑧。
中秋呼舟荡月湖，平时测绘上梅山。

假日游玩渡汉水，硚口江汉又晴川。
月湖堤畔一周年，毕业分配回土家。
梅山汉水情难舍，怀旧心思过三峡。

四、故地重游

一别故地五八年，校园无存变田园。
华发校友忆往事，乡邻翁姐话从前⑨。
昨是校园今作围，四面山水仍如初。
当年学子聚一堂，扛柴背米不觉苦。
临别拜辞小关人，老街无恙添新邻。
和尚峰前留影照，聊表此日未尽情。

五、尾　　声

考研百年史，沧桑风雨中。
国兴校亦好，沿级上高峰。

注：① 由汉阳迁宜都莲花塘、迁巴东东渡口、四川彭水、湖北宣恩小关。
② 南昌、武昌、宜昌失守后，人称当时的司令长官、湖北省主席陈诚为“三昌将军”，同时湖北全省省立高中初中统一为湖北省立联合中学，他是名誉校长，实行全公费制。
③ 1937 年 7 月 2 日，中共提出国共合作抗日号召，不数日蒋介石庐山谈话得到回应。1939 年初，国民党五届五中全会确定“容共·防共·限共·反共”方针。
④ 杉园至小关镇上的大岩坝间，有景点和尚崖，孤峰突兀，形势可观，后有好事者改和尚崖为将军崖。
⑤ 雨天同学们都穿上自制的高底木屐鞋。
⑥ 合渣菜是当地土家人的家常菜，是黄豆发水后连水磨浆液，但不去渣，用浆渣与萝卜菜叶切碎入锅煮成。
⑦ 徐善同是我们的老师、校长、老学长，从抗战西迁，胜利后迁复到武汉，解放后于一九五一年秋去职，为校做了大量工作。
⑧ 临时利用日军留下的马棚上课。
⑨ 2003 年 12 月 26 日，偕同校友吴任孙（立声）、徐万寿到宣恩小关杉园，探视原高工校址。

作者简介：魏长由(繇)，1926 年 11 月出生，湖北咸丰人，1947 年 6 月汉阳高工毕业，先后在中共恩施地委、武钢第一冶金建设公司工作。

水调歌头

——喜迎武科大一百二十周年华诞

孙 莹

一百二十前，建工艺学堂。
宗旨兴学育才，促国力强盛。
武科大早已成，冶金人才摇篮，业绩创辉煌。
桃李遍天下，亮智慧之光。

武科大，特色鲜，发展快。
传道授业解惑，开启蒙昧心灵。
秉承“厚德载物，崇实去浮”校训，促人才成长。
扬帆展鸿图，再铸新辉煌！

作于 2017 年 6 月 16 日

作者简介：孙莹，1941 年 4 月出生，黑龙江宁安县人，1965 年 7 月毕业于北京师范大学历史系历史专业，1974 年 7 月来学校工作，教授。

轧的纪念

杨子宛

一、轧之缘

你，离开了青山江畔，
远驻到城市的另一端；
你，改了自己的名字，
不再被称作钢院；
你，新设了很多学科，
淹没了采选轧炼；
你，幻化了傍湖的校园，
没有了东院西院。
……
进入新的世纪，
一切都在大变，
但在记忆深处，
不变的只有当年：
那开往武钢的通勤火车；
东院的小图书馆；
潮热的宿舍楼；
还有——
那班朝夕相处的工农兵学员……

二、轧之恋

有人说，
是织机给人类美丽和尊严；
我们说，
是轧机让生活安定与捷便——
铁碳合金经过辊的轧碾，
变成了——

宽厚的板；
无缝的管；
柔韧的箔带；
抗拉的线杆……
才有了——
高楼的筋骨；
长桥的索缆；
依轨飞行的车；
能作机场的船……
才有了——
国之重器；
国防利剑；
国家尊严；
国际竞争话语权！

三、轧之炼

轧辊对旋维系业态万千，
钢帅升帐方能国强民安；
青春岁月我们汇聚钢院，
以轧为业开写人生新篇——

学制图悟到了想象空间，
学电控掌握了脉冲开关，
学工艺理解了压下宽展，
学液压方知它如钢如棉；
学教改冷轧厂半工半读，
学政治紧跟随风云变幻，
学工学农学军，学做德才兼备，
轧机轧艺轧制，轧炼又红又专……

“文革”求学，时势多艰——
瓦釜争鸣，文痞弄权，
营私结帮，败党害贤，

好人不得开心颜……
三年历练，苦辣酸甜，
几多经验，几多趣谈，
几多友善，几多思念，
同窗千里共婵娟……

四、轧之念

改革开放引领祖国发展，
轧辊飞转助推神州巨变，
钢量八亿稳居世界领先，
梦想成真我等解甲归田。

毕业四十年，
弹指一挥间，
青丝成白发，
学友可好安？
或含饴弄孙？
或游历山川？
或敬老尽孝？
或余热续燃……

还记得那个火红的秋天，
你我怀揣通知书告别了农田、车间、兵团，
相聚相识在轧钢74班，
锁定了今生今世的同学情缘……
同窗三年，同苦共甘——
农场收稻，瓜圻造田，
长江横渡，歌咏汇演；
帮缝被姑娘飞针走线，
互理发小伙帅走校园……

多少次梦里又回钢院——
校园静谧，灯火阑珊，
118教室明亮温暖，

同学们依然是年轻的笑脸，
清丽少女，青涩少年，
同桌擦肩，耳濡目染……
这里曾有过多少青春的故事，
那谁和谁由此搭上了幸运的客船……
而今相聚湖畔，
感慨母校变迁，
漫步书香水岸，
沐浴杨柳春烟，
耳边涛声依旧，
脚下步履渐缓，
远眺落霞孤鹜，
互望两鬓霜染，
欣逢太平盛世，
惜叹青春难返……

五、轧之愿

网上说，
50 后有太多的坎坷和遗憾；
我们看，
那只是人生的风雨和波澜——
比晚辈我们多了磨难和历练；
比前辈我们少了战乱和饥寒；
比同龄我们增了学历和视野；
比周边我们享有安定和发展；
生活的轧炼使我们成熟稳健，
时间和实践教我们理性客观。
我们亲手为祖国改地换天，
我们身感生活跨越数百年；
这代人对祖国无愧无怨，
我们走好了自己担当的一段！

人生金秋风光无限，
退休做好传承保健——

传承轧的顽强执着，
传承钢的担当应变；
陪读育人买菜做饭，
旅居带孙为国奉献；
保持童心乐观向善，
保持科学养生习惯；
培养兴趣避免痴呆，
亲近自然下乡上山……

青山不老，
圣殿依然；
大江东流去，
聚散皆是缘。
当年缘轧相见，
今生缘轧相牵，
同窗情结让我们不离不散，
哪怕是远在地球的另一面……
愿轧74群如118教室永远春光灿烂，
愿同学们青春永驻幸福满满；
期盼毕业聚会五十、六十、七十、八十年，
期盼和祖国共度百年庆华诞，
到那时，
我们挺直腰杆再相见！

盈缩之期，
不但在天；
养怡之福，
可得永年……

——写给轧钢74班毕业四十周年同学聚会

作于2017年7月

作者简介：杨子宛，武汉钢铁学院轧钢74班校友。

依然记得你　我的武科大

刘　辉

我依然记得　你我初见
黄家湖畔　碧波蓝天
你的名字伫立了多少年
精金百炼钢浇铁筑　是不变的诺言
厚德博学崇实去浮　写下壮丽诗篇

北苑临沁水　春风微甜
人和驻青山　漫步江边
各奔前程的岁月里　勤学苦练
离别的酒桌前　祝福满天
四载光阴似箭

春去秋来　昙花一现
时光在这里　荏苒变迁
曲终人已散　心心念念
好想和你再见一面
看看他（她）们的笑脸
重新把每一个角落踏遍

作者简介：刘辉，材料与冶金学院无机非金属材料工程2012级校友。

七律·二首

刘冠英

攻　坚

百廿树人今胜往，
英豪校友奋担当。
流金恒大许家印，
溢彩贵州孙志刚。
协力脱贫同致富，
齐心圆梦共图强。
攻坚捷报凭精准，
母校庆欢情满江。

2017 年 6 月 27 日

攻　书

——杰出校友孙志刚在冶金部企业管理师资培训班

企管教研恢复初，
师资班里下工夫。
兼行倍道攻坚锐[①]，
独上高楼守笃孤[②]。
百二秦关终属楚，
三千越甲可吞吴[③]。
当年灯火阑珊处，
望尽天涯路自如[④]。

2017 年 6 月 23 日

注：① 兼行倍道：加快速度，一天走两天的行程。

②④《近平总书记系列重要讲话读本》(2016 年版）第 295 页：学习……要有“望尽天涯路”那样志存高远的追求，耐得住……“独上高楼”的寂寞，……最终……“在灯火阑珊处”领悟真谛。

③ 借用清代文学家蒲松龄的座右铭“有志者事竟成，破釜沉舟，百二秦关终属楚；苦心人，天不负，卧薪尝胆，三千越甲可吞吴”联语的后部分。

作者简介：刘冠英，1949 年出生，原武汉科技大学管理学院副教授。

百年传承，逐梦前行

张　硕

甲午国殇，九州震荡，历经年之北洋血战渤黄，失辽东，割台澎，华夏文明近危亡。列强环伺，而士大夫顽固益深，名仕香涛奋而作《劝学篇》，纵论旧学为本、新学为用、强国富民之策，欲令四万万人醒世。内曰广立学堂，储为时用；论西国之强，强以学校，师有定程，弟有适从，授方任能，皆出其中，宜择善而从也。

遂办洋务，兴学堂，既设武备、自强、农务诸堂，复设工艺学堂于武昌。工艺初创，中西兼学，课格致、理化、算绘诸学，兼探机器制造之本原，以期既明其理，复达其用，创制新奇。武昌城下，开化之风日盛，昙华林间，革命气息渐浓。

至辛亥，革命之火起武昌，学堂师生献衷肠，共覆龙旗于八方。军阀混战、日寇逞强，数十载战云飞渡，工艺学堂孑然坚守，尽教化之本分，散文明之风气，育强国之栋梁。

新华既立，百废待兴，学堂后人矢志钢铁济天下，熔炉炼四方，历数十载寒暑，以钢铁之精神，助国家之兴盛。遥想当年，钢院先贤，青山脚下论古今，石牌岭边伴天明。历寒暑、战苦读，胸藏修齐治平惊鸿志，心具忧国忧民家国情。厚德于天下，方显九州豪情，博学于书海，立志家国分忧，崇尚实干，褪去一身浮华。既而有武钢、宝钢、攀钢之花盛于华夏，复有万里铁轨、千米桥梁、百丈高楼，钢铁洪流卫边防。后承百年遗志，复兴理、工、农、医诸学，渐成均衡之势，纵横于政、商、科技、人文诸界。恒大之盛，遍及神州；立杰志远，魂动体坛。

己卯年，名定武汉科技大学，位列省城名校之流。至甲申，立千亩新区，树百年大计。黄家湖畔，曲水环绕，寒塘归鹤停，疏影渐成林；草长莺飞，玉亭泉音，杨柳若漪影。青山之侧，霓虹闪亮，新城亦成形。二七桥飞架南北，直抵科大门庭，高架横亘，随时沁湖听涛。

自劝学起，甲子复甲子，纵沧桑巨变，然初心犹记，无学、无力、无耻则愚且柔，有学、有力、有耻则明且强。吾辈皆愿承钢铁遗志，厚德博学、崇实去浮，以复中华文武之盛。改革潮中，沁湖书生勇立潮头，复兴路上，科大学子开路先锋。待兴天朝之盛，立上国之威，先辈诸心亦可安亦。

作者简介：张硕，管理学院人力资源管理专业2005级校友。